EXTREME
TRUST

共享经济

互联网时代如何实现股东、员工与顾客的共赢

[美]唐·佩珀斯　玛莎·罗杰斯◎著

钱峰◎译

ZHEJIANG UNIVERSITY PRESS
浙江大学出版社

目 录
CONTENTS

第 9 章
必信力信息 _ 229

第 10 章
将必信力植入商业模式 _ 249

第 1 章

信任：不仅是一个好策略，更是大势所趋

Extreme Trust Extreme Trust Extreme Trust Extreme Trust
Extreme Trust Extreme Trust Extreme Trust
Extreme Trust Extreme Trust
Extreme Trust

　　1991年第一次海湾战争结束后不久，总部设在德克萨斯州圣安东尼奥市的银行保险公司——美国联合服务汽车协会（USAA），向几千名顾客（公司称之为"会员"）发放了退款支票。公司之所以这么做，是因为它认为，在前线服役的官兵要在中东地区驻扎几个月，这期间不可能回美国开车。于是公司决定：士兵在海外服役期间不必缴纳保险费，且回国后无需申请就可获得一笔退款。USAA一直是美国最受信赖的金融服务机构之一，该公司的顾客始终相信公司随时能为他们提供最佳服务，绝不会强迫他们购买某种产品或服务。公司在企业宗旨中明确指出，公司的顾客群是现役军人、退役军人和联邦雇员。但只要你成为它的会员，你的子女不论从事什么职业，也将能享受到会员待遇。USAA的顾客群十分忠诚，目前这个群体已经发展到了第三代。它的企业文化建立在一个简单的理念之上——设身处地地为顾客着想。假设自己是一名顾客，自己希望获得怎样的服务，就用怎样的方式服务顾客。

　　至于那些退款支票，顾客是怎么处理的呢？超过2500名顾客将支票返还给了该公司。他们对公司的做法表示感谢，但同时又让它把钱留着，唯一的要求就是公司能够在他们需要的时候帮助他们。

　　设想一下，如果你在美国经营着任何一家银行或保险公司，你的对手中有这样一家金融服务机构：它的顾客群忠诚到甚至会把未兑现的退款支票返还给公司，而且这个客户群已经发展到了第三代，还在持续扩大。面对这样的对手，你将如何与它竞争？

过去，"可以信任"就足够了；
今天，只有做到"值得依赖"才行

USAA和我们知道的其他金融服务公司的区别在哪里？其他公司中也不乏人们耳熟能详的大公司，它们也不是坏公司，相反，它们的管理层都非常重视职业道德。它们的法律部门会确保公司的行为不触犯法律。它们会发布各种隐私条款和政策声明，之后也多半会严格遵守。但是，我们没有人会想到——甚至这些运营完善的公司的总裁们也无法想象，顾客竟会拒绝接受公司退款。顾客能光顾某些公司几年就已经算是它们走运了，哪会奢望持续几代人的顾客忠诚？区别在哪里？

今天，大多数企业认为自己是可以信任的。按照过去的标准，确实是这样——它们标出的价格准确，努力维护产品的质量和可靠性，说到做到。但是，大多数企业都能做到这一点。按照将来的标准，这还不够，并且远远不够。

事实上，还有大量的企业之所以能赚取巨额利润，是因为它们愚弄顾客、利用了顾客的失误或者某方面知识的缺乏，甚至干脆不告诉顾客需要知晓的信息，导致顾客无法做出明智的决定。这些做法没有犯法，但是请你花几分钟思考一下，某些行业过去几十年里普遍接受的标准赚钱方式是怎样的。

◎ 对于信用卡公司来说，最有价值的客户往往是那些永远抵挡不住消费诱惑，欠款金额每月叠加、频繁产生滞纳金费用的借款人。那些每月到期全额还款的信用卡用户反而被金融行业称为"赖账者"。

◎ 手机运营商主要是靠顾客定制超出自己需要的昂贵电话套餐、漫游服务或者意外产生的数据服务赚钱。

◎ 零售银行营业利润的很大一部分来自于透支费用以及顾客简单的失误造成的费用。（许多标准银行业务流程的设计，很明显是故意怂恿客户透支的。）

◎ 弹出式窗口和夜间电视节目销售的某些商品价格虽不昂贵，但顾客在购买这些商品的同时，却泄露了自己的姓名和联系方式。最后，这些信息会出现在直邮广告的名单上，直销公司便利用这些信息赚取丰厚的利润。

◎ 即便在今天，绝大多数公司仍然不允许顾客在公司的网站上对其产品或服务进行评论。

◎ 如果一家公司频频向你推销产品，你刚拒绝了它，它又向你推销，你会不会抓狂？

你相信吗，不管是大公司还是小公司，就算它们的经营者怀着最善良的意图，顾客还是不信任公司。

在本书里，笔者要告诉大家：那些传统的、合法的、广为接受的商业惯例，不可能赢得客户的信赖，而且随着透明度的提高、顾客对公平的要求越来越高以及竞争的激烈化，那些惯例会很快销声匿迹。公司可以继续隐瞒顾客，但是随着技术的进步，顾客总会通过这样或那样的方式发现真相。公司、政府以及其他机构不想让人们知道的那些事情，最终都会披露出来。如果不能认识到这一现实，未雨绸缪，任何一家企业都会在竞争中输掉，因为它们的竞争对手懂得如何更好地赢得顾客的信任。

透明度之所以会提高，是因为技术的进步，而进步潮流势不可挡，没有人能够阻止它、改变它或者减缓它的速度。但是，技术进步真正让我们刮目相看的地方在于，它加强和扩大了人与人之间的联系。人类具有社会性，我们喜欢和别人在一起，讲故事、聊八卦、玩游戏，谈笑风生，互娱互乐。我们想要分享自己的观点，从别人那里得到反馈，讨论细微的差别，学习别人思考问题的角度，从而让我们自己的思维变得更加敏锐。社会性是人类的根本属性。"反社会"这一术语就是对充满敌意的、冷漠厌世的人的一种控告。如果你反社会，那么你肯定出问题了。

一方面，社会性很重要，另一方面，社交媒体和其他互动技术又给我们的社会性"注射"了一剂类固醇激素。我们亲眼见证了来自全世界的人们通过电子媒介互相连接，组成了一张生机勃勃、充满活力的网，我们自己也被编进了这张网里。这张网就像是一个24×7（每天24小时，每周7天）全天候开放的集市，我们在这里创造、分享、合作，我们做出版、搞批评，我们互帮互助、学习竞争，从中收获很多乐趣。我们同他人的互动越来越多，越来越频繁，完全符合摩尔定律（每隔15年到20年，计算机的性能就会增长1000倍）。这意味着每隔15年到20年，我们同他人互动的频次也会增长1000倍，不管是通过声音、电话、传真、短信、电邮、状态更新，还是其他一些我们自己也预料不到的方式。技术的稳步发展源源不断地给我们带来更好的设备、在线工具和平台以及管理机制。所有这些都意味着互动变得越来越多，越来越快捷，越来越廉价。照这样下去，我们一定能够实现随时随地与任何人的互动。

你自己可能已经观察到了这一点，其实想不察觉都难。试想，随着交流工具越来越计算机化，你同朋友、家人、商务伙伴之间的互动在这些年增加了多少？你每隔多久就会通过脸谱网（Facebook）把孩子的照片或者一些花边新闻分享给家人或朋友？你每隔多久就会同高中时代的兄弟联系？还记得手机出现以前的生活是怎样的吗？电子邮件出现以前的生活又是怎样的？如果你是"婴儿潮"一代，你还记得通过传真机进行商务沟通的情景吗？那时候，人们常常要把通信内容念给会速记的秘书，由秘书打印出来贴上邮票，通过"蜗牛"邮件寄出（如果寄到国外，则是通过电报）。或者你还记得用座机电话的时候吗？那时候电话没有语音信箱，也没有自动语音应答。

我们都经历了通信和互动领域的这样一场革命，然而当我们着迷于这些迅猛的革新时，我们很容易忽视新技术带来的更广泛的、更普遍的影响。今天，科技极大地改变了竞争的局面，要想获得成功，就需要一种新的、更加极致的信任形式。只是做到依照承诺为顾客服务，依照承诺收取费用，已经远远不够了。取而代之的是，顾客期待公司能够积极主动地保护他们的利益，能够打破常规，用自己的丰富资源、远见卓识和专业经验来帮助顾客规避错误或由于疏忽而造成的自我损失。[①]

为此，笔者发明了"必信力"（trustability）这一术语，用以概括上述这种新形式的极致信任。"必信力"的含义很简单，就是指"主动体现的可信度"。

"必信力"无非就是"主动体现的可信度"。

必信力：更高级的可信度

今天，大多数运营中的企业和组织都认为它们已经做到了以顾客为中心，而且基本上是可以信任的，但它们的顾客往往并不这样认为。75%的公司首席执行官（CEO）认为"我们提供的服务高于平均水平"，然而59%的顾客称他们对这些公司的服务感到"有些失望"，甚至"极度失望"。

① 有一个重要的问题本书没有涵盖到，那就是公司应该"做有益于社区的事情"的观点。我们相信，主动关心顾客的公司同样会对自己的员工很好，同样会真正关心环境保护（而不会断然拒绝某项绿色倡议），会在一边赚钱的同时一边成为当地（城镇或乡村）的"好公民"。详见 C. B. Bhattachary和Sankar Sen合著的文章《把善事做得更好：消费者对于企业社会倡议的反应过程研究》（*Doing Better at Doing Good: When, Why, and How Consumers Respond to Corporate Social Initiatives*），发表于《加利福尼亚管理评论》2004年秋季第1期47卷。——原注

比尔·普莱斯（Bill Price）和大卫·杰斐（David Jaffe）的一项研究报告显示，80%的公司高管认为他们的公司提供的服务是一流的，但是在这些公司的顾客中只有8%的人这样认为。当然，能够做到"可以信任"总比不诚信要好；但很快，仅仅做到"可以信任"也不够了，公司必须做到"值得依赖"（trustable）。

请花几分钟看一下表1，表中列举了真正可以信任的公司可能会实施的政策和措施。这些政策和措施可能也适用于你的公司。显然，它们都反映了一种诚实和坦率的精神。我们也不难想象，真正以顾客为导向的公司会实施这些政策，甚至因此而声名斐然。接下来请你做一个"自我评估"，并思考表1中的哪些条款适用于你的公司。

表 1

一家可以信任的公司应该
认真遵守法律，培养员工的职业道德，保证员工服从管理
平衡好公司的需求和顾客的利益，竭尽全力最大程度地实现顾客利益
履行对顾客的承诺，有效兑现自己的诺言
管理和协调所有的品牌信息，保证品牌传达的故事具有竞争力和连贯性
利用顾客忠诚计划、赢回顾客计划等活动，尽可能维系客户关系
把季度盈利作为最重要的、最全面的以及最具有衡量意义的关键业绩指标（KPI）

公司为了体现自己的诚实守信和专业水平，往往都会采取表1中所示的政策和措施。它们严格照章办事、光明正大。这些措施大体上都是顾客友好型的，只不过会根据公司管理自身品牌和盈利的需要作一些调整。

但是，必信力仍是一种更好的标准。

在不久的将来，公司不仅要保证公道的价格和合理的服务，而且还得格外用心地主动维护每一位顾客的利益，并且在必要的时候采取额外的措施，避免顾客因犯错而忽视或丧失某种应得的好处或服务。

为了让你有一个更清楚的认识，请看一下表2，比较仅仅做到"可以信任"的公司和具有较高"必信力"的公司在公司准则上有什么不同。这种更高形式的"极致信任"将会得到怎样的应用呢？请再次对自我进行评估。

表 2

20世纪的"可信"型公司应该	21世纪的"必信"型公司应该
认真遵守法律，培养员工的职业道德，保证员工服从管理	对待顾客时遵守"黄金法则"①，并围绕这一法则建立相应的企业文化
平衡好公司的需求和顾客的利益，竭尽全力最大程度地实现顾客的利益	对公司业务进行设计，以确保公司在最大程度地实现顾客利益的同时也能更好地盈利
履行对顾客的承诺，有效兑现自己的诺言	积极主动地维护顾客利益，履行承诺，践行企业精神
管理和协调所有的品牌信息，保证品牌传达的故事具有竞争力和连贯性	认识到品牌的口碑远比公司的自我宣传重要
利用顾客忠诚计划、赢回顾客计划等活动，尽可能维系客户关系	努力让顾客主动保持对公司的忠诚度，使其相信公司会从他们的利益出发
把季度盈利作为最重要的、最全面的以及最具有衡量意义的关键业绩指标（KPI）	利用顾客分析数据来平衡当前利润和实际股东价值的变化

今天，绝大多数的企业即便未能实施如表2左边一栏所列举的所有政策和措施，至少也实施了其中的大多数，即那些可信型的政策。然而，这些企业的行为仍然不能被看作是值得依赖的，唯有屈指可数的几家公司实行了表2中右边一栏的政策。大多数公司的确在朝着可信的方向进步，但是要说是否建立了必信力，回答是否定的。它们在遵守职业道德方面可能会谨小慎微，在品牌信息传播上做到十足的诚信，并且全力追踪研究顾客的满意度。但是，它们会积极主动地关心顾客的利益吗？由于人与人之间的联系越来越密切，我们生活的这个世界也变得越来越透明，必信力也就成了公司提高竞争力的唯一对策。必信力不是一时的风尚，它会影响我们以及我们的下一代，

---

① 出自《圣经·新约》中的一句话："你想人家怎样待你，你也要怎样待人。"——译者注

甚至更远。

　　我有一个十分富有的朋友。有一天，他的妻子突然发现丈夫用了三年的信用卡没有得到一点奖励——没有里程数、没有积分、没有返现。（尽管我的朋友很有才华，但他就是史考特·亚当斯笔下人物呆伯特所说的那种市场上的"愚蠢富人"。）我的朋友每年要通过这张卡消费掉10万美元，所以实际上这对夫妇损失掉了一大笔利益。于是，妻子打电话到这家知名的大型银行投诉，说既然我的朋友是他们的理财客户，他们就应该定期考虑银行和他之间的关系。但是，接电话的客户经理解释说我朋友的信用卡是有奖励的——贷款年利率很低。朋友的妻子差点就对他吐唾沫星子了。"那又怎么样？查查你们的记录。我丈夫每个月都全额还款，他根本就不需要低贷款年利率。"于是，客户经理为他们的行为辩护道："可是，他选的就是这种卡！"他以为这个回答会让对方再也无话可说，但这位妻子的反应是："这张卡不够好！"这意味着选卡的时候我朋友只是随便挑了一张，只求能够尽快离开银行的办公室；如果一家银行自己都不能确定我朋友办的信用卡是不是合适，那它还怎么让自己的金融投资远见被人信服？！从此，朋友的妻子结清了他们所有的账户，然后另外找了一家她信任的银行——比起短期获得的一点好处，这家银行更看重一位合法的长期客户。然而，先前的那家银行从来都没有联系过这对夫妇，尽管这位丈夫过去20年一直都是他们的顾客。

同样是讲"信任"，为什么本书与众不同？

当下社会，每个人都在谈论信任。许多人把信任当作"信誉"、"尊敬"、"受欢迎"、"广为人知"的近义词。这样的品牌价值当然十分宝贵，值得我们孜孜以求。但信任和"可以信任"还是不一样的，就跟刚刷的油漆和刚剪的草坪不能反映房子的主人是不是资金雄厚一样。

信任是一个更加宽泛的话题。一些顶尖的商业书籍和人际关系类的书籍已经就此进行了探讨。就是只算其中的珍品，书的数量也不计其数，在这里无法一一提及，但笔者还是想感谢史蒂芬·柯维（Stephen M. R. Covey）①、查尔斯·格林（Charles H. Green）②和其他一些人的著述，不知道你们有没有读过其中的一些作品。我们也要感谢爱德曼公司（Edelman Trust Barometer）所做的信任度调查报告。笔者在这本书中所讨论的重点是：为什么仅仅做到可信还远远不够？为什么一种更加极致的信任形式——必信力，将会很快成为客户衡量公司和品牌的新标准？除此之外，笔者还会谈到，如果公司想生存并保持一定的竞争力，应该如何应对这种需求。

在大多数情况下，那些在著作中讨论过信任的商业作者已经发展出自己的一套分类法，用来标明构成可信度的各种因素，从可依赖性、可靠性到诚实性和真实性。在整合这些观点并把它们融入笔者自己的观点的过程中，笔者发现，讨论信任的最直接方法是用一些类似于把"好的意图"和"能力"结合起来的术语。换句话说，要做到可信，就必须：做正确的事情，并确保事情准确无误地完成。

彼得·德鲁克把"确保事情准确无误地完成"叫做"管理"（说的就是

① 《信任的速度：一个可以改变一切的力量》一书的作者。——译者注
② 《基于信任的销售》一书的作者。——译者注

能力）。那么"做正确的事"呢？他称之为"领导力"，这就和诚意、公平以及最佳意图有关。关于这些因素，笔者会逐步深入谈到。笔者也会讲到组织性生产的根本基础和共享经济，会反思管理上的"控制"，会讲到意图和行动之间的区别、如何授权才能为顾客提供便捷的体验、如何以一种全新的思维方式看待公司创造的价值，以及它是如何衍生出对必信力的需要的。通常，如果你想获得成功，就需要你的顾客认为你诚实可靠、讲求信誉、有所帮助、值得尊敬、思想开放并且具有较强的服务意识。不管你具不具备这些品质，顾客都会向他们的朋友讲述你的企业。如果你能帮助顾客摆脱疑虑并获得成功，那么你也就成功了。

最后，笔者的目标是帮助你获取一种认识——当科技无可避免地将我们带入一个高度透明的时代时，你的企业应该如何作出调整？"极致信任"就是我们的答案。你必须积极主动地做到可信；对待顾客的时候，学会换位思考，用他们期待的方式对待他们。

互动越频繁，信任越重要

一直以来，人们都很强调信任，随着世界各地越来越紧密地联系在一起，我们更多地希望得到别人的信任，同时也希望别人更加值得信赖。事实上，随着人们之间的交往越来越高效，信任也正在逐渐成为人类文化的一个根本属性。原因有以下几点。第一点当然是透明度的提高。交往越多，事情也会变得越透明。不管是维基解密网站、阿拉伯之春①、有线电视修理工在你的沙发上熟睡的视频，还是航空公司工作人员肆意处置乘客行李的新闻，所有这些都说明——事实的真相终将水落石出。

---

① 指2010年年底北非和西亚的阿拉伯国家和其他地区一些国家所发生的一系列以"民主"等为主题的反政府运动。——译者注

但有一点很重要，那就是不能将透明度和可信度混为一谈。透明度会提高信任的重要性。如果某件事能够公开于光天化日之下，又不至于引起过分尴尬，那么我们可以断言它是可以信任的，是符合道德规范的。但反过来就不一定了。某个秘密被曝光了，引起了伤害或尴尬，不一定就说明事情本身是不道德的或者不值得信任的。比如说，企业和政府都会保守秘密，但它们保守秘密的理由是由法律法规所规定的。又比如，你所在的营销部门企图擅自公布一项新产品的机密定价计划，将其泄露给公司的竞争对手，那么你所在部门的主管很可能因为串谋而入狱。

但即便如此，也改变不了这样一个事实：世界正在变得越来越透明，由此产生的一个结果就是，保守秘密的风险与代价也随之越来越高。

透明度的提高增加了掩盖真相的成本。过去撒谎很容易，而如今互动越来越频繁快捷，真相也就很容易暴露。

想一想，如果你写的一笔一划、一字一句都能迅速传遍天下，你将如何与别人竞争？除了提高透明度外，信任在帮助人们处理信息过载的过程中也发挥了重要的作用。短讯、信息、数据以及各种各样与人交往的机会，充斥在我们每个人的生活当中。信任，对于我们绝大多数人来说，是最重要的过滤器之一。信任帮助我们决定哪些信息、哪些交往互动是值得我们花费时间的，哪些信息来源最可靠，哪些交往互动参加的人群是最值得依赖的，哪些邮件有可能会对我们产生最大的影响或者包含最可靠、最有用的信息。在第9章里，笔者将会讨论如何从科技带来的信息洪流中分辨出有价值的东西，以及管理人员如何通过利用更加可靠的工具和分析能力，来更好地进行决策。

　　不论你持什么观点，信任的确就是人际交往中最重要的因素。毕竟，如果你想从某个不可信的人那里学东西，那么它们根本就不值得一学，不是吗？如果你想对别人产生任何影响，那么你对他们所讲的东西必须得到他们的信任。事实上，在不能用解聘或者强制力进行威胁的时候，要让你的看法、建议、号召或者要求得到认可和执行，唯一的办法就是做到值得依赖。不论你是要告诉别人某种信息，销售某种产品或服务，甜言蜜语或是安抚慰藉，别人对你的信任都是至关重要的。

　　因此，科技是让我们的社会性变得更强的类固醇，它同样也让我们更加期待他人的行为的必信力。摩尔定律不仅推动科技的进步，也促使我们更多地要求来自朋友、亲人、老板、同事、销售代表或者发言人的信任。所以，当几乎每一本有关社交媒体的商业指导手册都在强调诚实、透明、坦率的参与时，我们并不感到惊讶。

　　"透明"可能是社交媒体带来的最具破坏性的、影响最深远的变革。

　　　　　　——保罗·吉林（Paul Gillin）：《新影响力人物》

　　在联系高度密切、更加透明的商业世界中，不诚实的行为将会受到严厉而及时的惩罚——损失信誉和社会经济价值；而诚实地共享和合作将会带来巨大的回报。最终的结果就是互动越频繁，越需要信任。我们越诚实守信，交际越广，就会赢得越多的信赖。正因为现在每个人都能彼此了解，所以那些真正赢得声誉的人，就是那些被他人信任的人。

　　科技进步促进了人与人之间的频繁互动，你对这一点已经深有体会。同样，你可能也体会到了彼此间对于诚信的期待。比如，当手机刚开始普及的时候，你还记得人们是怎样小心翼翼地不随意将自己的电话号码泄露给他人的吗？那时，你不希望有莫名其妙的电话打进来"轰炸"，占用你的时间向你兜售商品以谋取暴利。如果你的电话号码落入一家营利性公司之手，它可能会一天到晚给你打电话，或者把你的号码卖给其他这样的公司——为什么不呢？这就是商业。然而，你却不能因为公司想要获利就指责它们。这种谨小慎微的态度，同样也体现在人们最初对于个人电子邮件地址的保护上。

当然，今天我们不再害怕此类公司行为（至少合法的公司是不会这么做的）。我们把邮箱和手机号码写在名片上，写在公开出版的文章、公开使用的幻灯片上，广泛地传播它们，就像我们广泛传播我们的邮寄地址和办公电话一样。

停下来想一想，我们为什么这么做呢？是的，原因就是越来越高效的软件能够把我们同90%甚至更多的垃圾邮件隔离开来。绝大多数垃圾邮件都来自欺诈性的或者半违法性的机构，它们安营扎寨于白俄罗斯附近的仓库，属于非法公司。今天的公司同样需要抓住每一个可能的机会赚取利润，但是，绝大多数真正意义上的公司不会滥用顾客或者潜在顾客的邮箱地址或者手机号码。这和过去20年实施的法规并没有多大关系，而是因为：第一，我们生活在一个高度透明的世界，这种利用邮箱地址和手机号码进行轰炸的行为毫无疑问终将会被曝光，真相终将会被人们发现，所以公司总是避免使用这种方法。因为即便不会遭受任何法律上的惩罚，某公司一旦被发现滥用他人的联系方式，也会立马身败名裂。

第二，每个组织和公司都要求有人来做决定，并执行政策。雇员就是人。他们是社会化的人，就像你一样具有同理心，他们会对欺诈行为感到愤怒。公司可恶的非诚信行为迟早有一天会被其中的一名员工泄露出去，接着会有几十个网站来公开传播这种愤怒——试试在Google上搜索

"whistleblower"（告密者），你就知道了。

最后也可能最重要的一点是，做到可信符合一家公司自身的经济利益。发送垃圾邮件或者电话营销"轰炸"都会给公司声誉带来影响，公司不可能对这种损害行为不管不顾。随着人们之间的联系变得越来越密切，可信度显得格外重要。不仅仅发送垃圾邮件会损害公司声誉，任何非诚信经营活动都会给公司带来严重的经济损失。不管先前它给公司带来多大的短期利润，和长期的损失相比，仍是小巫见大巫。笔者会在第3章谈到信任的经济学，第3章之后也会反复回到这个话题，所以敬请读者留心。经济学可能并非无所不能，但是对于一家要支付员工工资、要让股东满意的营利性公司来说，它几乎就是无所不能的。因此，对于绝大多数公司来说，一切从顾客利益出发的原则从长期来看几乎是最有利于公司的经济利益的做法，尽管短期内公司需要牺牲一笔钱。

你的生活安不安全、稳不稳定，取决于你能依靠的人和事，信任是其中很重要的一部分。如果你在某些人或群体面前很放松，不用一直小心翼翼，那么这些人和群体就是你能依靠的人和群体。这个人是你真正的朋友也好，是当地一家杂货店里每天待在熟食柜台后面的家伙也好，是帮助你考上大学的高中老师也好，还是你在俱乐部认识的兄弟，你的商务伙伴，你的配偶或者孩子——如果你够幸运的话。他们不光可以信任，而且还是值得依赖的。那些真正支持你的人打心眼里希望你好，他们从你的角度考虑问题，不会强迫你做一些你不愿意做的事情。在你做出伤害自己的事情时，他们绝不会袖手旁观，而是会竭尽全力地保护你。真正的朋友能够移情于你，时刻关注你。这才是值得依赖的人！

公司和顾客、员工反复互动的时候，顾客和员工所期望的将不仅仅是可信度，而越来越多地期望必信力，他们要求极致的信任。出于竞争的原因，只有当这种要求获得满足时，生意才能做成功。诚实、透明度和同理心

（empathy）——所有这些和真正的朋友交往时所需要的品质，公司同样需要。只有这样，公司才能长久地生存下去。

如果一家公司提供的产品质量不达标，价格也不具有竞争力，那么这家公司绝不可能一直成功下去。企业偷工减料或者把价格抬高到正常水平以上，短时间内可能赚取超额利润，但是一旦顾客获得了必要的信息，对不同公司的产品和价格进行了比较，那么毫无疑问，产品价格较高且质量较差的公司将会输给产品价廉物美的公司。

市场经济体制的标志之一就是所有的消费者能够轻而易举地获取有关价格和质量的信息。然而，有关公司的服务信誉或者客户综合体验的信息，一直以来却不是那么容易获得，直到最近才有所改善。社交媒体和移动技术带来了一场革新，让顾客能够简单快速全天候（24×7）地获得其他顾客对于某一品牌或公司的评价。我们能在网上找到顾客对自己和公司关系的全方位评价，而且它们正以摩尔定律的速度迅速传播。影响总体服务声誉度的关键之一就是看它是否从顾客的利益出发。这家公司真的值得依赖吗？

不论你的公司做什么，好事或者坏事，它都会以互联网的速度传播出去。

◎ 任何地方（"网络"无处不在）

◎ 极为迅速（消息传播的速度很快）

◎ 永久存在（地球上没有那么多的律师来负责把这些信息从网络上消除掉）

当我们所有人开始依赖并期待他人的可信度时，能多大程度地依赖一家公司积极主动地保护你的利益，将是决定你是否与这家公司进行合作的根本因素。在一个电子社交的世界里，比较公司是否"值得依赖"，就同比较它们的产品价格和质量一样容易。

创造声望值

科利·多克托罗（Cory Doctorow）的科幻小说《魔法王国的潦倒》（*Down and Out in the Magic Kingdom*）描绘了一种未来生活。在那里，一个人拥有的最宝贵的资产就是他的社交资本。多克托罗把这种资本称为"声望值"（whuffie），每个人的"声望值"都能轻易被其他人看见。你可以通过三种方式来增加你的"声望值"——多做好事，广泛参与社交，或者变得臭名昭著，要么声名远扬。但是，一旦你撒谎、偷窃、欺骗、抱怨，让你的朋友恼火，或者整个从社交场合消失，你的"声望值"账户就会缩水。在多克托罗的小说里，每个人见到其他人时必做的第一件事就是确认他们的"声望值"。"声望值"是衡量一个人是否值得花时间交往的最佳标准。

实际上，这种设想并非遥不可及。我们已经看到无论是线上购物还是线下购物，随着移动技术的进步，人们动一动手指就能获得他人对商品和服务的评价。我们在领英（LinkedIn）、脸谱网等社交网站上与某人建立联系时，大多数人做的第一件事就是核实一下共同好友或者其他"值得依赖"的标志。（有多少次你在和别人约会之前或之后在Google上搜索了他的信息？）或许在商务会议或鸡尾酒会上，当你和别人面对面约会时，你就已经在用你的智能手机Google对方的信息了。

社交媒体评论员塔拉·亨特（Tara Hunt）采用了多克托罗的科幻概念，利用它为公司（或个人）建言献策，指导公司（或个人）正确对待社交媒体。她指出，一个人的"声望值"代表着一个人的名誉和影响力，代表着与他人保持联系和纽带关系的资本，代表着他现在以及将来可能接触到的思想、人才和资源，代表着他将来能够得到的帮助和可能实现的成就。她对"声望值"和传统货币的巨大差别的描述尤其引人注目。

在礼物经济（gift economy）中，你付出得越多，得到的声望值也越多。这和市场经济中的情形完全不同。市场经济体制中，你的钱一旦花出去，几乎就是一去不复返了，存钱对于解决突发状况也是很奏效的。但是，储存声望值却并非如此。声望值的增加是靠在社区中流通实现的。比如，如果我用自己的声望值来帮助你提高你的声望值，那么我们两个人的声望值都会出现净增长。声望值在社区中流通的这种方式，注定会将人们联系到一起。

对公司而言，"必信力"的运作方式也很类似。它在整个经济系统内流通，注定会传递到所有的人。

但是，信任度是不是恶化了？

调查显示，人们对于政府、企业以及其他机构的信任，在过去几十年有所下降。对比一下盖洛普（Gallup）1970年到2010年的年度调查就会发现，美国人对于机构的信任度在2010年降到了历史最低水平。爱德曼2011年度全球信任度调查报告显示，尽管全世界对于机构的信任度比2010年略有增加，但美国是全世界唯一与上一年相比对机构的信任度下降的国家。例如，仅有46%的美国人相信企业会做正确的事情。这个数据仅比俄罗斯的数据（41%）高5个百分点。2011年，人们对于美国银行的信任度也从2008年的71%下降到25%，这个数据确实低得令人难堪。政府和媒体的情况更糟：仅有40%的美国人相信政府会做正确的事情，而相信媒体的人更是只有27%。

造成这种现象的原因至少有一部分可以归结为电视广播新闻节目的泛

滥。调查性报道、24小时新闻频道、新闻纪录片以及访谈等节目，整天都在揭露各种形式的犯罪和混乱事件。尽管如此，还是有很多犯罪和混乱事件没有被报道出来，在时间的洪流中渐渐消逝。坏消息有一种娱乐价值，自由市场经济下的媒体就是要挖掘这些娱乐价值。一旦报道中出现丑闻（比如鲁伯特·默多克的"窃听门事件"）或者巨大灾难，并且接连几小时甚至几天跟踪报道，收视率和收听率就会迅速飙升，达到空前状态。此外，随着透明度的提高，之前被隐瞒的一些非诚信行为也会越来越多地遭到曝光，人们的怀疑随之不断加重，对企业和政府的信任水平总体上出现更严重的下滑。

除此之外，沟通渠道和互动平台的大量涌现也推动并加剧了政治派别之争。20年前，如果你持有某些激进观念，可能很难找到志同道合的人，而今天，你只需要点几下鼠标，就能找到跟你一样提倡种族纯洁性的人或者主张回归自然的无政府主义者。

一方面，人们越来越不信任机构和公司；另一方面，信任的重要性又在不断上升。这种情况就是咨询顾问兼商业作者约翰·海格尔（John Hagel）所说的"信任悖论"。他认为，我们为提高在他人眼中的"可信度"所做的一切事情，往往会产生恰恰相反的作用，即削弱他人对我们的信任。他说，如果某品牌（为了赢得顾客的信任和支持）不断地宣扬自己的好处，那么这恰恰是对信任的公然藐视。该品牌的公司应该这样问自己：

如果某个人表现得非常完美、毫无缺点，我们的反应是什么？我们不信任他。……因为我们知道，如果一个人只展示自己的优点和成就，他就没有告诉我们全部实情。如果一个人没法足够信任我们，不愿告诉我们他的缺点和脆弱，那我们为什么要信任他呢？

海格尔的这一观点十分重要。有时候，为了赢得别人的信任，学会暴露自己的缺点很重要。关于这一点，本书也将会讨论到。

然而，信任在总体水平上的"败坏"有很大一部分原因是因为我们的期望提高得太快。随着网络经济的生根发芽，我们对于非诚信行为的集体宽容度下降了。我们的标准提高了，自然就对公司和组织机构变得更加挑剔。调查表明，尽管技术不断进步，顾客对跟他们打交道的公司的要求却不降反升。例如，一项全球调查表明：50%以上的顾客认为他们对于良好服务的期望值比5年前提高了，约30%的顾客认为仅和上一年相比，他们的期望值就已经提高了。

我们对机构的信任水平下降，这跟我们每个人都觉得空闲时间越来越少是一样的道理。毫无疑问，技术的不断进步让我们有更多的闲暇时间——比我们的父辈、祖辈多得多的时间。但是，我们欲望的膨胀速度也更快。做什么有趣的事、看什么有趣的东西、读什么有趣的书、玩什么有趣的游戏，我们拥有的选项越多，做选择时不得不放弃的东西也就越多。我们的精力是有限的，但努力想引起我们注意的事情却增加了许多。类似地，透明诚实的公司为我们服务得越好，我们碰到下一家公司时对它的期望也就越高。

事实上，不管是因为整体的信任水平在下降，还是因为我们的期望在上升，这些都不重要。最终结果就是企业必须从根本上改善它们的运营，以满足客户不断增长的需求。在一个联系超级密切的世界里，企业要想获得成功，也必须"超级可依赖"。公司只有积极关注顾客的利益，并且在必要时采取行动保护他们的利益，才能赢得他们的极致信任。

我们的目标是帮助你在透明时代制订一个可靠的成功计划

要获得极致信任，就要做出极致改变。本书的目的就是帮助你——了解改变的基本要素。第2章笔者将会具体阐述"良好的意图"和同理心这两个基本原则，以及这些基本原则与传统经济思维之间的内在矛盾。长期以来，公司普遍接受的商业惯例是最大限度地追求短期利润，有时还可趁顾客的失误牟利。如果执意按这样的老路走下去，这些公司必然会被淘汰，并且遭到"网络暴民"的惩罚。一场透明的"海啸"将会迫使企业优先考虑一种新的商业模式——将公司的利益和客户的最大利益统一起来。任何一家想要在顾客面前表现同理心的企业，最重要的任务就是要"展现人性的面孔"——也就是说，企业同顾客打交道时，要像人与人之间打交道一样。这件事说起来容易，做起来难，之后笔者会告诉你具体该怎么做。

有一个金融案例可以有力地支持必信力的必要性。也许你的公司同其他公司一样，强调那些最具历史意义的衡量标准——那些基于成本和收益、能够说明现阶段业绩数据的衡量标准。尽管我们都知道公司必须创造长期的股东价值，但是对于连接长期价值和现阶段数据之间的环节，却往往认识不清。要知道，顾客是这一环节中最重要的部分。在电子社交时代，顾客对于公司的成功来说更为关键。在第3章，笔者将会剖析顾客究竟是怎样为企业创造价值的。在阐述支持必信力的这一案例的时候，笔者会采用哲学方法和定量分析的方法。

当今社会，透明度和互联性的迅速提高产生了极为深远的影响。其中一个影响就是，人们变得更加愿意创造和分享，更加乐于助人，而且这些行为几乎不带任何金钱上的动机。人与人之间的信任达到一定程度，就会自动产生互动和合作。随便举几个例子，比如维基百科、各种开源软件的产生，以及顾客帮助的现象。随着信任的标准不断提高，这些形式的"社交生产"会变得越来越重要。在第4章和第5章，笔者将阐述这种现象及其对企业的影响，主要包括四种会对意见领袖型顾客产生影响的策略。这些策略不需要使用金钱、回扣等财务激励措施。在社交领域，财务激励措施多半会起到相反的作用。

在第6章和第7章，笔者会重新讨论"管理"的定义。传统的商业书籍往往从领导力原则和最佳商业惯例的意义上来理解管理，但笔者的角度是理解管理者进行"控制管理"的真正含义。过去那种管理者控制结果的情形已经不可能再出现，因为从技术上来看，当时整个世界的联系不像今天这样高度密切。如今，社交网络往往会带来无法预料的戏剧性的情绪浪潮，你必须为这种全新的、与众不同的任意性做好准备。笔者首先会观察某些企业将如何受到这些情绪浪潮的冲击和影响，然后讨论如果它们当初采取不同的做法，怎样做可能取得成功。关于如何应对一个更加不可预测的世界，笔者提供了六种策略。但最根本的一点是：如果你的企业没有建立起必信力，那么一旦遭遇社交媒体"小行星"的撞击，你将无法摆脱消亡的厄运。

"能力"一词本身也是笔者会在第8章探讨的一个话题，它包括"产品能力"和"顾客能力"两层含义，以及面对"不是所有公司都能在任何时候保证高质量的产品和服务"这样一个事实时，应该怎样反应。世界也许变得越来越难管理，越来越难预测，但如果你想获得必信力，你依然得有能力保证事情准确无误地完成。为此，笔者提出了自己的方法。同时，针对公司出现失误以及产品和服务质量欠佳的问题，笔者也提出了一系列策略。

技术进步最令人发怵和恼火的地方就是造成了信息量的剧增。我们每个人都把信任当作首要的信息过滤器，但是信任对于一家企业究竟意味着什么呢？在第9章，笔者会讨论针对不同类别的信息应该采用怎样的信任标准。我们也会讲到，一家值得依赖的企业如何利用信息，让顾客、员工和其他利益相关者觉得自己更加值得信赖。这说起来容易，做起来却不一定容易，因为今天绝大多数的企业甚至连评估数据的方法都不科学，因此你很难相信它们有能力做出正确而明智的决定。

从信用卡发行公司到手机运营商，在本书中，笔者将从不同角度探讨不同的企业如何以一种更加值得依赖的方式运营。在第10章，我们会把所有的原则归纳到一起，再设想一些其他各类型的企业，如果它们能够真正做到值得依赖，它们会怎么运营？我们之所以说"设想"，是因为今天能按这种方式经营的企业在众多行业中屈指可数，你将在本书中读到的大部分内容在本质上是一种"商业科幻小说"。诚然，我们描画的是企业竞争的未来，但是这一未来必将会到来，因为技术正百折不挠地推动人与人之间的联系变得更加密切，而高度密切的联系必然会产生信任。

到目前为止，企业仅仅做到"可以信任"还是可行的。但在将来，要和那些已经知道如何做到"值得依赖"的公司竞争，仅仅做到"可以信任"是远远不够的。

企业建立必信力的基本原则

如果你希望你的企业能做到让人觉得值得依赖，并且在未来更加透明、超级互动的世界里立于不败之地，那么你必须牢记必信力的以下三个基本原则：

（1）确保事情准确无误地完成。要有能力保证所有的功能、流程和细节准确无误，让顾客觉得跟企业打起交道来十分容易。要重视客户体验，而不是只关注公司的财务业绩。

（2）做正确的事情。保证公司的盈利和顾客的需求和最大利益是一致的。如果你只关心短期利益，那么你不可能做到值得依赖。顾客关系是连接短期行为和长期价值的重要环节。

（3）积极主动。知道顾客的利益没有得到很好的维护，却不采取任何补救措施，是不可信的表现。连顾客的利益有没有得到很好的维护都不知道，则是缺乏能力的表现。

"你需要一艘更大的船"

这是男演员罗伊·施奈德（Roy Scheider）在电影《大白鲨》中遭遇大鲨鱼时说的一句台词，也是笔者给企业提出的建议。随着信任变得越来越重要，企业也"需要一艘更大的船"。赢得并维持客户信任这项任务，比你想象的要重要得多。

在未来，顾客跟公司打交道时对公司"必信力"的要求，会给企业的结构、运营和管理带来巨大的影响。企业要维持自身的"必信力"，就更需要想清楚如何平衡短期经济利益和长期经济利益。不值得依赖的企业会尽可能地从每个短期财务期中榨取利益。而值得依赖的企业则会意识到，顾客的信任是十分宝贵的金融资本，所以它们会更加重视平衡顾客带来的短期收益和顾客、品牌以及市场声誉带来的长期价值。问题是，今天很多公司创造的大量利润都是在不尊重顾客利益的基础上实现的。因此从长远来看，值得依赖的企业在未来收获的经济利益将是不可估量的。

用户使用产品之后自发进行的交流和沟通，很可能会在市场上形成某种品牌的口碑。公司同样必须搞清楚，怎样才能最大限度地利用这种顾客沟通资源。广告和促销宣传的可信度低，合作和构建某种良好的关系才是更加值得依赖的方式。无处不在的廉价互动工具，催生出了一种全新的创造经济价值的方式——社交生产（详见第4章）。开源软件、维基百科、网上评价以及其他具有价值的信息类产品和服务，都是社交生产的具体形式，而它们通常可以免费获得。在线活动是一片生机勃勃的领域，在这里，人们志愿奉献和创造，更重要的是互相监督——而所有的这一切都不计正式报酬。知名度、成就感或者参与感就是他们的回报，他们挣得的是声望值。

尤查·本科勒（Yochai Benkler）认为，我们目睹人类的组织行为方式发生永恒的改变。出现这种变化的原因有三：第一，个人电脑因为价格低廉而得到普及，并可通过互联网相互连接；第二，社交任务涉及的是信息、想法和知识产权，而非实体商品；第三，互联网的结构允许将庞杂艰巨的任务细分为一个个小步骤，一步一步完成。换句话说，技术进步催生了社交生产，社交生产又能带来进步、创造价值，因此这种趋势是不可避免的。所以，公司若想在一个更可信的环境里生存运营，就必须搞清楚怎样才能最大限度地释放社交生产力。这个问题因为金钱不再管用而变得极为复杂。

最后，我们还必须意识到，社交互动不像公司的营销或者其他职能一样容易控制。你可以控制广告活动或者成本削减方案，但是你不能控制公司与顾客或者其他人之间的互动。在电子社交世界里，公司往往会发现管理模式自上而下、上级发布命令控制下级的机构都不可靠。值得依赖的机构往往是由具有相同目标的雇员和合伙人自发组织起来的，它们从整个社会中获得力量。

这些变化对商界来说是灾难性的，大多数企业会因此而遭到彻底洗牌。在这里，笔者说的不仅仅是要讨好顾客，我们想说的是，人类的互动方式在技术进步的驱动下正在发生一场革命，它将颠覆今天商界认同和坚持的每一条原则。

正如所有颠覆性的变革一样，挑战旧秩序、引领新潮流的必将是新兴公司和创业企业。这些旧秩序的反抗者将会以诚实为利器，从竞争者那里抢夺顾客。那些竞争者尽管老牌，但在必信力上却不敌它们。与之形成对比的是，那些已经获得巨大成功和巨额利润的公司，恰恰最难适应这样的变化。有些公司会想办法变得更加值得依赖，但由于它们一贯的商业行为并不可靠，它们不得不将大量的利润拱手让人。唯有那些看清了形势并努力坚决地做出转变的公司，才能获得成功，尽管这个过程仍然会很痛苦、很艰难。

　　过程虽然艰难，但正如20年前互动本身曾带来巨大的变化一样，我们的整个经济体制最终将会由于这场革命而彻底转变。同时，尽管必信力可能是推动这场革命最有利的动力，但是要利用这种动力，你需要改变公司的整套引擎系统。

　　总之，你需要一艘更大的船！

第 2 章

为顾客的利益服务

Extreme Trust Extreme Trust Extreme Trust Extreme Trust
Extreme Trust Extreme Trust Extreme Trust
Extreme Trust Extreme Trust
Extreme Trust

评判自己，要看自己的意图；评判别人，要看别人的行为。

——斯蒂芬·柯维

对于信任的定义有很多种，但是归根结底，你对与你互动的人或者所购买产品或服务的公司是否信任，信任到何种程度，都可以通过你对这个人或者这家公司的以下两种品质的评价得到界定。

首先，良好的意图。这个人或者这家公司是否从你的利益出发，还是表现得更关注自己的利益？可信度的反面表现就是自私自利。

其次，能力。这个人或者这家公司是否有能力根据自己的良好意图实施行动？能力很重要，能力不足和意图不端一样，都会摧毁信任。

要想让别人认为你是值得依赖的，上述两种品质都很重要，只有一种是不够的。例如，如果一家公司没有足够的能力按时保质地交付产品，那么即便这家公司是世界上最为顾客着想的公司，它也没法给顾客带来好处。即便你的电器制造商承诺最大程度地为客户着想，提供三年保修；即便他们甚至主动联系你，提醒你保修期快到期了；但如果他们没有办法在你需要的时候找到一名技修工到你家里维修，你还是不能信任他们。即便某航空公司的网上政策承诺总是显示最低的可获得的机票价格，但是如果网站不能获取所有不同的价格组合，那么你还是不能信任它，因为你不确定它能否兑现承诺。

笔者会在整本书内不断回顾信任的这两大要素，同时还会强调积极主动的重要性。但要明确的一点是，信任是一个度的问题，我们总能找到更加可以信任的人或公司。本章中，笔者将深入探讨"良好的意图"这个因素。如果企业对顾客有着良好的意图，那么这意味着什么呢？

"您有一封邮件"：为不可信付出的代价

"您有一封邮件"这句话变得众所周知，是因为美国在线公司（AOL）。该公司是最早的也是最成功的网络服务供应商之一，前身为"美国在线"（American Online）。在发展的顶峰时期，它的年收入高达50亿美元，市值达2220亿美元，拥有超过3000万名付费用户，其中绝大多数通过AOL的免费电话号码将电脑连上互联网。2000年，AOL收购了媒体巨头时代华纳公司，这是当时史上最大规模的公司并购。

然而过去十年内，AOL的业绩不断下滑。现在的AOL已经大不如从前，年收入不到25亿美元，市值仅为15亿美元左右。AOL再一次与时代华纳公司（运营状态仍然健康良好）分离开来。尽管AOL在广告销售这一块做得很好，还拥有几家有趣而实用的网站，如MapQuest和Moviefone，但它80%的利润仍然来自会员缴纳的订购费，而它的会员数量已经减少到了400万人。

这不过又是一个关于互联网公司昙花一现的老套故事，所不同的是：AOL在其整个发展历程中赚取了巨额利润，靠的是欺骗用户，让用户支付比实际需要更高昂的费用。实际上，在过去20年间，AOL就从几百万用户身上赚取了几十亿美元，而这些顾客根本没有太在意，也许他们从没想到过一家拥有著名品牌的上市公司会做出这样的行为。如果要给那些严格说来没有触犯法律、但实际上却靠背叛顾客的信任赚取大部分利润的公司排个名，AOL必定排在前面。YouTube视频网站关于用户如何难以退出AOL的曝光，已经让它臭名昭著了。这段视频之所以出现，是由于AOL的一些员工出卖了公司，将呼叫中心客服的培训资料发给激进的顾客。呼叫中心客服训练的目的就是让顾客难以放弃AOL，教给客服如何"把取消订购的电话看作销售的机遇"。

尽管AOL在顾客服务方面不断惹起争议，它也进军了广告业务，但仍然有80%的利润来自用户。用户中很多上了年纪的人，本身虽享受有线服务或者数字用户专线服务，却不知道他们其实不需要每个月额外支付25美元就可以上网查邮件。

有一个肮脏的秘密，那就是在订购AOL拨号服务的用户中，75%的人其实根本不需要这项业务。

——AOL前高级主管

了解了所有这些之后，笔者再说AOL不值得你们信赖，你们应该就不会感到吃惊了。尽管公司本身没有思想，但AOL可以说是居心不良的一个典型。我们暂且把AOL想象成一个人，一个名字很有趣的人，而不把它当作公司。如果AOL先生是结账柜台的收银员，你会相信他找给你的钱是对的吗？如果他向你推销一辆二手车，向你描述车子的具体情况，你会相信他说的话吗？如果他来搞慈善，你会捐钱吗？你确定他不会私吞一部分捐款吗？

靠顾客的失误赚钱

今天，不可信的商业模式之所以在我们的经济体系中大行其道，是因为不可信能带来高额的利润——当然是在短期——而且许多企业的运营只看短期回报。如果你的银行账户曾在一天之内出现不止一次的透支情况，那么我可以告诉你，这正是银行所希望看到的，而且它们对此采取的行为也是完全合法的。它们是这样做的：一些商业零售银行会首先结算金额最大的支出和费用，从而明目张胆地将透支费用最大化。假设早上你的支票账户里有250美元，白天你从自动取款机上提款80美元，然后用借记卡买午饭花掉20美元，接着买书花掉25美元，后来又买了一件新外套花掉180美元。到这一天结束的时候，这些花费不会按你消费的顺序计入你账户的借方，而是按每笔金额的大小，金额最大的首先计入。

按顺序产生的支出	支出	余额		银行会计结算	支出	余额	
期初余额		$250		期初余额		$250	
ATM提款	$80	$170		买外套	$180	$70	
午餐	$20	$150		ATM提款	$80	$（10）	存款不足！
买书	$25	$125		买书	$25	$（35）	存款不足！
买外套	$180	$（55）	存款不足！	午餐	$20	$（55）	存款不足！

这样，尽管这一天你只透支了一次，就是最后一次，你还是不得不因为三次存款不足而缴纳三次费用。在大多数银行，这笔费用总共会超过100美元。

> 著名的布偶角色"猪小姐"曾经说过，关于银行家，你只需要知道……连他们柜台上的圆珠笔上都是带链子的。
>
> ——吉姆·海托尔（Jim Hightower），摘自Alternet.org

在零售支票交易绝大多数采用实物支票的年代，商人支取现金，然后按天把支票邮寄给银行清算。这个时候，最大金额优先的政策也许是为了服务顾客，即确保每天寄至银行的支票中最大金额的支票都能被支付，而不是被拒付。但是这种仁慈的动机，即便过去真的存在过，现在也已经完全不可能有了。因为今天许多零售银行业务都采用实时电子交易，大多数拒付支票的费用都是由自动取款机提款和借记卡刷卡消费产生的。每笔交易上都毫无例外地显示着日期、时间，不会出错。

有些银行提供了一些服务来缓解这种状况，但它们的真正用心使人生疑，因为很多服务本质上还是为了产生更多的费用。比如，有些银行为顾客提供另外一种选择，告诉他们可以用信用卡补上透支的费用。殊不知一旦转账，信用卡就需要支付一次预付现金费用，而且每次转账不得少于100美元。

许多银行还提供一定额度的"免费透支"服务。但是，免费透支服务并不像听起来那样——你可以免费透支你的账户。它仅仅意味着在账户透支的情况下银行不会拒绝让你提款，除非你已经超过了免费透支的限额。因此，你还是会产生一定的透支费用，只不过可以免遭银行卡拒付的尴尬。过去，你往往需要跟银行签署一份协议才能获得"免费透支"服务，但是现在，越来越多的银行自动给所有顾客定制了这项服务。这样，如果你从借记卡上消费的金额超过账户余额，交易仍然能够进行，但是随后你将会缴纳因余额不足而产生的费用，这笔费用往往比交易金额还要多！一项对美国10大城市中排名前5的银行和储蓄机构的调查显示，"免费透支"引发的费用平均为29美元。

但是，有些银行的情况更糟。假设你的账户余额为50美元，而你的免费透支限额为250美元——记住，银行可能在你不知道的情况下给你定制了此项服务。你为了不透支，企图通过自动取款机查询账户余额。但是，自动取款机告诉你"可使用余额"为300美元！知道这个数字当然很重要，但是它却会误导你，让你以为真正的余额是300美元。这就是大多数银行的伎俩。

即便新的立法要求对这些领域进行改革，但银行的这些政策的结果就是，尽管它没有独立意志（正如AOL公司一样，银行不是真正意义上的人，没有真正的大脑），但假设这种行为是人所采取的，任何人都极有可能得出这样的结论：银行先生就是希望你透支，只要他能把你忽悠进去；银行先生就是想尽可能地增加因余额不足而造成的处罚费用，为此，他只需要将你每天的银行账户消费金额的顺序调整一下就可以了。

你还是不相信吗？下面是一位银行雇员讲述银行是如何推销使用借记

卡的，由支持消费者利益的博主、微软全国广播公司（MSNBC）评论员鲍勃·苏利文（Bob Sullivan）报道：

我们的目标就是让你开始使用借记卡，这样你才会需要缴纳因余额不足而造成的费用，因为你的消费记录直到很多天以后才会在你的账户中显示出来。

玛莎在纽约一家大型知名银行办理支票账户的时候，银行提出要给办她一张借记卡。她非常坚定地拒绝了，因为她觉得借记卡给银行带来的好处比给顾客带来的好处要多。可是三天之后，玛莎还是在邮箱里收到了一张借记卡和一封信。信的开头是这样的："这是我们按照您的要求办理的借记卡……"玛莎明明拒绝了银行，但还是收到了这张借记卡，这是因为银行有什么不良意图呢，还是（更有可能）因为银行能力不足，无法满足顾客的个性化需求？无论如何，具体的原因已经不重要了，顾客已经开始准备寻找其他银行，因为这家银行显然不是真正值得人们依赖的银行。

当然，并非所有的银行都是这样对待它们的顾客，但同时许多银行也像AOL一样，发现自己很难废除这些完全合法的惯常做法。如果你是顾客，并且清楚自己可以在两家银行中选择——一家只关注自己的利益，尽一切可能增加各种收费，捞取各种好处；另一家关注你的利益，尽可能帮助你理财，自己赚取合理的利润——那么，你会怎么选择？

Netflix：意图不端，能力不足，还是两者兼而有之？

百视达公司（Blockbuster）是美国电影录像出租行业最早的巨头，它曾靠收取滞纳金赚得盆满钵满。但它的这种赚钱方式渐渐引起了顾客的厌恶，嘲讽百视达和它收取滞纳金的笑话一度成为夜间电视节目中喜剧演员谈论的家常便饭。但是，百视达始终沉溺于滞纳金带来的巨额收入中，辩称它不应该为顾客的狂躁和不满负责，也不应该为员工因此而受到的谩骂负责，因为顾客只要按时归还录像带，就能避免支付滞纳金。按照百视达的商业模式，它的盈利会挑起顾客的愤怒，而它又不够创新，想不出除了收取滞纳金外还有什么其他的赚钱方式。

但是，一家后来企业想出了好办法。1999年，Netflix（网飞）携一种全新的商业模式横空出世——顾客根据自己每次租赁电影的数量，选择租赁级别（不同级别价格不同），每月只需支付固定费用就能尽情观看电影。他们可以提前归还录像带，如此一来，同样的价格就能观看更多的电影，根本不用担心出现交滞纳金的情况。另外，Netflix会根据顾客的观看记录推测顾客喜欢的影片类型，给出适当的建议，还允许顾客创建个性化的观影"队列"，把自己以后想看的电影列成一个表。Netflix的赚钱方式跟顾客的需求是统一的。

Netflix很快赢得了200万名顾客的青睐，而百视达也终于意识到要保持竞争力、避免宝贵的顾客资源流失，就不得不做出改变。尽管预计年收入损失将会超过2.5亿美元，2004年，百视达仍然决定在公司门店废除滞纳金制度，而特许经营店则有权保留（事实上，很多特许经营店确实继续收取滞纳金）。但是，百视达已无法扭转乾坤。在这之前，Netflix已经开始用邮寄方式出租DVD，不仅价格低廉，而且更方便顾客。那些原本是百视达的顾客在大失所望之后，纷纷涌向Netflix。Netflix万岁！它找到了一种全新的商业模式，重视客户服务，让顾客很容易参与进来，记录顾客的个人偏好，而且不欺骗顾客的钱（有时候顾客支付的滞纳金比DVD本身的价格还多），Netflix正是那种值得依赖的公司。如果顾客长时间没有归还DVD，它还会提醒顾客，防止他们忘记，让DVD躺在某处睡大觉。

但是，在和百视达公司竞争的过程中，Netflix偶尔也会遭到指控，原因是它通过"限制"那些租碟量最大、租赁次数最频繁的顾客来削减成本。也就是说，Netflix会刻意减缓这些顾客DVD订单的出仓速度。但是，由于它的低价进入市场的策略大获成功，所以很好地平衡了上述问题。而百视达收取滞纳金的贪婪印象却已在人们的脑海中根深蒂固，任何补救措施也无法挽回它的名声，因此不得不在2010年申请破产。到2011年，Netflix已经建立起流媒体视频直播业务和DVD出租业务，并不断发展壮大，拥有2500万名顾客，市值飙升至160亿美元。这位美国影视出租"战争"的胜利者获得了投资者的普遍青睐，他们争先恐后地想从Netflix的胜利中分得一杯羹。

但是紧接着，就在2011年夏天，Netflix（和许多公司一样）一心忙于发展所谓的"业务"，却忘了成功的核心是顾客。这些顾客青睐Netflix，看重Netflix给他们提出的好建议，相信公司会为他们提供良好的产品和服务，并且价格公道。当年百视达公司自食苦果，让Netflix从中渔利，Netflix的成功在于它打败了百视达自私自利的商业模式。然而时间过去不到十年，Netflix也开始忽视顾客的忠诚度，把商业结构和效率放在优先位置，同时开始觊觎抬高价格了。也许不久之后，它也会开始收取滞纳金。

尽管顾客希望支付一次费用就可以同时排队观看在线电影和邮寄的DVD，但在2011年的时候，Netflix预计DVD出租业务将会在2018年被淘汰，于是便把DVD出租和流媒体视频两项业务分离开来。这虽给公司带来了方便，但却给顾客带来了极大的不便，同时也导致价格明显上涨。顾客需要登录两个网站（streaming Netflix和DVD-by-Mail Qwickster）查看电影列表，感觉就像是在跟两家公司做生意，自己在这个过程中受到了欺骗。许多顾客感到，曾经关心他们的公司现在背叛了他们。

在试图走出涨价困境时，Netflix拿自己的市场开涮，很快便和自己的顾客形成了敌对态势，且颇为讽刺的是，它的表现一点也不逊色于曾经的百视达。DVD出租和流媒体视频两项业务分离和涨价的消息由Netflix的首席执行官里德·哈斯廷斯（Reed Hastings）在2011年7月12日的一篇博客帖子中公布，很快，各大社交媒体平台纷纷出现抗议。短短几天之内，哈斯廷斯的帖子收到了81789条评论，其中绝大多数都是负面评论或者表达了公开的敌意（仅有1.7%的评论是正面的）。火上浇油的是，9月时哈斯廷斯又发表了一篇道歉的帖子，而这似乎更加激怒了大众。到9月底，Netflix已经损失了数百万顾客。两个星期之后，Netflix宣布取消Qwikster计划。

如果说这只是一次涨价，那么这次涨价的实施方案显然不够巧妙，尤其是对于一家透明度较高的网络公司来说。要知道，这家公司曾经在电子社交领域表现出极佳的天赋。Netflix的高管早就清楚社交群体的力量，它甚至用众包征集推荐电影的算法，任何能将算法效率提高10%的人都能获得100万美元的奖励。（2009年，Netflix为此花费了几百万美元，紧接着又发起了一项新的竞赛，设置新的奖项鼓励新的复杂数据的运算方法。）

但这确实不是一次简单的涨价。它反映了Netflix在经营中固守自己的意愿，不从顾客的角度出发考虑，不把顾客的想法作为竞争战略的重要部分（和百视达公司一样）。它的做法只是为了Netflix的利益，而不是为了顾客的利益。

不管Netflix是改变公司路线，还是紧步百视达的后尘最终破产，或者落得个中间位置，Netflix的故事都像一则寓言。它警示我们，一旦公司高管将自己的商业模式置于顾客的需求之前，将会出现多么糟糕的局面。截至2011年10月底，Netflix的股票市值跌至40亿美元，和7月份相比下滑了75%。这表明投资者对公司的发展方向仍然感到担忧。Netflix的首席执行官哈斯廷斯也承认，公司需要一年多的时间才能让顾客满意度回归到崩溃前的水平。

一方面，我们可以说这个案例只能说明Netflix能力不足。它把复杂的局面当儿戏，仅仅因为预测到了一场即将来临的技术变革，就轻易改变商业模式。但另一方面，我们也可以说，这是一个关于错误的商业意图的案例，因为Netflix从来没有真正首先考虑过顾客，而是利用百视达自己的失误来显示它是顾客更好的选择。也许，两者兼而有之？

那么，什么才是良好的意图？

我们永远也不可能知道别人的出发点，一个人的意图在他的心里，只有他自己才知道。我们所能做的就是去观察对方的行为——他们做什么？他们看起来如何？他们说了什么？

然而，我们天生就具有同理心，喜欢根据我们的观察来判断别人的动机。我们知道自己的想法，知道自己做这些事情的时候有什么样的意图，于是我们假设别人做这样的事情时一定也怀着这样的想法。当我们信任别人的意图时，这种判断实际上是根据别人的行为而做出的。这听起来有点像循环论证，但是亨利·史汀生（Henry Stimson）[①]的观点确实是对的："只有当我们信任别人的时候，这个人才会是可以信任的。"

如果两个不同的人对同一行为进行评估得出的判断不同，我们也不应该感到惊讶，因为只有读心术士才有百分之百的信心说自己知道别人的意图。

我们评估那些给我们提供产品和服务的公司、我们上班的公司以及我们打交道的其他组织，同样也是如此做出判断的。正如赛斯·高汀（Seth Godin）指出的那样，一家"公司"不可能有自己的意图，因为公司不会有自己的想法。但我们看待公司的行为时，还是会不由自主地把公司拟人化。我们会问自己，如果我采取同样的做法，我的意图是什么？这种拟人化可能解释不了世界上发生的一切事情，但是作为一种逻辑上的捷径，大多数人还是觉得它很有用。反正我们没有办法知道他人的真正意图，走捷径又有何妨？

---

① 亨利·史汀生（1867—1950）：美国政治家，曾任美国战争部长、菲律宾总督和美国国务卿。——译者注

　　我们见过太多的企业意图不端，或者毫不在乎顾客的利益。假设透明度越来越高、曝光率越来越高、顾客对于不公正行为的报复心越来越强，甚至直接给企业带来恐慌，那么这对企业思考如何变得值得依赖，会带来怎样的影响呢？

　　应该搞清楚，怎样才能在赚取利润的情况下保护顾客的利益。

　　理解，在今天出卖顾客利益要付出比过去更昂贵的代价。

　　如果说我们之前一直都在讨论意图不端的例子，那么我们要如何定义良好的意图呢？关于"信任"的定义无一例外都要求做决定的时候能最大程度地为别人的利益着想，这就是说，你希望别人怎么对你，你就应该怎么对待别人——这是基督徒的"黄金法则"。实际上，世界上任何一种宗教都尊崇类似的法则。人们描述"信任"的时候，喜欢用"公平公正"、"讲良心"、"友善"这样的字眼。学术上，我们用"互惠"这个术语来描述它，意思是一个可以信任的人必须能够理解（即深刻洞察）什么是"对方"的最大利益，然后用自己的行动来报偿对方。要得到他人的信任，一个人必须考虑和尊重他人的利益。

　　你越觉得一个人的行为只是为了维护和谋求他自己的利益，就越有可能觉得此人不值得信任。查尔斯·格林（Charles Green）是信任方面的权威〔他与大卫·梅斯特、罗伯·加尔福特一起合著了《被信任的顾问》（*The Trusted Advisor*），这本书备受推崇，经常被人引用〕。他指出，一个人对他人的信任，与他所认为的对方行为中包含的"自私"程度成反比。你越觉得对方的行为是为了自己的利益或者为了实现自己的目标（比如说，这个季度要盈利），而不是为了维护或实现你的利益（比方说，告诉你现在最优惠的价格是多少），你越不会信任对方。

　　在现实生活中，我们很容易发现信任和自私自利之间的冲突。我们不信任做生意的推销员，因为只要我们买东西对方就能从中获利，但是如果我们对产品不满意，对方却不会有任何损失。我们最不可能信任的，就是微笑着对我们说"相信我吧"的人。

我们之所以不信任广告和销售信息，是因为它们都是为了某种特殊的、自私的目的——提高它们所代表的公司的营业额而设计的。做广告需要钱，尽管没有人会因为公司想要收回这种投资而抵制某个品牌，但这个事实的确意味着每则广告都有它自己的立场——内在的偏见。调查表明，比起广告所宣称的，顾客更愿意信任朋友的看法，甚至完全不认识的人在网上写的商品评价。他们倾向于信任"跟我一类的人"或一位客观的专家。广告是别人花钱设计的，但是你的朋友——甚至素不相识的陌生人——却不一样。如果你向朋友征询意见，他会把最诚实的想法告诉你，因为他是你的朋友。不管他的想法对不对，他的评价却是客观而不带偏见的。如果他是一名真正的朋友，给出的观点就不会掺杂任何不纯粹的念头。（你在衣服店试衣服的时候，有没有遇到过一位真正诚实的销售员——真心想让你穿得更好看些——跟你说："这件真的不适合你，试试那件好吗？"）

自私自利、以自我为中心或者自恋的人，都不能赢得他人的信任。自私的人从来都不会被看作是可以信任的人，自私和必信力是对立的。

你的公司是值得依赖呢，还是仅仅可以信任？

一家公司要做到可以信任，只需要履行自己的承诺。但是，只有当公司发自内心地考虑顾客的利益，平衡好顾客的利益和公司的利益时，它才是值得依赖的。显然，值得依赖的公司仍旧追求利润，但是它们绝不靠欺骗和愚弄顾客或者利用顾客的无知来牟取利润。

按照现行的商业模式，许多公司称得上"可以信任"，因为它们依法经营，并且能够履行承诺。但它们的基本策略是利用顾客的大意或无知，防止他们做出最佳决定。如果公司不改变这种策略，就永远无法做到"值得依赖"。

值得依赖的公司能够确保事情准确无误地完成。可以信任的公司会履行自己的承诺，但是只会用最基本的方式完成任务。比如你给公司打电话时，它会保证接你的电话，因为它衡量客服业绩的唯一标准就是每小时能够"处理"多少个电话。但是，一家值得依赖的公司不仅看事情处理的结果，还看重处理事情的方法和过程。在牢记自身利益的同时，值得依赖的公司总是尽量从顾客的角度考虑问题，尽量不给顾客造成麻烦，尽量使顾客满意。在大多数情况下，这会为公司本身创造大量的价值，因为这样做能增加顾客的忠诚度，也会吸引更多的顾客。

值得依赖的公司做正确的事情。可以信任的公司会按自己的承诺办事，但是值得依赖的公司就像一个朋友，会最大程度地维护和实现顾客的利益，即便当顾客有时没有注意到，或者不像公司那样清楚自己的利益时。重要的是，这意味着一家值得依赖的公司必须找到一种商业模式，允许它在维护顾客利益的同时创造股东价值，它不会——也不应该——亏本出售自己的产品或服务。但是，要做到值得依赖，就必须对顾客的想法敏感，尽量做到公平交易。以往的很多公司无法逾越顾客利益和公司利润之间的鸿沟，但是对于值得依赖的公司而言，这道鸿沟根本不存在。其前提是，它必须从一开始就弄清楚怎样才能对顾客有利，并把这一点作为实施商业模式和战略的基础。

　　我的一个朋友托马斯在网上订购了一套三件组合的桌子，其中两件顺利到货，但是第三件一星期之后还没送到。于是，托马斯打电话到公司询问，结果发现第三件被快递公司送错了地方，发到了另外一个配送中心，商品被送到了其他城市。在线零售客服很快解决了这个问题："先生，发生这样的状况我们很抱歉。我们马上为您更换货物，用连夜快递为您配送剩下的一件，这样您明天就能收到货物。"我的朋友本来打算大发牢骚，但是客服及时地解决了问题，一下子让我的朋友心情缓和下来。当客服说"由于我们给您带来的不便，我们将会向您的信用卡返还25美元"时，我的朋友说这不是零售商的错，而是物流公司的错。客服说："请您别担心，我们只是想确保您明天能够在您的新办公桌前办公。"这样的服务算是好的客户服务吗？这说明这家公司有良好的意图，还是有能力？谁在意呢？反正这样的公司就是人们能依靠的公司。这样的公司是完全值得人们依赖的公司。

值得依赖的公司怎样利用顾客数据

　　我们有理由相信，几乎没有顾客愿意每月支付25美元来定制拨号上网服务，他们不需要也从来用不上这种服务，甚至根本不知道他们正在为此支付费用。同样，极有可能根本没有人愿意支付因余额不足而意外产生的费用。也许有时候有顾客会刻意选择让这笔费用产生，（谁知道呢？）也许有人会刻意选择定制AOL的拨号上网服务，只为了证明这项服务不是无人问津。但是总体来说，笔者认为，说银行和AOL没有"做正确的事情"并非言过其实。

　　然而，如果不考虑这些显而易见的例子，我们就会发现，要做到从顾客的利益出发其实是一项相当复杂的任务。显然，既然我不确定你的动机和利益是什么，正如你不确定我的动机和利益一样，那么我的公司有可能就不会尊重你的需求，因为我不完全清楚你的需求。顾客的口味和偏好明显各不相同，公司怎么可能真正知道对于一名具体的顾客而言，什么才最符合他的利益呢？

尽管没有公司能确定具体顾客的想法，今天的公司却拥有更好的技术。这些技术能够帮它们分析客户的需求，保护他们的利益，有时公司唯一需要做的就是用自己的流程来帮助客户规避一个代价沉重的错误。比如，豆荚（Peapod）是一家网上杂货服务商，它的软件能够检测出打字错误，使你避免购买到很不正常的商品。（比如，它会弹出一个界面向你询问："您真的要购买120个柠檬吗？"）

此外，最好的公司会不断改进自己的IT能力，以便更好地记住顾客个性化的需求和偏好。值得依赖的公司会记住它们从顾客身上获取的信息，并随着时间的积累变得越来越聪明，越来越具洞察力，从而创造出更好的客户体验。有时，公司唯一需要做的就是利用根据顾客以前的交易记录建立起的数据库，更好地维护顾客的利益。如果你从亚马逊网站上订购了一本书，而这本书你之前已经在这家网站购买过，亚马逊就会在处理订单前提醒你。iTunes也是这么做的。这些例子反映的都是真正值得依赖的行为。在这两个案例中，公司的数据库都具备了记忆功能，它们的记忆有时比顾客的还要清楚牢靠。如果亚马逊或者iTunes直接接受了你的订购，这并不算是欺骗。也许AOL和银行就会这么做，然而亚马逊和iTunes不会。它们不会利用计算机优越的记忆力占顾客的便宜，恰恰相反，它们拿它来"做正确的事情"。

值得注意的是，至少在这个案例中，"正确的事情"是互利共赢的。尽管亚马逊的提醒让你撤销了已经做出的购买，但是对它来说也降低了风险。因为等你收到书时发现已经买过，你还是有可能会退货。当iTunes提醒你，你已经拥有即将复制的歌曲时，它也在降低风险：投诉后公司可能还是不得不给你退款，而这个过程既浪费人力又增加成本，你还可能在Twitter上说公司的坏话，让很多人知道。所以这就是"互惠"的机制——实现双赢。

而有些银行却利用客户数据库和分析工具，对客户和潜在客户的价值、收益率和信用风险进行分析，制作出相当精巧的图表，然后每年用20亿封的信用卡邀约邮件"轰炸"他们。很讽刺，不是吗？为什么这些银行就不能像加拿大皇家银行（Royal Bank of Canada）那样做呢？该行利用他们卓越的洞察力，为低风险客户（即绝大多数客户）拓展出了自动透支保护服务，并且免费提供！这为客户省去了麻烦，也让银行省去了麻烦。信用可靠的客户不再需要给银行打电话要求它退还费用；银行也不用请客服处理这样的电话，只需要给客户发送一条信息，说明"费用由我方支付"，并告诉他们怎样避免再次出现类似的情况。在这个过程中，银行的成本也降低了。同样是最后没有收取费用，加拿大皇家银行的做法非但没有招致新的成本和憎恶，反而节约了成本，建立起了信誉。在这一制度实施的头十年里，加拿大皇家银行每个客户的利润贡献度增加了13%。

同理心、自利和经济学

由于你可能还不了解这个概念，笔者需要再提一点，认为"值得依赖"和"自私自利"互不相容的观点是有问题的，因为它对自由市场经济本身的道德合理性提出了质疑。自由市场经济建立的原则是，人们从自身利益出发决定自己的行为，最终创造出一个对所有人来说都更好的生活水平。新古典经济模型假定，人们总是从自身利益出发选择自己的行为，而这些独立的、自私自利的行为共同创造出大量的经济价值。正如亚当·斯密在《国富论》里所写的一句经典名言："我们的晚餐并非来自屠宰商、酿酒师和面包师的恩惠，而是来自他们对自身利益的关切。"

然而事实证明，新古典主义经济学对于人类动机的界定是有缺陷的，因为纯粹的、绝对的自私自利并非常态，而是反常。几乎没有人是完完全全自私的、从来不做有损自身利益的事情的。如果真有这样的人，那他们就是精神病患者。精神病患者之所以反常，是因为他们完全不受他人感情的影响，除此之外的人都具有同理心。我们天生就关心他人的感情，而不需要"学习"。刚出生的婴儿才几天大，听到其他的新生儿哭，自己也会跟着哭起来。蹒跚学步的孩童尽管不会说话，也会想要帮助成年人完成任务。因此，亚当·斯密关于面包师动机的描述也许总的来说是正确的。但是，一旦面包师有一个关系要好的朋友遭遇饥饿，或者他要为社区晚宴准备食物，或者他对自己发明制作的某种糕点特别自豪，在这些情况下，他不大可能只考虑出售商品而得到的自身经济利益。

几乎所有的人天生就具备强烈的同理心。事实上，正是这种强烈的同理心使得我们无法忍受戕害或者折磨他人，即便对方与我们完全对立。二战期间，美国陆军准将S.L.A.马歇尔（S. L. A. Marshall）在部队开始作战之后，迅速对几千名美国士兵展开了调查。令他感到震惊的是，对敌人开过枪的士兵还不到参战士兵总数的20%，即便是遭到攻击，他们也不愿意开枪。用马歇尔的话说："对杀人的畏惧，而非对被杀害的畏惧，是导致个人在战斗中失败的最普遍原因。"

到20世纪末，社会科学已经能够有力地证明人具有强烈的移情动机，而这些动机跟理性和经济学上的自身利益直接冲突。这些发现在一定程度上促进了行为经济学这门新学科的兴起，它将人类决策时的心理、情感因素同新古典模型中对自身利益的理性计算结合起来。正如2004年的一项学术研究报告总结道：

在过去十年中，实验经济学研究已经有力地证明，教科书上对于"经济人"的定义是错误的。成百上千次的实验证明，人们不仅关心自身的物质回报，还关心诸如公平、公正和互惠等东西。

揭示同理心最常援引的一个行为经济学实验就是"独裁者博弈"。设计这个实验是为了检测人们慷慨待人的意愿——确切地说，是人们慷慨待人的需求。严格说来，它实际上不是一个游戏，因为它根本不涉及人与人之间的任何互动，因此不存在任何战略，也不存在任何要靠计谋或者猜测其他成员心理来作出的决策。相反，独裁者博弈中的两个人彼此不知道对方的身份，日后也不大可能有任何交往。第一个人被指定为"独裁者"，由实验者发给他一笔钱。独裁者随后决定他或她要分配多少钱给第二个人，实验就结束了。第二个人根本没有做决定，他或她扮演的就是一个被动地接受前者慷慨赠予的角色。当然，这个实验要探讨的问题是，一个人在不同的情况下可能赠予他人的金钱有多少。一个完全自私自利、毫无同理心的独裁者自然不会赠予一分钱，只会独吞所有的金钱。但是，不同条件下的反复试验显示，绝大多数人不会独吞所有的金钱，而是会分享其中的一部分，平均为总金额的20%。

具有同理心可以说是我们人类的一个物种进化优势。它使我们在寻找食物和保存共同血缘方面能够更加容易和高效地开展合作。我们之所以一开始就是社会性的动物，同理心发挥了重要作用。而正因为我们具有社会性（而不是个人智力），才有了我们的文明与技术进步。

在《为什么大猩猩比专家高明》（*How We Decide*）中，乔纳·莱勒（Jonah Lehrer）报告了另一次独裁者博弈实验，这次实验使用了脑成像技术：

……总共有几十个人，发给每个人128美元的现金。他们被允许自行处置这笔钱，可以自己留着，也可以捐给慈善机构。实验发现，当他们选择把钱捐出去的时候，大脑的奖赏中枢活跃起来。他们因为自己的无私奉献而感到高兴，显得容光焕发。实际上，几名被试者在无偿把钱捐出去的时候，大脑奖赏中枢的活动比收到现金奖励时还要频繁和强烈。

莱勒最后补充道："从大脑的角度来看，付出要比索取更有益。"

所以，科学已经相当有力地证明了同理心是人类发展的关键动因之一，它之所以在我们身上进化，必定跟人类作为一种社会物种得以成功延续和发展有关。人们具有同理心，不仅仅是因为想要实现某种自身利益，不仅仅是出于对自身长期利益的某种复杂计算或者理性评估，还因为它是人类的一种天然冲动。这是一种本能，人类生来就具备。

技术进步加快了我们的互动，同时也加强了我们的同理心。随着人们变得越来越独立，社会越来越进步，人们对于他人的关心也不断增加。在原始社会，真正的同理心也许仅限于血缘亲戚或者部落成员，但随着工业革命和现代国家的出现，爱国主义成为一种备受尊敬的美德，而部落制已被看成是一种落后的方式了。当我们通过电子媒介越来越紧密地联系在一起，地域界限变得越来越不重要时，我们已经看到爱国主义正逐渐丧失它之前的光芒。这种变化趋势毋庸置疑。一些社会学家指出，现代社会对于动物权利的提倡，就是人类同理心向其他物种延伸的例证。

但是，这种过程是渐进而且不均衡的。即便是在今天，部落制度在很多非洲和中东社会仍然发挥着举足轻重的作用，而家庭关系也是很多东方国家现代企业——甚至是巨型企业——的主要粘合剂。另一方面，我们不要忘了，出于某种原因，1%～2%的人在同理心方面有严重缺陷。这些人天生不怎么具备同理心，被称为边缘型人格（就是说，处于健全和精神变态的边界）。有趣的是，"正常"人碰到精神病患者或者边缘型人格的人时，往往会感到震惊。他们想象不出，为什么有些人完全察觉不到自己的行为对他人产生的影响。他们没有"切身"体会，因而也无法相信。在《邪恶的基因》（*Evil Genes*）这本书中，芭芭拉·奥克利（Barbara Oakley）认为，"人类最邪恶的罪恶——种族灭绝——的发生，往往是因为人们无法相信以前从未犯罪的人会犯下诸如大屠杀、无端酷刑之类的滔天罪行"。根据奥克利的观点，健全而具有同理心的人分为两类：一类人遭受过缺乏同理心的人的荼毒，另一类人没有遭受过。奥克利说，只有那些遭受过荼毒的受害者才能真正体会到，缺乏同理心到底是怎样的一种残忍和自私。

要成为精神变态者，不必沦为暴徒、骗子或毒贩子，同理心有很多个等级。2008年金融危机爆发之前，华尔街上有一群人一方面趁机从金融泡沫中大获其利，另一方面又期望这场最后盛宴的终结让他人受尽痛苦，但这并不意味着他们就是精神变态者，甚至是边缘型人格的人。同理心作为一种情感，是建立在很多非理性输入的基础之上的。我们对一个人表现出的同理心，还部分依赖于我们对对方的亲近感以及具体考虑的行为。把一堆未来极有可能贬值的证券化次级抵押贷款捆绑在一起，并因此获得业绩奖金，这是一回事；举起一把M-1式步枪对准某人的头部，然后开枪，则完全是另外一回事。

尽管同理心是天生的，并且在人类的行为当中发挥着越来越重要的作用，但有一个事实却无法改变，那就是人具有多样性，有些人的同理心天生就比另外一些人低。（多年以来，我们一直倡导要区别不同的顾客。也许现在，公司不再只关注顾客为什么会对企业持不同的价值观以及顾客希望从企业那里获得什么，最终，公司会关注如何辨别哪些顾客和潜在顾客没有良心，进而保护公司的员工、其他顾客以及股东免受这些具有变态人格者的伤害！）

同理心和信任的社会作用

正常且具有同理心的人渴望社交和信任。在遭遇他们认为缺乏同理心的人时（表现为不公平不公正的行为），他们会懊恼、生气甚至愤怒。大多数人不仅希望惩罚那些不值得信任的人，而且对此感到痛快。具有同理心的社会人会从纠正或报复错误行为中得到一种满足，而人类的这种倾向极大地促进了社会结构的成功建立（这一点我们以后会谈到）。这也是必信力将会成为人们面对品牌、市场和董事会时的首要结构性问题的原因之一。

在第4章我们会看到，如果社交网站的参与者能够适当地充当一系列角色——从价值或内容的创造者到编辑或管理员、再到惩罚者和强制执行者，那么这家社交网站就能更加稳定和值得依赖，从而更加具有成效。正确的角色组合能够确保那些撒谎欺骗、不遵守规则的参与者——少数不可信赖的人——走不了多远就会遭到"系统"或者网站限制。在稳定的社交系统中，不可信赖的参与者不可能像可信的参与者那样左右逢源。时间一长，随着互动的加强和深化，每个人都会越来越重视同理心和信任，结果就是我们对选择购买产品或服务的公司要求更高。这种新要求新标准可能会很快成为现实，让大多数公司措手不及。

唯有光明磊落、公正公平地办事，我们以及我们的下一代生活的这个世界才会变得更好。这里有个小故事。玛莎的儿子问她，人们为什么会在无人售报亭自觉支付2美元，然后才拿起一份报纸，这是怎么办到的？她告诉儿子说，人们完全可以偷一份报纸，但他最多也就是暂时能免费拿到几份报纸而已。而一旦他为了几块钱丧失了诚信，那么将来必须付这两美元的时候，他就得排很长的队了。

尽管本书探讨的是在商业背景下如何主动做到值得依赖，但是我们也可以探讨一下如何把必信力应用到政府、非营利性组织、学校以及其他机构中。华盛顿州的西雅图市经常发布美国10大宜居城市排行榜，上榜城市的居民中有很大比率的人群在循环利用资源、参加志愿服务、学习心肺复苏术——所有活动都是为了集体能够生活得更好，而不仅仅是为了个人。但在日本——世界上最具有社会凝聚力的国家之一，人们在2011年3月遭遇地震和海啸之后表现出了非凡的社区精神。通常情况下，地震或海啸这样的灾难导致城市瘫痪，很多人会大发灾难财。但是日本民众却主动归还漂到岸上的钱包和保险箱，分文未动里面的现金。总共有4800万美元钱包中的现金和3000万美元锁在保险箱里的现金被拾到者主动归还给失主。

我们每个人的福利与整个社会的福利息息相关。同理心是社交的兴奋剂，是集体福利的催化剂。因此，技术越进步，我们的社交生活越便利，大多数人也会变得越无私。能够不自觉地感知他人的痛苦，是同理心最重要的基石，而这种能力也是每个人与生俱来的，只要他不是精神病患者。

精神变态的资本主义

人们可能很少从纯理性的自我利益出发来决定自己的行为，但是公司呢？公司有权依法为自己的所有者创造财富，如果不能创造股东价值，就说明管理层没有履行好被委托的管理责任。但是，在任何一个现代经济体中，成功的企业也是一个结构复杂、涉及多方利益的组织。其利益相关方不仅包括股东，还包括员工、顾客以及公司所在的社区。从实践的角度来看，公司千万不能忽视股东以外其他利害方的利益。一旦忽视，股东价值就将受到威胁。虐待员工、破坏社区和环境，很容易导致法律纠纷和高昂的管理费用。

尽管目前还没有出现拥护顾客权利的工会运动和环保团体，但从竞争的规范当中我们就可看出公司尊重顾客权益的必要性。如果你不尊重顾客的利益，就会在竞争中被淘汰出局或者出现法律纠纷。在大多数情况下，这都会变成现实，AOL的衰败就是一个绝佳的例证。正如我们前面讲到的，AOL在与顾客打交道的过程中过分追求自身利益。几年前当公司的财富处于鼎盛时期时，它的拨号连接业务却因为技术过时面临着严峻的问题。为了克服这一困难，AOL改头换面，把自己打造成为一家广告内容公司。尽管拥有技术优势，此次努力却没有产生任何显著的回报。当然，由于与客户之间关系睿迫，公司也没能从顾客那里得到鼎力帮助。

相比之下，一家值得依赖的公司在面临这样的生存威胁时会采取怎样的行动呢？比如说苹果公司。它在把业务发展到音乐零售、交互软件甚至移动手机时，并没有出现任何不良状况；亚马逊以图书销售业务起家，而这现在已不过是整个企业所有业务中的一小部分，它的业务范围涵盖了所有的零售种类和一系列商业服务。毫无疑问，如果这些公司没有首先赢得顾客的信任和支持，就不可能成功实现转型。

一旦公司能做到值得依赖，它的顾客也会从同理心出发为公司考虑，就像你跟真正的朋友相处时，从来用不着数数朋友找回的零钱。一家不被信赖的公司一心追求眼前的经济利益，对其他方面一概不考虑，就好比一个精神病患者，浑然不觉自己的行为会对周围人的感受产生怎样的影响。所不同的是，我们当中只有少数人受到过精神病患者的伤害，但是我们所有人都会定期跟至少几家"精神变态的"公司或品牌打交道。我们对于它们毫无同理心的服务司空见惯，甚至不觉得有什么反常。但是，随着我们对公司的要求不断提高，缺乏同理心的公司将会越来越少，最后被灭绝。

如果一家值得依赖的公司所制定的政策总是反映他们对顾客持有良好的意图，那么它在其他领域——人力资源、投资者关系、社区参与等，也很可能会反映这些良好的意图。因此，要让公司的管理者和员工懂得如何为客户着想，最好的办法就是让他们在互动中践行以同理心相待。

相比之下，不被信赖的公司首先把顾客看作它们的钱袋，而不是亲密的、有着个人需求的商业伙伴，顾客不过是它们牟取眼前利润、维护公司利益的垫脚石。根据精神病理学，一家公司如果不把顾客当人看，那么要不了多久，它也会不把员工、社区甚至自己的股东当人看。

迈克尔·施拉格（Michael Schrage）为那些正在考虑如何做到值得依赖的公司推荐了一种测试——你最有价值的、最优质的顾客是哑巴、文盲，或者他们对产品根本不上心吗？（如果回答是肯定的，你就得好好分析一下你的商业模式了。）AOL可能希望自己的顾客愚蠢一点，但是一家值得依赖的公司不应该抱有这样的想法。

很快，人们就将不再容忍企业的这种精神病态。对于不可信公司的不公正或缺乏同理心的行为，顾客会很乐意进行曝光和施以惩罚。一项调查表明，超过60%的人在网上读到顾客不愉快的购物经历后，会停止或者避免跟其中涉及的公司交易。另外一项调查显示，79%的顾客在遭遇不愉快的服务后会将自己的经历告诉别人，85%的人称他们希望拿自己的经历警告别人，66%的人会说服别人不要买这家公司的产品或服务，而约70%的人表示口碑会影响他们的购买决定。

在电子社交时代，人们希望公司对待顾客能像人与人之间相待一样，怀有同理心，那些缺乏同理心的公司最终必将遭到追究。

值得依赖的公司是什么样的呢？

◎ Jacquielawson.com是一个聪明的电子贺卡网站。它会自动邀请你自动续约，并从你的信用卡中扣款。但是在续约之前，它会弹出一个界面，上面写着："您在Jacquielawson.com网站上的会员身份将于2011年7月28日到期。您已选择自动续约。因此除非您修改信息，我们会根据您之前的卡片信息扣除费用。会员费为每年12美元，本年度费用将在7月28日从您的卡上扣除。需要更多帮助，包括如何更改已记录的信用卡信息，请登录http://www.jacquielawson.com/help_7.asp。"

◎ 联合银行（Ally Bank，前身为GMAC银行）在发现顾客的账户里还有资金时会主动提醒顾客，告知他们可以投资利率更高的产品。存款人把钱从储蓄账户转移到支票账户以支付透支金额时，也不会产生任何费用。银行首席营销官桑杰·古普塔（Sanjay Gupta）说，联合银行的"顾客服务"有三大支柱，即"准确无误、真诚坦率、优质卓越"，在确定品牌的市场定位时，很少有其他原则比这更让人信赖的了。联合银行网站上的每一个页面都清楚地显示着24小时免费咨询电话的号码以及预估的"呼叫等待时间"。一旦客户拨通电话，提供的第一选择就是人工客服。此外，联合银行对它所有的金融产品和服务都引进了顾客评价。据古普塔称，为确保顾客评价具有真实性、不随意谩骂，评价过程会受到审查。但是，目前银行网站上所有介绍产品的页面都有一个"顾客评价"标签，顾客已经可以在上面看到数百条评论了。那么，为什么在实施了新的保护顾客的规章制度之后，联盟银行不像其他银行一样，提高收费或者设立新的收费名目（包括美国银行也大力推行对借记卡收取5美元费用的政策，不过由于引发了消费者的极大愤怒，现在已经被迫取消），却仍然能够维持运营呢？对于这个问题，古普塔解释道："我们打算建立一种不依赖于收费的商业模式。我们吸收存款，发放贷款，靠存贷息差赚钱。可以说，我们的价值观是传统的，但是我们利用了今天的技术。"

◎　朋友的女儿阿曼达住在芝加哥，她准备把家搬到几个街区外的新公寓里去。她本应在下午5点把租赁的卡车还回到车库去，但是下午4点半的时候碰上了堵车，车上是马上要卸的最后一批东西，卸完之后才能把车开回出租公司。这个时候她的电话响了。"怎么样了？"出租公司问道。阿曼达把情况告知给客服，说担心迟到几分钟就得付一整天的费用。客服给她的回答是："别担心，注意行车安全，你不用着急。我们6点之前都会在，6点之前把车开过来就好。"如果阿曼达有朋友要搬家，她可能会向他们介绍哪家卡车出租公司呢？

◎　笔者在墨西哥城演讲的时候，一个少年跑过来兴冲冲地说："我知道你们要讲什么！我收到过一条短信，是Telcel公司发给我的。他们说我发的短信太多了，如果换一个套餐就可以帮我妈妈省钱。你相信吗，他们居然帮我们省钱！"除非Telcel公司表现特别糟糕，否则休想甩掉这名顾客了。你看，他看到一个人就会讲Telcel公司怎么怎么好，估计几十年内，他都会保持对这家公司的忠诚。

顾客信任公司，就会忠于公司。弗雷斯特研究公司（Forrester Research）的调查发现，公司如果拥有这一特性，就能创建更多的客户忠诚度："考虑怎样做对顾客是最有利的，而不是只考虑利润。"

展现出人性的面孔

现在我们回到本章节开头讨论的问题——信任要靠行动来塑造。你只能通过观察一家公司的行为来推断能否信任它。

关于良好意图的论断要求我们在观察公司的行为时，把公司当作一个有思想的人，而不仅仅是一个法人实体。如果一家公司表现得很乐意为他人着想，会考虑他人的利益而不是仅仅关注自己的利益，那么人们更有可能断定这家公司值得依赖。这说明，外表确实很重要。不管公司的真正意图如何，如果顾客观察不到行动，他们就没有办法判断这家公司是不是可以信赖。

公司如果想知道怎样才能让自己在顾客眼里看起来更加值得信赖，以便在竞争中获得更大的胜算，做到下面这一点很重要，即必须展现出人性的面孔。公司必须表现出同理心，也就是说，公司的管理者和员工都必须表现出同理心。考虑顾客的时候，把顾客当作你的伙伴，你们的关系是互利共赢的。当你为公司做决策时，你必须问自己：在这种情况下，朋友会怎样对待朋友？如果公司不应该这样做，那么原因何在？

《友爱的公司》（Firms of Endearment）这本书的三位作者拉金德拉·西索迪亚（Rajendra S.Sisodia）、戴维·沃尔夫（David B. Wolfe）和贾格迪什·谢斯（Jagdish N. Sheth）指出，要显示公司最基本的人性，一个重要的方面就是只要时机合适，就不要羞于暴露公司的弱点。通常情况下，我们不指望公司会坦率地告诉我们它们的问题所在，或者承认它们的弱点，我们也不会因为公司不愿意坦言它们的问题或者承认它们的弱点就指责它们，因为如果场合不对，曝光自己的缺点有时会招致诉讼。但是，随着博客、Twitter、Facebook、YouTube等平台的出现，企业和顾客之间的直接互动不断增加，顾客更愿意相信那些展现出更多"人性的面孔"的公司。

沃尔夫一方面认为，公司愿意承认自己的错误并承担责任，是提高透明度的根本途径；另一方面他又承认，大多数公司的法律部门（可能也包括公关部门）都会坚决反对这么做。然而，如果你希望他人能够怀着真诚的态度和同理心参与对话，如果你想证明你的公司是必定能被信赖的，那么暴露自己的弱点是很有必要的。如果你的公司把弱点隐藏起来，其他利益相关方也就不会愿意把他们的弱点展示出来，这样，互动或者对话的真实性和价值就会大大减少。

展现出人性的面孔还有一个好处，那就是你的员工会为自己是公司的一员而感到骄傲，这样一来，人员流动就会下降，因为大多数员工都喜欢老老实实做事以赢得别人的信赖。如果你要求员工对顾客更加诚实，做到让顾客信赖，那么员工也会更加信赖你的公司。

最后，如果你已经明白了我们所要表达的主旨，你可能会按捺不住要表示反对，因为你觉得从经济上来看，我们的想法根本不切实际。公司怎么可能对顾客这么好，这样做成本该多高啊？你可能会这样想。确实，没有哪家公司能承受得住亏本销售产品，即便这可能就是"值得依赖"的终极形式。因此，在继续深入这个问题之前，我们想先直接解决你在财务上的担忧。下一章我们会证明，做到值得依赖不仅在竞争上十分必要，而且从财务上看，也比现行的精神变态式的自私型服务更有吸引力，尽管许多公司甚至一些成功的备受尊敬的公司所提供的都是这种服务。

必信力测试

请根据你所在的公司、机构或者政府机关的实际情况，回答下面的问题。与你的同事讨论你的回答，并登陆www.trustability.com查看其他访客的回答，将你的答案与他们的回答作一比较。

→ 你的公司在财务上的成功表现与顾客的利益大体上一致吗？你是否发现公司获得财务成功的方式跟维护每个顾客的利益相冲突？

→ 总体上来看，你的公司是更多地依靠不知情的、缺乏知识的顾客赚钱，还是依靠知情的、有知识的顾客赚钱？

→ 如果顾客充分知情、有知识又很警惕，他还会选择购买你公司的产品和服务吗？还是更有可能会选择你的某位竞争者？

→ 如果顾客忘了索取他们应得的利益，你的公司会不会因此赚得更多？

→ 如果顾客犯了一个小小的错误，这个错误顾客很容易犯，公司也很容易纠正，比如不小心按错了手机上的某个键，你的公司会不会因此赚得更多？

→ 你的员工会积极主动地帮助顾客避免错误或疏忽吗？不论你的回答是肯定的还是否定的，请问：

◆ 员工培训中涵盖这一内容吗？

◆ 它属于公司文化的一部分吗？

→ 你的员工是否具备必要的工具和信息来帮助顾客避免错误？（你的员工能否看到错误可能会发生？你们是否建立了顾客数据系统，真实可靠地记录了每个顾客的交易和偏好，确保顾客联系公司时能够获取这些信息？）

→ 把你的公司想象成一个人，如果你误收了顾客5美元，你的顾客相信你会返还这5美元吗？

→ 和你直接的竞争对手相比，你的顾客认为你公司的必信力更高、相当、还是更低？为什么？

→ 你的公司和顾客的关系中是否存在某种因素，一旦被顾客知道，就会让他感到生气或不满？

→ 你的公司在服务收费或者处理问题时，是否为避免顾客投诉而隐瞒了某种真相？

→ 顾客真的知道他为什么要为你的公司所提供的产品或服务支付某一具体金额的钱吗？（这个问题问的不是你有没有正式向他们"透露"了这一信息，而是顾客是否真正知道。）

→ 如果你的公司的销售员能够利用顾客知识匮乏这一点做成某笔交易，他会这样做吗？比如，假设一名员工明明知道服务合同或者延保协议根本不适合顾客，但是为了获得佣金，还是向顾客推销了它。你知道了后会怎么做？

→ 你的公司对待顾客时，能否用要求顾客的方式要求自身？当顾客跟公司打交道时不小心犯了错误——比如因订错了产品而不得不换货——你除了要求顾客承担寄回产品的运费，可能还会要求顾客支付"退货费"。但是，如果你的公司一不小心给顾客寄错了产品，是否会对顾客做出赔偿，而不仅仅是承担寄回产品的运费？

→ 你如何界定公司是在"做正确的事情"？它是不是更加可能意味着：

◆ 做最有利于公司盈利的事？

◆ 做对顾客（甚至员工和社区）有利的事？

◆ 做对上述双方都最有利的事？

→ 如果为顾客"做正确的事情"意味着成本增加，你的公司还会这样做吗？比如，亚马逊会在你重复购买时提醒你你已经拥有订购的商品，避免你在同一本书上浪费钱财。如果有，这项政策是谁制定的？别人对此的评价如何？

→ 你的公司是否利用顾客数据和分析，对每位顾客的需求做出更加敏锐的判断？你们公司的分析系统是否完全是为了评估顾客的盈利能力、相对价值以及在未来消费或不消费的概率？换句话说，你能否举例说明你的公司的顾客分析系统是怎样用来改善不同顾客的客户体验的？

→ 你的公司是否对顾客持有同理心？具体表现是怎样的？你的顾客会同意你的说法吗？（提示：如果你的顾客看起来没有对你的公司体现出同理心，那么他们多半也没有从你的公司感受到你们对他们的同理心。）

→ 你的员工是否相互信任、团结合作？你的公司是否向顾客承认过错误，或者坦言自己的不足？如果有的话，公司是怎样向顾客补偿自己的错误的？在公司承认错误的时候，顾客的反应又是怎样的？

第 3 章

必信力：资本家的工具

Extreme Trust Extreme Trust Extreme Trust Extreme Trust
Extreme Trust Extreme Trust Extreme Trust
Extreme Trust Extreme Trust
Extreme Trust

如果好心的撒玛利亚人[①]只有善良的意图，绝没有人会记得他，重要的是他还有钱。

——玛格丽特·撒切尔

[①] 撒玛利亚人是《圣经·新约全书》里的一个人物，他主动帮助了倒在路边的一位受伤的陌生人。现在常用"好心的撒玛利亚人"来比喻愿意帮助陌生人的人。——译者注

好了，我们得回到现实中来。必信力和公司短期经济利益之间的冲突是真真切切的，它的确是一个需要我们克服的严峻而长期存在的困难，我们不想淡化它。仅仅敦促公司"做正确的事情"不大可能改变公司管理部门看待世界的方式，但利润动机却能做到这一点。所以在这一章，我们将会讨论为什么说必信力是一种能够产生利润的工具，而这是任何资本家都乐见的。

为什么你的CFO必须学着喜爱必信力

我们应该庆幸必信力是一件十分有用的工具，因为盈利能力是一根难啃的硬骨头。根据美国总审计局（GAO）的一项报告，美国零售银行业2006年一年所产生的银行费用就达到了360亿美元，这意味着零售银行业几乎一半的收入都来自银行向顾客收取的费用！据联邦存款保险公司（FDIC）称，银行费用收入在过去十年内飙升了44%。尽管银行对顾客征收的费用并不全是不诚信的，但是想必不会有人相信，今天违反银行用户规范的顾客比过去增加了44%！

银行业也许是一个极端的案例，但是手机产业、零售业、信用卡行业和其他大多数行业的大量可观利润，也是由于顾客不了解情况或者被某种信息误导而产生的。据统计，仅预付卡和礼品卡的"破损"就导致数十亿美元面临风险。如果企业真的要公平公正地对待顾客，大量的利润就会受到威胁。所以不难理解，对于很多企业来说，要成为一家真正值得依赖的公司，意味着需要付出昂贵的代价。

但这并不代表企业不会尝试。不论付出多少代价，必信力都会在商界发展下去。即便需要几亿美元的成本，必信力还是会成为商业竞争的一大因素，因为技术的稳步发展促使人们提高了对于信任和可信度的要求与期待。世界将会变得越来越透明，互动也会越来越频繁，竞争的压力会迫使公司调整自己的商业模式，做到更加值得依赖。

但如果我们仔细研究一下，就会发现：即使在很多情况下，改变商业模式、做到值得依赖需要企业先放弃一部分利润或者支付一笔费用，并导致企业成本上升，但它在经济上仍然是非常具有吸引力的。你在亚马逊网上准备订购一本书，这时亚马逊提醒你已经买过这本书了。亚马逊的这种做法就是放弃了短期利润，在你意识到已经买过那本书之前，你是非常愿意让亚马逊赚这笔钱的。如果亚马逊仅仅用现阶段的收入来衡量财务业绩，那么它断然不会做出这种"愚蠢"而"不理智"的事情——送上门的赚钱机会都不要。但事实是，亚马逊因此获得了你的忠诚度，你以后会继续在亚马逊买东西，还会更加主动地向你的朋友和同事推荐它。这些远比一本书带来的短期利润更有价值。

做到值得依赖不会立马给企业带来经济利益。但是时间一长，随着顾客变成回头客，而且买的商品越来越多，随着公司的声誉越来越巩固，公司的生意越来越好，你就会明白做到值得依赖到底为什么更具有吸引力。要量化顾客忠诚度的提高、顾客向别人的推荐以及销售量的增加等，需要有很强的客户分析能力和良好的财务眼光，懂得很好地平衡短期收益和长期收益。

短期主义：不要在乎长期，到时"你也不在了，我也不在了"

然而不幸的是，大多数公司不可靠行为的背后是一种对短期财务业绩几近疯狂的着迷，以及对长期财务影响的完全忽视。短期主义滋生出了许多不正常的、甚至自我毁灭的商业惯例。为了获得当期利润，许多公司完全不顾它们的行为从长期来看会产生怎样的后果，只关注这些利润能否增加它们的红利基金、抬高股票价格、实现分析师的预期。这种纯粹的自私自利正好迎合了短期主义，并直接和必信力相冲突。但是在今天，它仍然很容易成为普遍而具有毁灭性的商业问题。

不要轻信笔者的话，你最好自己做一个调查。采访10家不同公司的高级业务主管，问问他们是否觉得公司经常犯错是因为他们的眼光过度狭隘，只关注短期的经济效益或成本。如果他们无一例外地给出肯定的回答，你也不要吃惊。作为商务人士，我们骨子里都知道应该考虑公司的长远利益，但大多数公司的做法是只看现阶段数字——当下具体的财务计算结果，这给管理人员造成了过大的压力。一项对美国大型上市公司401位首席财务官（CFO）的调查显示，78%的受访者承认，在必要的时候，他们愿意为了季度财务数字放弃真正的"经济价值"。

短期主义强调自由市场竞争中"自私"的一面，它限制了人们发挥天性中无私的、为他人着想的一面。埃莉诺·奥斯特罗姆是历史上第一位诺贝尔经济学奖的女性得主，她于2009年获得诺贝尔经济学奖。她指出，当我们假设人的本性是自私的时，我们设计出来的经济体制就是奖励自私的。自由市场体制比任何一种由国家控制的体制更加有效率、更加公平，这一点显然毋庸置疑；但是，"贪婪是好的"这条鼓舞了无数人的哲学法则也很好地证明了：在自由市场体制中，越自私的人得到的回报越大。

然而事实上，对于大多数公司来说，短期主义只在公司鼎盛时期处于支配地位，因为我们应用于公司的财务指标并不能真正从经济上衡量企业的成功。它们从来都不是真正的衡量标准，自工业时代初期被引入以来，也没有发生过实质性的变化。大多数企业用来记录财务业绩的数字只看过去，也就是只看最近的财务期。许多公司呈交给股东的财务报告根本不考虑最近的业绩怎样促进或者损害了公司未来的盈利预期，它们把这个细节问题留给股票市场分析师或其他人。的确，一家优秀的企业会追踪顾客的满意度、净推荐值①或者顾客终身价值。用裴罗顾问集团（Peppers & Rogers Group）北美区的常务董事奥尔昆·奥古兹（Orkun Oguz）的话来说，这样一来，公司就能"衡量顾客体验对商务成果的影响"了。这些数字本应该对收益的计算方式产生更大的影响，然而不幸的是，目前，最近财务期的收益就是最高绩效度量标准。

管理者有时会因为长期效应很难准确界定而直接忽视它，但却对短期财务指标感到放心，因为它们复杂而又精准。但这就跟一个经典的笑话一样——一个人某天半夜丢了车钥匙，本来丢钥匙的地方离停车的地方比较近，但他却跑到半个街区外的街角找钥匙。警察问他为什么，他抬头瞅了瞅照亮街角的路灯说道："因为这里的光线更好。"

关于商业指标，一个简单的事实是：如果从一开始你就选错了要测量的物体，那么你测量得再准确也不会得到更好的结果。

> 开车的时候如果汽车前灯没有打开，那么后视镜再好也没有什么用。

证明这一理论的最好例子莫过于2008年金融危机爆发前夕的情形。短期主义过度自信、猖獗蔓延，导致了一场全球性的灾难。短期指标和刺激一旦被应用于那些基于现阶段财务的公司，几乎不可避免地会给追求佣金奖金的高级经理人和短期投资者带来好处。但在通常情况下，这跟公司股东的合法利益是相悖的，更不用说顾客、员工、合伙人以及其他利害相关方的利益了。

在《谁绑架了上市公司：创造股东长期价值》（*Saving Capitalism from*

---

① 净推荐值（NPS）：由贝恩咨询公司（Bain & Co.）的佛瑞德·赖克霍德（Fred Reichheld）提出。根据这一度量，公司可以通过顾客推荐产品、公司或品牌的意愿来评估顾客满意度。——原注

Short-Termism）这本书中，阿尔弗雷德·拉帕波特（Alfred Rappaport）有力地论证了公司无节制地追求短期回报的原因。拉帕波特是美国西北大学凯洛格商学院的一名教授，他指出，公司无节制地追求短期回报，原因在于业务经理、基金经理等人的个人利益与雇佣他们进行管理的公司的利益直接冲突。他把这种现象称为"代理资本主义"，与"企业家资本主义"相区别。"企业家资本主义"是20世纪初期大多数公司的结构形式，即企业由主要的老板来管理，而不是花钱请职业经理人充当股东的代理人。由于职业经理人是被雇佣的员工，所以他们的薪资和奖金很少和公司的股东或老板的利益一致。所以，你不能责怪经理人想要尽可能多地获得奖金，即便有时他们拿股东的资本去冒险。

此外，职业经理人与股东之间的利益冲突因这样一个事实而加剧——现在，大多数股东都是以基金管理人的形式由代理机构代表的。在1986年至2006年的20年里，由个人投资者直接拥有而不是机构和管理基金公司持有的股份比例下降了一半以上，从原来的56%下降到了27%。

实际上，拉帕波特所说的"代理资本主义"已经成了现在西方世界的主要经济特征。它表现为经理人管理别人的公司，公司的钱又是投资人的钱，这些钱又由专门的人来管理。在这种环境下，每个人的行为都应该为他人（各自的委托人）服务，但实际结果却是导致了疯狂的、自私的财富转移。尽管如此，我们也不应感到吃惊，因为公司经理人和基金经理都相当理性，他们需要追求自身的经济奖励。

无论短期主义最开始是怎么产生的，总之，它极大地扭曲了公司对于自身经济状况的认识。"IBGYBG"是一种短信缩略语，类似于LOL（Laugh Out Loud，意思是"大笑出来"）和OMG（Oh, My God，意思是"我的天啊"）等。危机爆发前夕，这个缩略语频繁被人们使用，因为它抓住了"代理资本主义"的精髓。个人银行家将质量越来越差的证券化次级抵押贷款捆绑在一起，卖给越来越不挑剔的投资人，从而赚取奖金和佣金支票。这些奖金和佣金支票非常具有吸引力，在利益的驱动下，个人银行家根本收不了手。如果你不是来自投资银行业，你可能意识不到，其实相当多处在这个死亡漩涡中的个人交易商和银行家早就知道（或者相当怀疑），按揭证券的虚假繁荣是建立在一种不确定的观点之上的，迟早会破灭。

除此之外，精心设计这些交易的投资银行早在20世纪90年代就已经基本实现了从私人合伙机构到上市公司的转型，因此，它们现在做的不过是拿股东的钱，而不是拿自己的资本赌博。即便长期来看股东赔钱了，这些银行家的红利和佣金也是不用退还的。[①]有一个故事讲述的是，在危机前夕，两个私人投资者下注赌房价和抵押债券价格会下跌，因此大赚了一笔。他们之所以赌趋势会扭转，是因为他们对当时的按揭证券交易感到十分怀疑。2007年1月，他们的怀疑在拉斯维加斯的一场投资银行家会议上得到了证实。投资者一度跑去询问贝尔斯登（Bear Stearns，美国一家投资银行）的一名银行家：7年左右的时间内，这些证券可能的趋势是怎样的？难道从长期来看它们也没得救了吗？这位银行家的回答是："7年？我才不管7年。我只要它再维持2年就好。"

个人银行家之间互相传递IBGYBG这一短语缩写，来减轻他们良心上的阵痛。两位银行家一起制定了一笔证券交易，并停下来对其认真考虑时，其中一人担心这笔交易的长期后果。这时另一个人安慰他，叫他不要考虑长期，因为长期来看，IBGYBG——"我也不在了，你也不在了"。

之后，会有其他人为此付出代价的。

---

① 在金融交易业务中，成为别人眼中值得依赖的人很明显是有好处的，因为被信赖的人可以灵活有效地采取行动。但是，为他人谋利而采取积极行动绝不可能成为常态，因为交易的双方利益直接对立。隐瞒信息并试图获得多于对方的优势，与交易参与者的成功息息相关，而这种状况永远不可能改变，只要交易产业存在——不管是金融工具、商品或其他任何东西。因此，真正的必信力——以积极保护交易对方的利益为形式——成为常态的可能性是非常小的。但是，主动保护你的投资者或股东的利益，很有可能是投资者或股东所期待的。——原注

眼光要长远

今天，最成功的公司都强调顾客带来的长期价值，强调维持顾客的信任和信心，尽管有时候要量化它们带来的经济价值确实很难。谷歌就是这样一家具有远见的公司。肯·奥莱塔（Ken Auletta）在《被谷歌：已经、正在和将要被谷歌改变的人、公司、行业和世界》（*Googled: The End of the World as We Know It*）一书中讲述了谷歌创始人首次公开募股（IPO）的故事：

谷歌两名31岁的创始人在经营公司时有十分清晰的目标，即便到了他们的岁数翻倍的时候，这个目标也令人惊叹。他们的核心准则就是："我们相信，我们以用户为中心的理念是我们迄今为止获得成功的基础。我们也相信，这一理念对于我们创造长期价值十分关键。我们不会为了短期的经济回报而改变我们以用户为中心的理念。"这一准则在首次公开募股信中被重复了一遍又一遍。

谷歌用实际行动一次又一次地证明了它的原则：不管短期利益多么诱人，谷歌始终强调靠最大程度地实现顾客利益来赢得顾客的信任。比如，公司从来不答应付钱即可显示某一搜索结果或者把公司的排名提前。此外，谷歌不会想尽办法把用户"捆住"，让他们始终待在一个网站上。相反，谷歌的法则是尽可能地解放用户，给予他们自由，让他们能够迅速定位到任何一条显示的结果。搜索结果页面上的广告也是主要根据用户的点击量进行排序的，用户点击次数越多，证明这则广告越是与用户相关或者对用户的吸引力越大，因此就呈现在越显眼的位置。金钱（短期利益）绝不可能让一则广告出现在比原本位置更显眼的位置（这是对信任的长期侵蚀）。

在《Facebook效应》（*The Facebook Effect*）一书中，作者大卫·柯克帕特里克（David Kirkpatrick）反复提及这样一个事实：Facebook的创始人

每天操心的不是怎么在当下赚钱，而是怎样创造持久价值——

他们都知道扎克伯格只批准和Facebook的长期利益相一致的项目。"马克非常注重长期利益，"一位与会者这样说道，"他不想在任何事情上浪费资源，除非有利于长期利益……"尽管扎克伯格也曾迫于环境压力而发布有偿广告，但这完全只是为了支付各种开销，保证网站运营下去。任何时候，只要有人问及他的原则，他都会毫不含糊地告诉别人——客户体验的增长和不断完善永远比现金更重要。

对于像谷歌和Facebook（更不用说亚马逊、苹果和美捷步等其他成功的公司）这样具有远见的公司而言，客户关系连接着公司的长期效益和短期行为。这些公司坚定地沿着一条路走下去，即便走这条路的经济效益很难具体量化。但是不要忘了，杰夫·贝索斯（Jeff Bezos）当年也偏执地相信亚马逊网站最终能成功，尽管亚马逊网站成立后连续28个季度都在赔钱。

我们也并不是说谷歌、Facebook、亚马逊是完美的。跟所有的创新企业一样——即便是那些拥有最佳意图的公司——它们也出现过错误。但有趣的是，这些公司都直接由公司的所有者，而不是代理人管理。也就是说，当我们讨论谢尔盖·布林（Sergey Brin）、拉里·佩奇（Larry Page）、杰夫·贝索斯、史蒂夫·乔布斯或者马克·扎克伯格的长期愿景时，我们讨论的正是公司创始人的愿景，这些创始人仍然在自己的公司里拥有大量的私有股权。许多分析家认为，网络公司更容易看到客户体验和股东价值之间的直接关系，因为网络公司跟顾客之间的联系更直接，少了许多渠道合作伙伴的干预，和顾客之间的互动也更加高效。一方面，我们必须承认，网络商业模式的这种本质是一个优势；另一方面，我们也不能忽略这样一个事实：因为网络公司是一种更新的形式，所以它们更有可能直接由所有者来管理，这样就不会受"代理资本主义"的短期主义控制。（根据这种逻辑推理，我们可以得出这样一个结论：正如第5章所述，随着技术进步和创新的加快推进，我们会看到更多成功的"企业家资本主义"的例子。而那些由职业经理人充当代理人的公司，将会以更快的速度沦为创造性毁灭的受害者。）

不管怎样，一家公司必须重视赢得顾客的信任和信心，而不是满足于暂时的销售额和一时的成就感，公司在管理中必须体现这样的原则和远见。决定一个人情感成熟的关键因素之一就是他能够为了实现一个更加重要的目标而推迟自己的满足感，这也是衡量一个孩子有多成熟的重要标志之一。从这种意义上我们可以说，一家值得依赖的公司比一家不被信赖的公司在情感上更加成熟。精神病患者的行为就表明，他们的情感成熟度非常低。

顾客关系：连接长期价值的重要一环

要明白必信力是如何为企业创造财务价值的，主要有两种方法——一种是简单的哲学方法，一种是定量分析的方法。简单的哲学方法就是将公司的价值主张以直白的等价交换的形式写出来：

◎ 你想为每一名顾客创造尽可能多的价值。

◎ 一般来说，顾客从你这里得到的价值最多的时候，也可能就是他为你创造的价值最多的时候。

◎ 当顾客相信你从他的利益出发做事时，他从你这里得到的价值最多。

因此，要想顾客尽可能多地给公司带来价值，你需要赢得他们的信任，并维持这种信任——也就是说，你需要从他们的利益出发，并且让他们看到，你是这样做的。

用交换模型来解释必信力问题是一种常规方法，任何公司都能采用，而不仅限于高端的、资产数十亿的网络公司。你要做的不过是采取行动——不管什么行动，只要它能最大程度地创造顾客信任。

笔者认识的一家住宅建筑公司就因为应用这种模型而获得了巨大的利

润。当建设房子供出售时，有些州规定卖家必须在一段时间内（通常是12个月或者更久）保证它的结构质量。在这段质量保证期内，一旦出现任何结构上的瑕疵或缺陷，建筑商必须不惜一切代价进行维修。住宅建设行业很少会有回头客，但这家公司的推荐顾客差不多是它竞争对手的两倍。公司的做法很简单，就是最大程度地实现顾客的利益。在房屋质量保证期到期前30天，该建筑商就会主动联系屋主提醒期限，还会询问屋主要不要派一支队伍过去，专门对房屋进行检查，确保任何瑕疵都能在质保期内得到修复。

这样的交换之所以能奏效，不是因为它能创造现阶段收入，事实上，它根本就不能。在上述案例中，要维修那些瑕疵显然会增加建筑商的成本，而这些成本本来是不用他们出的。因为只要房主在质保期到期之前忘了让建筑商去维修，过了质保期，房主就得自己掏钱维修。但是上述这位建筑商的交换创造了巨大的长期价值。顾客是有记忆力的，不管你记不记得他们，他们记得你。因此，你今天对一个顾客好——比如说，提醒他质保期快过期了，或者帮助他省了一笔钱——他会一直记得你的好，而且很有可能他将来的行为会因此而改变。他可能会从你这里买更多的商品，或者推荐自己的朋友和熟人来你这儿买东西。

换句话说，企业跟每个顾客的关系就是公司短期收入和长期价值之间"缺失的一环"。如果能把这个认识应用到足够多的顾客身上，你就能克服短期主义的诱惑。

但是，为了在今天给顾客创造出好的体验，以使他未来的行为会发生改变，你能承受的代价到底是多少呢？这个问题我们需要用数字来回答。如果说第一种解释必信力如何为企业创造财务价值的方法是哲学的方法，那么第二种就是定量分析的方法。我们应该这样来考虑这个问题：每一位公司高管都知道，顾客是公司的金融资产。

> 每一名顾客都像是一小股有着记忆力的未来现金流。

与其他金融资产一样，每一名顾客都有一定的价值，他的价值取决于他一生中预期将给这家公司带来的现金流。

通常，我们用"终身价值"（LTV）这个术语来表示这种顾客资本价值。尽管没有人确切地知道一位具体的顾客在未来会产生多大的现金流，但越来越精密的分析工具能让今天的企业用统计学的方法模拟顾客在未来的行为。模拟的基础是先前的顾客已经发生的行为，也就是说，类似情景下的类似顾客。当然，即使分析得多么到位，这种模拟也不可能完全准确，因为预知未来是不可能的。但是，随着数据越来越丰富、分析工具越来越精良，这种模拟对很多企业来说也越来越成为一种可能。

计算一名顾客的"终身价值"需要的数据包括：他对品牌的忠诚度（或者他作为一名顾客可能的寿命）、他在多大程度上愿意从该公司购买其他产品或服务、他为朋友提供的正面的或负面的建议，以及为该顾客服务所需的成本。即便这种统计模型的结果不准确，它们仍然有用。今天，任何地方的任何一名高级业务主管至少都考虑过以下这些事实：

（1）所有的顾客都具有"终身价值"；

（2）顾客的"终身价值"是不同的，有些人的"终身价值"更高；

（3）顾客今天不仅花钱买东西（为公司创造现阶段收入），他们今天的体验还很有可能会增加或者减少他们的"终身价值"（公司的未来收入）。

第三点值得我们停下来思考一下。一旦顾客根据今天从你这里获得的好的或差的体验来调整他未来的行为，他的终身价值就会上涨或下跌。这意味着，公司的经济价值受到今天的顾客体验的影响。顾客今天的体验要么创造经济价值，要么不然。因此，每一天公司给每一名顾客带来体验的时候，顾客同时也在创造或者摧毁公司现在的价值（成本和收益）和长期价值（随着"终身价值"发生改变）。

假设你有一名"终身价值"高昂的顾客打来电话投诉，但是由于某种原因，你没有处理好她的投诉，让她在极度不满中挂断了电话，不再信任你。这时，我们几乎可以毫无疑问地说，你的这一个电话造成了她的"终身价值"下降。她的"终身价值"下降了多少，我们就可以说股东价值被这次处理不当的投诉相应摧毁了多少。你不会觉得这件事影响了你所在公司的现金效应，直到在将来的某个时刻，这位顾客不再回头购买你的东西，或者她的朋友也减少了从你们的公司购买东西的数量。而破坏价值的事情就发生在今天，仅仅通过一个电话。现在的问题是，你因为没有处理这次投诉而节约的成本是不是跟她下降的"终身价值"相当？虽然统计模型是复杂的，但这总归只是一个简单的数学计算。

如果你能把所有顾客（包括现在的顾客和未来可能会有的顾客）的"终身价值"加起来，所得到的结果就是我们所说的"顾客资产"，它代表了你的公司持续经营的实际经济价值。因此，对于一家公司的经理人来说，这意味着为股东创造真正的经济价值有两种不同的方式：

其一，你可以创造现阶段收入（短期价值）；

其二，也可以增加你的顾客资产（长期价值）。

每当良好的顾客体验使顾客资产增加一美元，就意味着公司的股东价值增加了一美元。从经济上来看，这就相当于增加了一美元的现阶段收入——这一美元是现在产生的，当然它的现金效应要到后来才能体验到。连接今天的顾客体验和明天的现金效应的环节，就是个人顾客关系。[1]

在理想的情况下，你希望公司今天的行动既能增加现阶段收入，又能增加顾客资产，即你不仅卖东西给顾客，而且这个销售的过程本身也增加了顾客对你的信任和信心，他们以后回来再买东西的概率就增加了。库马尔（V. Kumar）和丹尼西·沙（Denish Shah）在《麻省理工学院斯隆管理评论》上发表了他们的一项研究所得出的结论："某些营销技巧如果能够增加顾客终身价值，那么它们也能影响公司的股市估值。"但情况也可能是，即便你放弃一部分现阶段收入，顾客资产总量还是增加了，而且增加的部分比损失还要高，如果采用今天的指标和方法，顾客资产增加的部分还可以计算出来，有时甚至连股市分析师也认同这一点。比如2006年，美国技术研究公司的分析师吴潇（Shaw Wu）在评价苹果公司第一财季业绩下滑时说"我们不是很担心"，因为"根据我们的调查，苹果公司曾指示他们的销售代表，不要向那些希望使用英特尔处理器的人强制推销配备了Power PC处理器的Mac电脑。在这样一个只看眼前数字的时代，很少有公司愿意为了赢得顾客信任和在长期取得更大的成功而牺牲短期收益，但我们认为苹果公司就是这样的一家公司"。

赢得顾客信任往往需要一笔像这样的预先投资——比如，放弃利用顾客的失误赚取金钱的机会，或者提醒顾客质保期马上就要到了，注意不要因过期而使自己马上得支付一定的成本。只要处理得谨慎小心，这些投资会使顾客资产增加，从而带来丰厚的回报，而这个回报往往是当初成本的很多倍。因此，顾客资产的增加会给你带来财务利益，而要增加顾客资产，你需要赢得顾客的信任并维持好这份信任。

---

[1] 认真的读者可以阅读一下唐·佩珀斯和玛莎·罗杰斯博士合著的《客户回报率》。该书对计算个人顾客终身价值波动变化过程中涉及的统计、数学和某些实际问题进行了全面的讨论。作为为股东创造价值的企业，顾客资产实际上等同于公司的经济价值，因为任何企业的经济价值都是企业未来所有现金流的折现净值。——原注

　　概括地讲，公司若想获得现阶段的成功，有两种不同的选择，了解这两种不同的选择非常关键。它们是：

　　◎ 具有良好的现阶段盈利能力，同时创造更多的顾客信任和顾客资产（把蛋糕吞到自己的肚子里）；

　　◎ 具有良好的现阶段盈利能力，但是同时侵蚀顾客信任和顾客资产（把蛋糕用完，接下来就没得吃了）。①

　　如果顾客在面临选择时，发现有公司在公司章程中表明要努力做到值得依赖，而不是一心一意追求短期效益，你认为顾客会如何选择呢？面对这种懂得如何平衡短期利益和长期利益的公司，你的企业又该如何在短期内与它们竞争呢？

　　美国富国银行（Wells Fargo & Company）CEO约翰·施通普夫（John Stumpf）借用弗兰克·卡普拉（Frank Capra）的经典电影《生活多美好》（*It's a Wonderful Life*）的电影名来描述35年前他进入银行业的那个时期。施通普夫说，从那以后，信任开始急剧下滑，许多机构实质上是"反顾客"的，于是有些企业开始重视重建顾客亲密度和顾客信任。对于B2B（企业对企业的电子商务模式）和B2C（企业对个人的电子商务模式）来说，信任是所有健康关系的基本要素。施通普夫指出，富国银行是一个庞大的组织，三个美国人当中就有一个是它的顾客。现在，每个顾客平均每个月从富国银行购买6件产品，与它的联系多达80次，主要通过自动取款机、手机和网络。施通普夫说：

　　"我们让我们的团队成员有一个完整的顾客视角，这样他们就能帮助每

---

① 可以这么理解：如果你的股票经纪人在年终的时候来找你，为你汇总全年的红利和利息，但是拒绝告诉你所持股票的潜在价值到底是上升了还是下跌了，那么你一定会解雇他，因为仅仅根据当前的现金流是不可能做出投资决定的。如果公司仅仅根据当前季度的收益报告来运营，而不去了解潜在顾客资产是在增加还是减少，那么它也犯了同样的错误。我们关于这些问题的讨论，详见唐·佩珀斯和玛莎·罗杰斯博士合著的《企业如何战胜短期主义的危机》（*Rules to Break and Laws to Follow*, John Wiley & Sons, 2008）第80—84页。——原注

一名客户从我们的关系中获得最大的利益。我们做的最努力的工作是幕后工作；对于如何帮助客户，我们要做到有一种本能的直觉。我们必须平衡好长期目标和短期目标；比如，我们会在操作系统上花一笔钱，但是这样能让我们完全看清每一名客户，并且实现一对一服务。顾客没有义务为我们盈利，清除障碍和提高顾客盈利能力是我们自己的工作。要让顾客信任我们，我们必须从顾客的角度看问题，还得保证细节上不出差错。即便我们1000次当中999次做到了准确无误，只有1次出错，对于那1次出错的那一名顾客来说，我们就是一直在出错。"

此外，还有一个问题值得考虑，即对顾客信誉的竞争已经开始升温。过去，营利性的公司为了短期的经济利益同其他公司拼得你死我活（就像你一样）。不过，未来会有越来越多的生产性活动的目标不是经济性的，而是社会性的。合作社和非营利性机构当然一直都有，但是以下两大趋势会促使越来越多的经济活动朝着这个方向发展：第一，由于互动成本急剧下降，组织非营利性的志愿活动变得越来越容易；第二，发达国家的人们开始想要回报社会，为他人奉献，有所作为。不管是顾客通过编辑手机短信为灾后重建捐出自己的3美元，还是软件工程师奉献自己的业余时间编写代码，你的下一个竞争对手可能就是一个比你更关心顾客福利的组织。问问微软跟Linux竞争的滋味如何。Linux可是一种免费的计算机操作系统，它的发明和升级都是由一群志愿者完成的。在下一章，我们会讨论这种"社会生产力"带来的机遇与威胁。

信任者和不信任者

笔者已经听到有人抱怨，如果真按照顾客期待的方式对待他们，从经济上来看是明智的吗？要是顾客只想免费得到产品呢？要是他们一分钱也不想支付呢？或者他们想不付钱就把所有产品都尝试一遍呢？或者想退掉所有货物，即便是已经把它们弄坏了呢？当然，公司主动维护顾客的利益是有一个度的，想依靠必信力带来利润，并不意味着总是要把所有顾客当作"好人"。

维护顾客的利益并不是说你得放弃自己的经济利益，或者让自己的员工被人颐指气使。有些人根本就不值得被信任——顾客是这样，公司也是这样。虽然说精神病患者和边缘人格的人很少见，但他们毕竟是存在的。

研究证明，赢得顾客的信任几乎总能带来巨大的经济利益。如果想对这个过程有所了解，方法之一便是重点观察信任公司的顾客和不信任公司的顾客分别有什么样的行为和态度，并且确定公司的哪些行为最有可能提高或削弱顾客对其必信力的看法。为了了解顾客信任对移动电话行业的影响，并提出我们的洞见，2011年，我的公司也就是裴罗顾问集团进行了一次调研。有2400多人接受了调查，他们都是美国居民，并且是美国五大移动运营商——AT&T（美国电话电报公司）、Sprint、T-Mobile、U.S. Cellular和Verizon（威瑞森）——的顾客。我们对接受调查者询问的第一个问题是，他们认为他们的移动运营商在多大程度上可以被信任。有些人在信任度上给出的评价相当高，有些相当低，还有些不高不低。接受调查者大致可以分为三种类型：信任者、不信任者和中立者。（实际上，不信任者的人数是最多的，但数量差距并不明显。）

调查结果显示，对于一系列不同的问题，不同组的差异很大。与不信任者相比，信任者更有可能毫不犹豫地从他们的运营商那里购买更多的产品和服务，包括新数据服务、新增电话线路，以及升级换代的电话。信任者还说，他们更加有可能成为一名长期顾客，对他们的移动运营商保持强烈的忠诚感。此外，信任者中有比不信任者中多得多的人认为，由于他们的客户体验非常愉快，因此没有必要寻找其他的选择，他们甚至还会向其他人推荐自己的运营商。如果运营商遭遇任何批评，他们会竭力为之辩护。

这次研究由裴罗顾问集团的合伙人马克·卢奇亚诺（Marc Ruggiano）和研究主任汤姆·拉斯基（Tom Lacki）牵头，他们给出了研究中的另外几点发现。首先，信任者和不信任者的最大区别在于，信任者会说这样一句话："我的移动运营商重视为顾客做正确的事情。"换句话说就是，尽管能力很重要，但至少在这个研究中，决定顾客是否信任公司的首要因素是顾客对于公司意图的理解。其次，对于移动运营商来说，要做到顾客所说的"可以信任"，有些特征条件实际上是"免费"的。比如，呼叫中心客服代表的"热情问候"完全不需要任何投资。再者，参与者说，如果移动运营商能够长期表现出更高的必信力，他们愿意平均每月在他们那里多消费11美元。

最后，该研究指出，只要有正确的分析方法，公司完全有可能知道哪些顾客信任它，哪些顾客不信任它。换句话说，公司能够确定每位顾客是信任者、不信任者还是中立者，并针对不同的顾客采取不同的服务方式，努力提高工作效率，保证公司为促进信任而制定的政策措施能够得到有效实施。

研究的总体结论是，尽管赢得顾客信任带来的经济利益在现阶段利益中可能不会显现，但是毋庸置疑，可信度以及它的更高标准必信力，在长期带来丰厚的回报方面很有潜力。笔者接下来会有更多的研究，读者可以登陆www.trustability.com来查看更新和研究。（接下来笔者会对医疗保健产业进行调查研究。）

世界上没有"单向互惠"

良好的意图是建立在互惠原则基础之上的。世界上没有"单向互惠"，我之所以用你所期待的方式对待你，是因为我认为你也会用同样的方式对待我。如果我断定你滥用了我的良好意图，那么我也完全有权利更加仔细地关注自己的利益。如果我是公司的一名管理者，我有义务为了其他的顾客、我的员工和股东这么做。

顾客与顾客之间有很大的差别。大多数顾客（就像大多数人一样）是"好人"，但也有一些顾客不是，有些人则会临时改变他们的立场。对于企业来说，幸运的一点是，计算机技术已经能够相当详细地分析和追踪顾客差异。而且，随着世界变得越来越透明，我们很有可能会越来越了解如何鉴别和处理不可信赖的顾客。实际上，正如今天信用风险、交易业绩和社会影响力是衡量顾客价值的标准一样，必信力也可能很快成为衡量顾客价值的常规标准。

在日常生活中，一个人用同理心对待别人，往往能收获别人的同理心，每家企业最好都能牢记这条法则。在面对那些看似对他们不错的服务或产品提供者时，顾客们也会觉得对方很不错。无数研究表明，医疗事故投诉的最大导火索不是医生的技术，而是他们对病人的态度。不管医生的技术如何，病人们是不会控告那些被他们当作朋友的、具有同理心的医务人员的。但是，一旦医生（或公司）没能与病人建立友好的关系，或者没能表现出同理心，和他们相处时没有展示出"人性的面孔"，那么他们很可能就会遭到更多的投诉。

互惠和同理心跟顾客忠诚度大有关系。管理者在考虑顾客的忠诚问题时，往往会过分强调它带来的经济利益。但是，顾客忠诚实际上分为两种：行为忠诚和态度忠诚。行为忠诚表现在顾客重复购买某种产品或服务，而态度忠诚指的是顾客对某一品牌或公司的偏好。显然，态度忠诚往往会促成行为忠诚，但并非所有的行为忠诚都是态度忠诚的结果。比如，你住在某个大城市，经常坐飞机出行，那么对于把这座城市作为它的主要枢纽的航空公司来说，你肯定是"忠诚"的，即便你可能对这家航空公司没有什么好感。或者，你会"忠诚"于某家零售银行，仅仅是因为你觉得换家银行太麻烦，或者你觉得天下乌鸦一般黑，所有的银行都会让你失望。

另一方面，态度忠诚通常会受顾客情绪驱使，而情绪是一种非常强大的动力。因此，情感上忠诚的顾客可能会因为对某个品牌有好感，便想尽办法跟这个品牌打交道，尽管他自己都觉得难以描述那种好感。

TeleTech是变革性客户体验策略、技术和商业流程外包方案的全球最大供应商之一，总部位于科罗拉多州的恩格尔伍德，很多大型企业都是它的客户。它的创始人兼CEO肯·塔奇曼（Ken Tuchman）对顾客忠诚的本质有很深刻的理解，自公司1982年成立，顾客忠诚就成为衡量公司成功的首要指标。塔奇曼认为：毋庸置疑，情感忠诚跟纯粹的行为忠诚不同。尽管看起来显然是行为忠诚导致了顾客的消费，但任何公司若想真正促使顾客产生消费行为，正确的方法便是在顾客心中引起一种强烈的欲望，让他们想要跟公司做生意。像苹果、USAA以及好市多（Costco）这样的公司，才是真正"领会"了这一方法的公司，顾客相信它们会做正确的事情。

公司以同理心对待它们的顾客（或者股东），就会发现对方也会对它们报以同样的同理心。具体的表现就是欺骗公司的行为少了，服务问题也少了，顾客忠诚度提高了，公司的口碑也变好了。但有时这种表现会更加剧烈，因为互惠的力量非常强大。

还记得笔者讲过关于USAA的故事吗？就是那家办理银行和直接保险业务的公司，它的顾客退还了公司的退款支票，还记得吗？它之所以能用几十年的时间建立起必信力，主要依靠的就是跟顾客直接互动的呼叫中心模式。（重要的是，该公司同样重视提高服务的效率和准确率，不仅仅强调"良好的意图"，还强调"能力"。）笔者把这家公司作为值得依赖的公司的典范，它的管理准则就是"你希望别人怎样对待你，就怎样对待顾客"。在"顾客利益代言"或"顾客认为公司是在最大程度地维护和实现顾客利益，而不是最大程度地提高自己的净收益"方面,弗雷斯特研究公司把USAA排在北美地区其他金融服务公司之前。其中所谓的"顾客利益代言",不过是"互惠"的另一种表述方式而已。

随着技术进步不断提高我们与他人互动的能力,企业、顾客和员工之间的同理心也很有可能越来越广、越来越深,越来越多的企业会选择效仿USAA。

比如,当大多数公司还在禁止顾客直接在它们的网站上发帖评论的时候,亚马逊就十分信任它的顾客,允许他们针对公司销售的任何商品贴出自己的评价,而且这些评价不需要经过审查。由于这种互相信任,亚马逊公司获得了巨大的成功,赚取了足够多的利润,这使它又做出了另外一项看似荒唐的举动——缴纳固定年费,即可享受无限次的2天内到货服务。这个方案奏效吗?1996年,巴诺书店(Barnes & Noble)的高管提出给杰夫·贝索斯一个机会,让他在巴诺书店开始网上售书之前,把亚马逊网站卖给巴诺书店,并承诺给他贴上一个更加知名的品牌。我们都知道,贝索斯拒绝了这样一个机会。现在回过头来看,这似乎是一个很明智的决定。到2011年10月,巴诺书店的市值已经跌至7.5亿美元,而亚马逊的市值超出了它的100倍,达到1050亿美元。

我们再来看一下美捷步(Zappos)这家网上鞋店。由于它意识到只有顾客首先信任公司,才会在不试穿的情况下订购鞋子,所以美捷步决定首先信任自己的顾客,向顾客提供双向免费包邮以及无理由退货服务。美捷步在1999年卖出第一双鞋,而到2009年亚马逊收购它时,它的收购价格达到了12亿美元。

全美互惠保险公司(Nationwide Insurance)最近的广告强调,他们的所有权属于会员,"而不是华尔街",因此,他们能最大程度地实现会员的利益。短期利益固然具有很大的诱惑,但是互惠带来的长期利益才是真正巨大的利益。因此，现在要问的问题是：你要怎样做，才能跟那些能够平衡盈利和长期商业价值的公司竞争？

互惠的实际案例

位于美国弗吉尼亚州维也纳的海军联邦信贷协会（Navy Federal Credit Union）是世界上最大的信贷协会，拥有440亿美元资产和360万名会员。2011年4月，它宣布了一项应急计划：一旦政府关门[①]，它将用以下措施帮助它的会员。主要包括在4月15日为将在协会有直接存款的现役军人支付工资，信贷额度快速审批政策，以及信用卡零费率转账。他们还邀请那些担心无法偿还贷款的会员打电话给他们的分支机构，或者亲自去一趟分支机构。海军联邦信贷协会的总裁兼首席执行官卡特勒·道森（Cutler Dawson）说："75年来，海军联邦信贷协会一直致力于为会员的金融需求服务。如果政府真的瘫痪，我们希望（我们的会员）知道，他们的信贷协会已经做好准备，帮助他们度过这段充满不确定性的时期。"

他们的会员——或者这些会员的下一代——还会去其他哪里存钱呢？

必信力和自利：悖论

赢得客户信任能够为公司创造经济利益，这个事实带来了一个有趣的哲

---

① 2011年4月，美国2011年财政预算案迟迟未能达成一致，美国政府险些因此而关门。——编者注

学难题：如果你为客户"做正确的事"，是因为这样做能给公司带来经济利益，那么你其实不就是自私自利的吗？或者可以这样讲：如果要做到值得依赖，你的"意图"就必须是从他人的利益出发，但你的真正目却是提高自己的经济利益，这样不就形成了利益冲突吗？

一名好奇的六年级学生可能会这样问她的主日学校的老师：如果做一个好人就可以上天堂，那么我们难道不是为了死后上天堂才做一个好人的吗？在主日学校，这种困境很容易解决，因为上帝能看透每个人的心。但是生活在地球上的每个人永远也无法知道别人的真正想法，我们只能通过观察别人的行为来判断别人的意图。

但是我们都知道，真正关心顾客的利益和假装关心顾客的利益是有区别的。有些公司希望别人以为它们是可以信任的，但它的最深层次的动机却是完全自私的，而且通常都跟短期盈利有关。刚开始它们看起来还不错，但是不久，毛病就会暴露出来。为了实现自己的经济目标，它们会宁愿放弃先前宣称的价值观，甚至牺牲顾客的利益。（理论上，如果一家公司的行为表面上看是长期互惠的，那么即便最高决策者的隐秘愿望是完全自私的，我们还是认为这家公司严格说来是"值得依赖"的。问题是，大多数管理者算不上好演员，他们连表面功夫也做不好。）

下面我们回过头来讨论一下"良好意图"的本质。只有信任别人的人才能赢得别人的信任，对于一名顾客而言，只要公司积极主动地维护他的利益，那么这是出于管理上的善意还是为了创造股东利益都不重要，因为不管出于哪种原因，最终的结果都是顾客得到了更好的服务。顾客能够看到的是公司的行为，而不是公司的真正想法。

然而，动机确实会在公司内部产生影响。要让公司努力去赢得客户的信任，公司内部必须获得统一的指示，或者拥有统一的使命感，这样才能激励各层级员工在每天做出上千个决定时，考虑能否赢得顾客的信任。一条公司制度或者一行软件代码是无法确保员工好好对待顾客的，你的员工必须自己想要这么做。要让你的企业成为这样的企业，你必须重视公司文化和"不成文的规定"的培养，它们决定着你的员工用怎样的态度和方法工作。

在现实中，公司的意图和行为就跟人的意图和行为一样，相互纠葛，不可分离。人类心理学的研究表明，行为往往会影响动机。比如，要让自己开心起来，最有效的方法就是强迫自己笑。让自己脸上出现笑容，然后将这个笑容保持一段时间，很快你就会发现自己的心情真的变好了。这就是人的天性之一：动机产生行为，反过来，行为也会影响动机。

公司也极有可能发生类似的事情。如果公司规定员工要把自己想象成某个顾客，用自己期待的方式对待顾客，原因是这样做最有利于公司的经济利益，那么很快，这些以自我为导向、唯利是图的动机很有可能会被真正良好的意图所取代。公司的任务会变成——赢得顾客的信任。如果公司真的有"心"的话，那么赢得顾客的信任就是它"心里"真正的想法。或者我们能够达到足够创新、足够有竞争力、足够聪明的地步，知道怎样把我们的利益同顾客的利益统一起来。顾客的成功也就意味着我们的成功，我们成功的时候也就是顾客成功的时候。

但还不止这些。如果笔者的想法是对的——公司自私自利地追求股东价值就可以将良好的意图移植到公司，那么即便是"精神病态的"公司也能得到救赎。因此，公司选择做到值得依赖，不是因为这是一件正确的事情，而是因为如果它们不这样做，很快就会在激烈的市场竞争中被淘汰。了解这一点后，作为一名公民、消费者、员工和投票者，你睡觉也会更安心了。

对于"贪婪是好的"这句格言，我们又有了新的理解。只要这颗贪婪之心有文化，知道要和顾客的贪婪统一起来，那么贪婪确实就是好的。

必信力测试

　　请根据你所在的公司、机构或者政府机关的实际情况，回答下面的问题。与你的同事讨论你的回答，并登陆www.trustability.com查看其他访客的回答，将你的答案与他们的答案作一比较。

→ 你的公司怎么看待每个季度销售和收益数字的重要性？

◆ 也许比其他任何合法成果都更重要

◆ 很重要，但是也没有比其他事情重要到哪里去

◆ 重要，但是我们能够处理好它同顾客满意度或其他指标之间的关系

◆ 同建立长期价值以及顾客资产的增长一样重要

→ 假设你的公司能够追踪顾客的行为忠诚，那么你是否可以估测出不同顾客的态度忠诚度？

→ 下面哪些话题与你公司最核心层关于"顾客忠诚"的商务讨论有关？（请选择所有的适用选项）

◆ 积分营销计划或者频率营销计划

◆ 顾客重复购买

◆ 避免顾客流失，努力赢回失去的顾客

◆ 逐渐赢得顾客在公司越来越多的消费

◆ 即便有问题存在，也要维持顾客

◆ 让顾客宣传品牌或公司的优点，并/或向其朋友推荐

◆ 提高顾客满意度

◆ 减少顾客的不满意

◆ 以顾客为中心

◆ 维系顾客

→ 你的公司的顾客当中，有多少是"被俘的"？也就是说，是因为便利、地理位置或者合同、套餐协定的原因而保持忠诚，而不是因为他们主观上的积极态度和偏好？

→ 你的公司是否把顾客参与指标（如顾客满意度、净推荐值）算进部门计划、员工奖励或者部门业绩中？

→ 你的公司的分析系统是否能够量化顾客维系、净推荐值、终身价值指标或其他反映顾客满意度的指标所带来的经济利益？你们会追踪顾客推荐来的顾客，并计算他们带来的经济利益吗？

→ 你的公司会建立顾客终身价值模型吗？是否还有其他分析工具能够评估顾客的金融资产价值？你们的分析系统是否能够衡量每位顾客的盈利能力，或者顾客在每个部门的盈利能力？

◆ 你们公司能否根据当前的互动和发生的事情，分析、预测每位顾客终身价值的变化？

◆ 是否把顾客—资产指标（如实际价值和潜在价值、终身价值变化或顾客回报率）考虑进部门计划、员工奖励或者部门业绩中？

→ 公司的销售员、主管或其他人员是否会因为短期业绩获得奖励，导致他们忽视或者轻视长期问题？

→ 如果你的公司是一家公开上市公司，你们向分析师做收益预测报告吗？如果是这样的话，你认为它是否对你"做正确的事"的意愿产生过影响？

→ 你的公司的分析系统能否追踪以下情况给公司财务带来的影响？

◆ 当前一部分顾客较高或较低的满意度

◆ 为赢取顾客开出的不同条件带来的影响，不仅包括赢取率、也包括顾客维系、交叉销售，以及为新赢取的顾客支付的服务成本

◆ 某位顾客的投诉没有处理好（或者处理得很好）

◆ 公司的销售员提醒某位顾客可以获得一定退款，而顾客先前并不知道

◆ 某位顾客向你推荐了其他顾客之后，获得了一定收入

→ 你是否大致计算过你公司的顾客资产？公司现有的分析工具能够帮助你做到这一点吗？你是否对这个问题进行过严肃讨论？你能定期或实时更新这一计算吗？

第 4 章

主日学校之外也有共享

你用过维基百科（Wikipedia）、火狐（Firefox）或者Skype吗？它们只是成千上万的"社交生产"中的几个例子。社交生产是指个人几乎完全不受自上而下的力量约束，自愿参与分享、不计报酬地帮助人们获得产品和服务。

→ 现在，成千上万的个人创建自己的内容并上传到网络上，供他人免费阅读、浏览。这些网站包括雅虎、YouTube、Flickr和Facebook等。（伦敦的科学博物馆对3000人进行了调查，采访问题是他们生活中无法或缺的是什么，结果Facebook居然排在抽水马桶和新鲜蔬菜之前。）点对点网络如Skype和BitTorrent则消除了对宿主服务器的需求。通过Technorati网址搜索会发现，每天全世界有超过1.3亿的博客会更新100万篇博客帖子。

→ 维基百科是社交生产的典型代表，它提供了包括250种语言在内的超过900万的条目，成为今天世界上最常使用的参考资料之一。参与网站创建和维护的贡献者都不计报酬，他们的总人数接近30万。

→ Mozilla是提供包括Firefox浏览器在内的网络应用程序的非营利性组织，它是一个"开源软件"，可供任何人免费使用，并由一群志愿者不断更新维护。阿帕奇（Apache）软件也是一种开源应用程序，70%的企业网络服务器，包括许多高速商业网站的服务器，都在使用阿帕奇。谷歌、美国有线电视新闻网络（CNN）和亚马逊这样的大公司也在使用GNU或Linux操作系统运行它们的网站，而这两种操作系统也是免费的开源软件。

→ "群众服务"正在帮助许多公司扩大传统的自助服务，尤其是当这些公司销售的产品或服务变得更加复杂的时候。登陆Verizon的网站进入客户服务板块，提一个关于安装家庭网络或者设置高清电视节目的问题，你会发现答案的提供者可能就是其他的顾客——完全不计报酬的志愿者。其他一些公司，比如百思买（Best Buy）、Linksys、思科（Cisco）、惠普（HP）、任天堂（Nintendo）、AT&T以及iRobot（Roomba吸尘机器人的制造商），也在它们的客服网站上提倡群众服务。在其中的一些公司里，大多数有关服务的提问都是由其他顾客而非公司员工回答的。

　　→ 世界上运算速度最快、运算能力最强的超级计算机是Folding@home，这是一个由数百万台自愿接入的PC处理器和Playstation 3游戏机构成的网络，它们合作帮助科学家进行高强度的运算，用于研究蛋白质折叠以及复杂分子动力学。其他一些依靠志愿者形成的计算能力包括SETI@home（搜寻地球外文明的实验计划）、Einstein@home（探测引力波项目）、Malariacontrol.net（疟疾控制项目）以及Climateprediction.net（气候预测项目）。

价值创造：一人创造，人人受益，无人独占

　　这样的"社交生产"是一种全新的创造经济价值的方式，能实现如此大规模的社交生产，只有伴随着具有成本效益的互动技术的到来才能实现。商业生产的推动力是金钱，而社交生产的推动力是信任。人们自愿奉献、相互合作，与他人分享自己的时间和精力，不是为了获得某种市场回报，而是为了获得个人的满足感。这种满足感来自于创造与分享，来自于接受他人的友好，或者仅仅只是来自于与别人建立起更多的联系。

　　在整个20世纪，政治左派和右派围绕经济问题进行了激烈的辩论。右派提倡更多地采用自由市场的方案，左派则提倡政府对经济进行调控，但二者都未考虑过社交生产。在那时，提出社交生产的想法显得荒唐可笑，就像提出用兴建谷仓来刺激GDP增长一样。但现在，技术已经可以实现这一想法，不计报酬的志愿者通过更广泛的、种类更多的社交生产企业，已经创造出了价值数十亿美元的时间精简、娱乐、课程、新信息和知识。

这就是你的顾客在闲暇时间所做的事情。

而且事实证明，社交生产远远优于商业生产。我们可以推测，像谷歌、亚马逊这样资产达数十亿美元的大公司采用开源软件来运行它们的网络服务器，肯定不是因为开源软件是免费的，而是因为它们确实效率不错。SourceForge.net是一家为开源软件项目提供注册的网站，据这家网站的信息显示，目前开源软件项目数量已超过26万，涉及200多万的注册用户，而且这些用户几乎都是志愿服务的程序员。

克莱·舍基（Clay Shirky）认为，社交生产出现剧烈增长的主要原因之一是，新技术让我们（即人类）能够把集体的空余时间和创造力（他称之为"认知盈余"）集中起来。据舍基估计，每年全世界所有人的空闲时间叠加起来相当于一万亿小时，因此即便是其中的一小部分，如果能够有效地组织起来，也能产生巨大的生产力和实际价值。比如，维基百科迄今为止估计消耗了30万名参与贡献的志愿者约1亿小时的时间——这个数字大约是每年集体空闲时间的0.01%。其他还有成千上万的网络社交生产的案例，它们都创造了巨大的价值——完成了从校对数字化图书、编写绘制火星表面地图所需的数据库到维护网站综合目录的庞大任务。2011年6月，在线读者仅仅用了几小时的时间，就完成了二战抓拍照片相册的注释工作，包括摄影师身份的确认。

人们为什么愿意花时间向那些素不相识的人提供自己的见解，或者完善那些不会给自己带来任何商业回报的软件？原因有很多。同理心这个说法很好用，即人就是想帮助他人，但是一定还有其他的动机，而且其中很多都跟纯粹的自我利益相关。既然与别人分享自己的观点既浪费时间又浪费精力，那为什么还要这样做呢？因为我们很享受与他人分享观点和见解的过程，这就是原因。我们中有些人给别人提供了一些有帮助的建议后，自己会很有成就感，有些人则会因为自己影响了别人的想法而十分激动。如果你是中东或者缅甸的一名革命者，你会想让全世界的人知道你的经历。

除了获得满足感和成就感，你也能获得他人的尊重，你能证明自己的重要性和意义，提高自己的个人地位。比如，计算机程序员志愿参与到开源项目当中，给出的一个普遍理由就是"自己掌握自己的工作"——在老板手下工作时往往很难有这样的自由。是继续维持现状，敲一天和尚撞一天钟？还是通过帮助他人做出改变，给自己带来快乐？选择后者不费吹灰之力。

很明显，社交生产与以营利为目的的生产和政府指令性活动完全不同，但盈利性的公司或政府也可以经常利用它来直接为自己的利益服务。在*Remix*这本书中，劳伦斯·莱斯格（Lawrence Lessig）宣称，未来组织设计的主要形式很有可能将营利性或政府指令性行为与社交性志愿行为结合起来。莱斯格列举红帽公司（Red Hat）作为例证，这是一家软件服务和咨询公司，通过帮助客户最大程度地利用 GNU/Linux软件实现盈利。尽管任何用户都能深入GNU/Linux的源代码对其进行修补，但是在需要帮助的时候，GNU/Linux并不提供支持系统[1]，红帽公司做的就是填补这个空缺。它一直非常成功，现在已经并入IBM公司。实际上，尽管IBM是世界上拥有软件技术专利最多的公司，但是它给未获得专利的开源Linux操作系统提供服务赚取的利润（通过红帽），比从自己所有的软件专利上获得的利润还要多。目前，红帽已经催生出了一整个产业，它由很多类似的公司组成，并和红帽形成竞争——这些公司也通过提供专业服务来维护GNU/Linux。

社交网络具有社会性，当网络成员要实现任何某种共同的目标时，社交网络就会自然而然地出现，但是大部分这样的社交网络会对在商业经济中运

---

[1] 许多大型企业与执行关键任务的计算机系统（如电话公司）使用Linux，这样做后，如果服务器发生故障，他们就可以自行深入系统，并立即解决这个问题。如果他们使用的是商业操作系统，则无法做到这一点，因为供应商对他们的代码保密，以保护自己的专利，所以客户公司必须等待厂商投入资源来解决这个问题。因此，拥有执行关键任务的计算机系统的大型企业大多认为开源软件是必要的。——原注

转的公司产生重要的影响。迷失百科（Lostpedia）是一个致力于追踪美国ABC电视频道播出多年的电视剧集《迷失》（*Lost*）及其内幕故事的网站，这个网站完全由成百上千的粉丝维护，他们志愿为网站提供了约7000篇文章。迷失百科现在拥有逾200万注册用户，但它不过是《迷失》粉丝团组成的成百上千个网站中的一个。这部剧充满了悬疑，情节设计也不完整，目的就是为了吸引观众，保持他们的观看兴趣。ABC当然对迷失百科的成功和其他一些类似网站充满兴趣，因为它们给电视台带来了巨大的收视率。而迷失百科本身是在Wikia平台上运作的，它由维基百科的创始人之一吉米·威尔士（Jimmy Wales）创建。尽管维基百科是非营利性的，但Wikia却绝对是营利性的。

除了从人们自发创建的网站中获益，公司也可以利用社交生产作为营利活动的补充，并以此赚钱。"群众服务"的志愿者们帮助其他顾客的行为，明显有助于提高发起"群众服务"的公司的净收益，因为它既减少了处理问题的成本，在问题得到解决的同时，也提高了顾客满意度。SolarWinds是一家网络管理软件供应商，它建立了一个拥有25000名网络管理员的用户社区，这些管理员通过群众服务互相解决问题，从而使公司只需要两名全职客服就能处理85000名顾客的咨询和问题。

有时，社交生产决定了一家营利性企业的成败，eBay的案例就是一个很好的说明。皮埃尔·奥米迪亚（Pierre Omidyar）当初创立eBay时想象"人本质上是善良的"，可是几个星期之内，他的公司就因为卖家的大量欺诈和欺骗行为而出现失败的迹象。这个时候，奥米迪亚既没有雇佣员工来核实卖家资格，也没有请求某些国家机构的审核者审查（一项成本很高、很可能不切实际的任务），而是决定招募自己的顾客，利用自愿评分系统让顾客对卖家的可信度作出客观评价。这些顾客不仅欣然加入，而且免费为eBay服务，使eBay获得了巨大成功。如果eBay的商业模式中少了自愿服务的"社交"

部分，它可能早就失败了。但是现在，eBay成了一家上市企业，每年为股东创造着逾20亿美元的利润，更不要说数百万家依赖eBay盈利的大小公司了。eBay之所以成功，是因为它懂得如何让自己的用户创建一个即便是陌生人也能相互信任的系统——而且这个系统几乎总能有效运作。

克雷格列表（Craigslist）是克雷格·纽马克（Craig Newmark）1995年创立的一家社交网站，它最初面向旧金山地区，人们可以在网站上免费发布各种广告帖，从房屋租赁、找工作到出售二手衣物。目前，该网站已经发展到美国700多个城市。尽管克雷格列表上几乎所有的广告都是免费的，但网站还是会对纽约的房屋租赁广告和11所城市的招聘广告收费。据估计，这些费用加起来每年能达到200万美元，主要被用于网站其他部分的维护。事实上，克雷格列表本可以收取更高的费用或者引进广告，赚取更多的利润，但是纽马克公开表示："我们不是为了赚很多钱。"因此，即便严格来讲克雷格列表是一家私人营利性公司，所有人都清楚，这家公司从一开始就是按共享经济模式运作的。莱斯格指出，飓风"卡特里娜"席卷新奥尔良后，大部分居民都从克雷格列表上获取信息，他们在上面发布信息寻找失踪的亲戚朋友，并且告诉别人在哪里可以找到临时住处，这个网站的成立远早于公共服务网站PeopleFinder。

大部分社交生产方案的发起人，不是为了完成复杂任务（比如超级运算）的大公司或政府，而是为了完成普通任务的普通公民，这一点不应该让我们感到惊讶。尽管有一些社交生产会发展壮大，比如Folding@Home和维基百科，但是更多情况下，它们会保持较小的规模。比如在巴基斯坦的拉合尔（Lahore），一些年轻人通过Facebook号召人们捡拾城市垃圾——这项任务显然是腐败无能的市政府无法做到的。又如，加利福尼亚州奥克兰市的法院裁决了一起种族案件后，几位市民依靠Twitter和肯尼亚的一个开源报警平台Ushahidi，将暴力骚乱减小到了最低程度。他们及时通知警察，并实时追踪事件的发生，救了很多人的命，让媒体能够在二三十分钟内对主要事件进行报道。世界上其他地方的人们为了动员更多的力量，也开始向网络寻找帮助。比如，为以色列的一名白血病患者寻找骨髓捐献者，为朋友募捐钱财和礼物，或者曝光中东地区某个独裁政权的凶残政策等。

利用社交媒体工具，公司自身也可以实现同类的自组织。在处理复杂互联的或者地理上过于分散的问题时，这往往是最有效的方式。比如DemandTec，一家在零售业中收集、分析和调配产品和顾客数据的公司，它的客户包括调研和营销公司、零售商和消费品制造公司。它不仅用自己的产品和服务为这些用户提供服务，还通过从分析学、技术实施到软件等一系列学科领域的合作企业为用户提供服务。DemandTec把自己称作是"合作性的优化网站"，2011年，它建立了一个内部"企业社交媒体"平台，用来实现员工、商业伙伴以及顾客之间的合作。平台的不同用户可以利用平台提供的一种工具互相"追踪"，组成讨论小组、发表评论、生成和追踪状态更新、发送问题等。

不是每一个人都值得相信

人究竟是不是天生具有同理心并且本质善良的呢？到底哪一面才是事实？我们已经认同，但凡不是精神病态者，对他人都会抱有天然的同理心——可是奥米迪亚在eBay上经历的欺骗和欺诈，难道没有证明这个观点是错误的吗？

错！其实eBay的成功恰恰反映了同理心和社交意识的重要性，它们能抑制不良行为的发生。想一想，如果人们不参与社交，不懂得为他人着想，他们为什么还要写评论呢？

但是，大多数人在大多时候能对他人表现出同理心，并不意味着每个人一直都是好人。人不是二元的，每个正常人的性格都同时受到同理心和利己主义的影响，这两种因素复杂地糅合在一起，使每个人的情况都不一样，而且区别很大。有些人天生更具有同理心，更会关心人，对其他人的变化更敏感，可是另外一些人天生更多地受到自私自利之心的驱使，更喜欢竞争，更希望实现自己的目标或者战胜他人。在某种程度上，人类的同理心有男女差别，就像火星和金星的差别。但这也不过是一个整体性的概括，因为即便是人口学上看来完全相同的人，人与人之间的性格也存在着丰富的多样性。

而且，人的性情一直在变——这与具体的情绪、情景、地理位置以及交往的人有关。环境会打破同理心和利己主义之间的平衡，甚至改变个人的性格。能够不自觉地感知他人的痛苦，是同理心最重要的组成因素，但是只有跟别人关系亲近时，我们才更容易感知别人的痛苦。相反，我们跟一个人的距离（物理距离、情感距离或社交距离）越遥远，我们就越容易忽视他的感受。因此，二战时期对敌军的士兵直接开火的美国步兵屈指可数，而敢于从几千英尺[①]高空的B-17轰炸机投放炸弹的投弹手达到了100%，他们一下子炸死几十甚至几百人，包括无辜的平民。

在eBay的案例中，通过顾客评价使透明度提高就导致情况发生了巨大变化。借助于评论者的同理心，这家电子商务企业有效遏制了卖家的自私自利行为。虽然很多人想欺骗别人——尤其当对方是不知名的陌生人时，但是如果人性本恶，就根本不会有人进行诚实地评价，即便奥米迪亚再怎么努力地呼吁顾客帮助他，他的公司还是会失败！

然而有时我们也会看到，一旦某个社交系统缺乏有效的平衡和充分的审查，或者其中的人群欠缺良心和顾虑，那么社交生产非但不会创造出价值，而且还会破坏价值。同样的社交网络平台和互动技术能让2011年"阿拉伯之春"运动期间民主反抗运动的浪潮席卷整个中东地区，同时也能让流氓和盗

---

① 1英尺约合0.30米。——译者注

贼团伙在英格兰自发聚集起来，整个夏天都胡作非为，也能让美国的贫困青年拉帮结派，发起种族暴力行为。

通过社交平台组织起来的快闪族就是现代社会的一种现象。纽约中央车站，几百人莫名其妙地定格，一动不动保持5分钟之后，人群随即散去，就好像什么也没发生一样。这段视频上传到YouTube上后，点击观看人次达到2800万。斯德哥尔摩城市广场上，快闪族为纪念迈克尔·杰克逊自发组织起来跳舞的视频在网上也被100万人次观看过。现在想象一下这样的情景，几百人同时涌入一家零售店，毫无目的地四处乱转，然后所有人突然同时抓起价值数百美元的商品离开。有些评论员说，这样的团伙犯罪的参与者其实很享受看到自己出现在安保录像带中，因为这些录像带必定会流传到电视新闻或者YouTube上。

与eBay、维基百科和Folding@Home一样，这些犯罪行为之所以能够成功，同样是因为人的本质是社会性的，通过网络组织起来的团伙暴力行为不过是另一种形式的社交生产。社交媒体技术让一切社交行为，包括犯罪行为，变得更加容易组织和协调。但是这种活动也说明，一旦我们把同理心局限在团伙、部落、种族或民族内部，我们所有人都能做出邪恶的事情来。

最后我们要知道，简单的同理心无法让我们的社会走得更远。要维持秩序，还需要其他的东西，我们可以通过某种法律体系或政治制度正式地应用它们，也可以通过社交机制不正式地应用它们。不管是哪种方式，人类实施强制执行和惩罚的基本动因仍然是同理心。当我们看到别人经历痛苦时，我们能真切地感受到这种痛苦，所以我们大多数人会有一种真挚而强烈的情感冲动，想要惩罚碰到的不公行为，不管这种不公正行为是不是针对自己。在惩罚了犯错者之后，我们每个人都会感到快乐，这种生理现象本身对于维持社会秩序是十分重要的。

信任、惩罚与"猴子的脑筋"

→ 一个生来就没有手臂的人走进佛罗里达州的一家银行，请求提取妻子支票里的现金，结果遭到了拒绝。原因是尽管他能提供两种证明身份的证件，却没有办法提供指纹。这篇报道在网络和大众媒体上广泛流传。

→ 一名顾客最近从一家电子产品商店购买了一张正版DVD，结果发现不能播放。制造商让他把货退给零售商，零售商让他把货退给制造商。想想看，这名顾客在这张碟上花了20美元、90分钟，结果什么都看不到，于是他发誓以后直接看盗版。这名顾客20多岁，他在Facebook上建议他所有的朋友以后看盗版DVD。

→ 笔者的朋友收到了100美元的结婚礼券。婚礼过后，他们按照和所在公司的协议搬到了哥斯达黎加，接下来一年半都留在那里工作。等他们回到原来的家拿着礼券去商店购物时，却发现礼券早就过期12个月了。很多公司尽管会提供礼品卡和优惠卡，但是其中10%～20%的卡往往无人领取或者被主人遗忘、丢失，这样公司就又可以赚钱了。朋友知道这一点后，发誓再也不会从任何商家那里购买任何礼品卡或者优惠卡了。

→ 在加拿大，一个小男孩由他的妈妈陪着到银行去开他的第一个储蓄账户。小男孩抱着那一罐他认真存了很久的零钱排队，但是轮到他时，柜台后面的女士拒绝给他开账户，原因是他没有事先把硬币数好包起来，小男孩非常沮丧。男孩的父亲是一家大公司的CFO，他一气之下把公司所有业务转到了另外一家银行，因为那家银行非常欢迎小男孩来存储自己零散的硬币。这个故事在次年的国际银行协会会议上被讲述，很快便传到了博客圈。

→ 比利时一家大型电信运营商的客户服务质量低下，呼叫中心电话总是打不进，四名男子在受够了这样的状况之后决定提出抗议。他们在一个船运集装箱中建立起了自己的呼叫中心，并且派人把这个集装箱送到了电信公司的总部，正好堵住总部大楼的入口。为移动集装箱，公司保安按照集装箱上印着的电话号码拨打电话，结果遇到了同样令人费解的服务选项和无济于事的解决方式，而这些都是这家电信运营商的客户不得不忍受的。恶作剧者成功地把一次简单的要求拖动集装箱的电话拖延成了一个3小时的"服务"考验，目的就是为了模拟电信运营商自己对待客户的态度。这个故事成为YouTube上一段滑稽的花边新闻。

这样的例子不胜枚举，相信你自己都可以往这上面加故事了，通过www.trustability.com这个网站就可以实现。

杜克大学备受推崇的行为经济学家丹·艾瑞里（Dan Ariely）指出："报复，甚至是不惜个人代价的报复，对灵长类动物和人类的社会秩序有着深层次影响。"他描述了这样一个实验：两只黑猩猩被关在挨着的两个笼子里，笼子外面有一桌食物，每只黑猩猩都能够到这张桌子。摆放食物的桌子装有轮子，每只黑猩猩都能够到桌子边把桌子拉得离自己的笼子近一点（这样的话就离另一个笼子更远了）。可是，每个笼子都配备了一根"报复的绳索"，从笼子里伸出来连接着桌子。任何一只黑猩猩只要拉动这根绳索，桌子就会翻倒，所有的食物也会洒到地上，这样，两只猩猩就都没有办法获取到食物了。绳索的用处已经事先认真演示给两只黑猩猩看了，它们很清楚这跟绳索会让它们获取食物的希望完全破灭。研究人员通过实验发现，如果两只黑猩猩能共享食物，那么双方就会相安无事，但是如果任何一方把桌子拉得离自己的笼子很近使得对方无法够到食物，那么另外一只黑猩猩有时就会被激怒，猛地把绳索一拉，使整个桌子倾倒在地。最终，双方都得不到食物。

> 那些为群体使用设计软件的人，有时会开玩笑地把人的社会本能称作"猴子的脑筋"。
> ——克莱·舍基，《未来是湿的》（*Here Comes Everybody*）

人类复杂的社会性中不仅包含同理心和惩罚不公的欲望，要保证社会结构的正常运转，同样需要许多其他不很光彩的动机。一位社会科学家指出，从纯进化的角度看，甚至连嫉妒都能起到重要的作用，因为它有助于我们作为一种社会物种的生存和繁荣，有助于"促进进步，满足自我和他人的良心，并且提醒我们不公正的存在。这些不公正现象一旦激化，可能导致暴力升级"。

但是，我们不能低估同理心的作用。在执行社会普遍接受的规范时，同理心的作用十分关键。作为人，我们几乎生来就对他人的同理心抱有期待，如果别人没有向我们展示同理心，我们甚至会懊恼生气。也许公开这样说听起来不太客气，但是对那些辜负了你的信任（或者别人的信任）的人予以报复，确实是提高社会整体运行效率的好方法。如果任何一个成员都可以惩罚任何一个行为不公的人，结果当然是整个系统的可信度提高，社会环境也会变得更加公平公正。

当然，笔者不是提倡要找机会报复那些惹怒你的人，因为实施个人报复本身可能构成犯罪。跟黑猩猩不同，人类需要走民法或者刑法的流程，对违法行为进行报复。大多数人不愿意公开承认判刑是一种报复行为，他们喜欢用政治上更加准确的一个术语"改造"来表述。有时，我们还会用"为受害者讨回公道"或者"肃清暴力犯罪"等表述来粉饰自己的动机。

但不要弄错了：报复是我们的刑事司法体系给社会带来的第一大好处，改造才是第二位的。只要当事人犯罪，就会被送往监狱，不管对他的改造是否会成功或者究竟会不会对其进行改造。绝大多数研究也都清楚地表明，这种威慑尽管不完美，但总体来说是有效的。因此，对不公正行为进行惩罚有利于社会发展，因为至少在某种程度上，它对个人的不公正、不公平行为起到了威慑作用。这就是为什么社会学家说，对行为不公的人进行惩罚，是"亲社会"的行为——因为它能加强社会联系、提升信任。

之所以说信任和可信度会不断提高，不是因为将来每一个公司和个人都是可以信任的，而是因为技术会让惩罚者越来越强大，从而有效遏制非诚信行为。报复能够保持社会的正常运转，无论是判处杀人犯25年有期徒刑还是给质量低劣的产品差评，报复都充当了可信度的终极执法者。报复能够遏制精神变态的资本主义，因此：

> 顾客越容易找到报复的方式，公司就越不得不为生存而提高自己的可信度。

被Twitter置于死地

不管我们怎样看这个问题，惩罚不公正行为始终是社会性的根本要素，"甜蜜的报复"这个说法有它的道理。当你得知一个丧心病狂的罪犯被判处严厉的刑罚，你难道没有一丝快感吗？过分自私或"不公平"的行为就是可以信任的反面。基于我们的社会偏见，我们本能的欲望和冲动就是惩罚这些自私的不公平行为。我们就是要寻求某种报复，让这些不公正行为付出代价，即便我们也需要付出某些代价。我们就是要把餐车打翻！

做到值得他人信任也不纯粹是一种动物性本能，至少，人类对他人表现出同理心或者对不公正行为感到懊恼，都是渐渐习得的文化特性。这些特性在文化的影响下能得到多大程度的加强，也跟该文化内部互动的类型和重要性有直接关系。研究表明，不同社会中人们惩罚不公正行为的欲望不同，经济文化发展水平越高，人与人之间的联系越密切，社会公民对于不公正行为的敏感度就越高。

当然，在线技术可以让我们用高度社会化、高度互联的方式对不道德行为进行报复。在它的帮助下，报复变得前所未有的简单，前所未有的让人满意，它的效果更持久、力度更强。友情提示：一旦网上出现了对你的评价，你不妨认为它会迅速传遍各个角落，而且永久地存在。正如一位广告经理曾说："你不可能阻止别人google到你。"

一位有影响力的博主在一篇文章中用一个更加生动的形象说明了这个问题。

兄弟，你不可能让出现在网络上的不好的东西消失……就好像你不可能把撒在游泳池里的尿收回去。

相信大家都在YouTube上看过受害者怎样报复那些诬陷他们的公司和品牌吧，而且一定被受害者们的创造力和为此付出的努力逗乐了吧。随着顾客之间口碑传播的速度不断加快，你可以期待，服务不好、产品质量低于顾客期望值所带来的惩罚会以更快的速度到来。

例如，沙查·巴隆·科恩（Sacha Baron Cohen）2009年的电影《布鲁诺》（Bruno）。尽管许多观众通常都喜欢科恩的电影，但是《布鲁诺》是个例外。《布鲁诺》于2009年7月9日在美国各大剧院首映，当天晚上，大量观众就因为该片趣味低下、过分炒作以及肆无忌惮地挑战各种禁区而走出了电影院。这还没完，他们走出电影院后就拿起智能手机给他们的朋友发短信，或者通过Twitter发私信，建议他人不要看这部电影。结果是《布鲁诺》周六的票房数据与周五相比下降了40%，这个数字史无前例，令人震惊。《洛杉矶时报》的影评人兼记者约翰·霍恩（John Horn）在接受美国国家公共广播电台（NPR）播出的"面面俱到"节目的采访时说，《布鲁诺》这部电影质量太差，很快就被负面的口碑封杀了。他表示，在Twitter、Facebook等提供状态更新的社交媒体平台出现之前，一部电影的口碑传播的速度远不至于像现在这么快，"即便是出了一部特别失败的电影，过去，电影公司也能在电影名声变臭之前大赚两个星期。但是现在，这个时间缩短到了12个小时"。

合作者、搭便车者以及惩罚者

《大连接》（Connected）的作者尼古拉斯·克里斯塔基斯（Nicholas A. Christakis）和詹姆斯·富勒（James H. Fowler）认为，维基百科之所以运作良好，是因为随着时间流逝，一群感兴趣的贡献者开始组成社会团体，为每一个话题制作最权威的条目，这些参与者中的大部分都是克里斯塔基斯和富勒所说的"合作者"。维基百科作为一种参考工具之所以能获得成功，背后的主要功劳就在于这些人。合作者们通过贡献自己的新想法、专业知识以及写作、编辑，帮助撰写和修改相关专业领域的文章。此外，参与维基百科的人当中还有许多"搭便车者"——他们，用作者的话来说，"想利用他人创建的可靠信息为自己服务"。"搭便车者"可能利用某个具体的条目为自己做宣传，提出自己对某个政治性或有争议问题的意见，或者为自己的公司说好话。

如果维基百科的参与者中只有贡献者和搭便车者这两类人，那么不管维基百科成员的数量有多庞大，只要有一个搭便车的人，就能轻易破坏或削弱他们的集体行动。不过，集体行动总是能慢慢找到正确的方向。（你可以做一个这样的测试：在维基百科里搜索一个毫无争议的新闻人物，阅读该条目，然后过30天再次阅读该条目，你会发现文章不一样了。维基百科与所有的社交生产项目一样，是一个生命有机体，会随着搭便车者和合法贡献者的行为变化而变化。）

那么，维基百科成功的原因在哪里呢？为什么它没有因为"搭便车者"自私自利的破坏活动而消亡呢？因为有成千上万的"惩罚者"为各种各样的维基百科条目保驾护航，他们遏制了"搭便车者"的行为，使维基百科成为社交生产切实可行的真实例证。"惩罚者"或许贡献过自己的材料，或许没有，但他们一定会因为搭便车者的冒犯而愤怒，他们的责任就是控制搭便车者造成的损害。他们会修改不恰当的、带有偏见的或者不充分的条目，他们会在每个搭便车者的个人"讨论"页张贴惩罚通知，甚至会（和其他贡献者合作）禁止行为恶劣的冒犯者以后再参与条目撰写。

维基百科的惩罚者就像人类的白细胞，努力寻找有害病菌并将其消灭。惩罚维基百科上的搭便车者（或者惩罚那些观点不诚实的评论者）需要花费时间和努力，但是人们出于对不公正的行为的气恼而愿意花时间，愿意付出努力。维基百科作为一个社会系统之所以能保持稳定，就是因为它是创造、共享和惩罚三者之间的平衡。

让系统维持一个正确的平衡十分重要。有时，为了保证系统持久的可行性，还需要对反馈回路做出调整。前面我们讲过eBay之所以能存活下来是因为它让用户自愿对卖家进行评价。但是随着公司不断发展壮大，用户习惯找信誉最好的卖家买东西，于是卖家开始跟这个系统进行博弈，有些卖家甚至会在交易完成之前就对买家进行很高的评价，这样做的目的是为了影响买家对卖家的评价。这一招显然凑效，2008年年初，eBay对系统做出更改，卖家只能给买家做出正面评价。eBay的做法就是为了维护系统的平衡——保证它是值得依赖的。

如果公司采取不诚信行为，惩罚者也可以在公司内部发挥作用。员工也是人，他们当中绝大多数人跟你我一样，不希望被别人看作是不可靠的。

威瑞森无线公司（Verizon Wireless）过去销售的很多智能手机按键一不小心就会连接到互联网，导致每次2美元的数据业务费。美国联邦通信委员会（FCC）对其进行调查后，公司为用户上网设置了一个"登录页面"，这样如果不小心按错键还可以及时取消，避免费用产生。但即便这样，很多用户还是会在他们的电话账单上发现莫名其妙的数据业务扣费。如果一个人出于节约成本的考虑从来都不用手机上网，那他除了不小心连上网，又怎么会出现数据业务费呢？

据《纽约时报》报道，该公司明显是故意借顾客的失误收费。他们很清楚这样收费是不对的，这一点至少在《纽约时报》的记者跟威瑞森的一名客服人员交谈时得到了承认。威瑞森的电话有一个功能，能够阻止用户意外连接到互联网。但是据这位员工透露，公司曾交代客服，除非顾客特意问到，否则不要将这一功能告知顾客！而且公司还专门强调，不到万不得已不要退还扣费，即便是退还扣费，最多也只能退还一个月。

现在请各位仔细思考这个案例。即便所有的这些控告都千真万确，事实上威瑞森也根本没有做任何违法或者严格来说"不诚信"的行为。它不是靠欺骗顾客来收取费用，顾客确实是用自己的手触到了按键，导致了费用的产生。公司只不过没有告诉顾客怎样避免使用产品时的失误，这严格来说并不算是违反了诚信。那么，为什么这名员工会感到沮丧呢？因为即使公司没有主动欺骗顾客，它也没有主动尊重顾客的利益。按照过去的理解，威瑞森是可以信任的，但却不是值得依赖的。透明时代的所有公司都必须做到值得依赖，而威瑞森和顾客之间却不存在"必信力"这一说法。

当人们之间的联系变得越来越密切高效时，人们的社会性也必然会增强。因此，当我们与他人交往或者购买某公司或品牌的产品或服务时，我们会越来越多地受到"亲社会"的动因的驱使，包括同理心、互惠心理以及看到不公正行为就想报复的心理。我们可能永远也无法准确知道威瑞森的这位客服为什么要揭发公司，但是我们可以肯定地说，今天，每一家不值得依赖的公司里都有员工讨厌自己的工作，因为他们从顾客那里骗钱。当技术让我们的社交距离变得越来越近时，这种厌恶感就会越来越强烈。

2011年《福布斯》的封面报道中，大卫·柯克帕特里克提出，今天，每一家商业公司在顾客和员工的评价和行为面前都已经变得不堪一击，它们的顾客和员工如今能够利用社交网络把自己调动起来。柯克帕特里克说："公司和公司的领导将不得不表现出他们的诚实可靠、公正透明以及良好的信念。如果他们做不到这一点，顾客和员工就会逐渐不信任他们，这可能会带来灾难性的后果。"

在我们每天与他人的互动当中，信任扮演着重要的角色，它是"共享经济"和社交生产的重要推动力，但是信任却和市场经济中的利己主义存在冲突。下一章，我们将会讨论怎样应用以及何时应用同理心、共享和信任的原则，以及怎样应用以及何时应用利己主义和货币刺激。

必信力测试

请根据你所在的公司、机构或者政府机关的实际情况，回答下面的问题。与你的同事讨论你的回答，并登陆www.trustability.com查看其他访客的回答，将你的答案与他们的回答作一比较。

→ 你的员工是否知道你的公司存在不可靠的行为或政策？

◆ 你是否问过他们？

◆ 如果他们知道了，会怎样做？

→ 你的公司是否被顾客认为服务恶劣或者不诚实守信，因而遭到顾客的报复？

◆ 如果是的话，你的公司是不是真的做过被顾客投诉的事情（即便顾客的话不完全准确）？

◆ 你的公司是怎样处理这种投诉的？

→ 如果你的公司被某些恶劣的媒体或者虚假的谣言陷害，是否有顾客起来为你们辩护？

→ 你的公司是否帮助顾客搭建一个相互联系、相互帮助的平台，让他们更好地使用产品，最大限度从你们的产品中受益（比如设立群众服务的平台）？如果没有，你是否知道顾客之间存在自发联系并互相帮助？他们互相联系、互相帮助的程度怎样？

→ 你的顾客是否建立起了用户群，或者其他类似的组织？

→ 在你所处的行业或商业门类中，是否出现了社交生产正在取代商业营利性活动的现象？如果是的话，你认为人们加入这些生产的主要动机是什么？

→ 如果你所在的行业门类中出现了社交生产，你会：

◆ 忽视它们？

◆ 劝阻它们？

◆ 与它们竞争？

◆ 加入它们？

→ 社交生产是否对你所处的行业的商业活动起到了补充作用？是否提高了你所处的行业的商业利润水平？

→ 为了提高运营效率、更好地服务顾客，你的员工、供应商和分销商是否精诚合作，并积极利用社交媒体工具？

第 5 章

信任和电子社交思潮

Extreme Trust Extreme Trust Extreme Trust Extreme Trust
Extreme Trust Extreme Trust Extreme Trust
Extreme Trust Extreme Trust
Extreme Trust

"由您决定。"

2007年10月，被《时代》杂志称为"最有趣和最具有创新力的乐队"——另类摇滚乐队"电台司令"（Radiohead），宣布将发布它的第七张专辑《在彩虹中》，并提出一个非常有趣和史无前例的报价。他们没有请唱片公司来为他们发行CD，而是计划在线发布他们带有15首新歌的专辑，并提供可下载的MP3格式。此外，乐队还说他们不会为这张专辑收取任何费用，而是会让买家自己决定他们音乐的价值。正如《时代》杂志描述的，当专辑《在彩虹中》将被放入"电台司令"乐队网站的购物车时，一个问号出现在价格通常会出现的地方。点击它，就会弹出"由您决定"的字样。再次点击它，就会重新弹出"真的由您决定"——事实也是如此。这是第一张由每个消费者自愿决定价格的专辑，而且可以接受消费者不付钱。

一位评论员暗示道，"电台司令"乐队向歌迷传递的信息是，即使歌迷知道任何人都能轻易地非法下载这些音乐，但是，"如果你真的喜欢我们，就给予我们你们觉得合适的（价格），不论是多少。我们相信你们会做正确的事情"。

电子社交思潮

除了互惠、同理心和对不公正复仇的渴望外，我们的社会互动还取决于一整套习俗和潜规则，这些约束是在几代人互相交流的过程中不知不觉地发展起来的。当你同朋友、同事、爱人或是陌生人讨论一些事情的时候，你甚至不需要考虑必须遵守哪些习俗，就知道基本的规则是不要打断（别人），先倾听，表示出你的兴趣，对其他人说的话做出回应。

但是，也存在一些更潜在的规则。比如说，一个好朋友准备请你帮忙在一家公司谋取一份职位，因为你的另一位朋友恰好是该公司的副总。他想要的只是一个介绍，他是你的朋友，当然也会为你做同样的事。但是，如果在请你帮忙的过程中，他因为这个介绍而给你100美元或是500美元，你会因此而敷衍他吗？你可能会认为，他根本不是你真正意义上的朋友，因为这绝不是朋友对待朋友的方式。

这种矛盾代表了我们在商务环境和社交环境中交往时最重要的差异之一。商品经济的典型特征是人们自由地和其他人进行金钱交换，你从我这里买东西，我卖给你，如果我们行为得当，我们就会认为自己能从中得益，不会认为其中有逾矩行为。我们都期望为想要买的东西花钱，当你花6美元从杂货商那里买一打听装健怡可乐时，你绝不会舍不得付钱。你主动地想要付钱，甚至不会产生向老板要一杯免费苏打水的念头。但是，如果老板请你帮忙——比如说在某个晚上顺便帮忙重新整理一下货架，你就会觉得很莫名其妙。这就像一个朋友给你钱让你陪伴他一会，或因为他陪伴了你一会而向你收费。

伴随现代自由市场资本主义的崛起，人类活动的两大领域——社交和商务，变得界限分明、相互独立，但是现在，科学技术似乎又把它们融合在了一起。比如，社交生产就融合了两者的特性，由社交互动、信任和共享提供动力，但也产生了实实在在的经济价值。不论这种分享是不是牵扯到了某人的闲暇时间、诚实观点、电脑编程、编辑和排版或电脑硬件上的计算周期，最终的结果一定是货真价实的经济效益——真金白银。

与那些已经渐渐掌控我们日常社会交际的规则非常相似，随着时间的流逝，这种渐渐掌控我们在线交流的电子社交"思潮"会发展成为完全非正式的、不成文的规约。许多机构已经在积极尝试让这些标准和习俗流行起来，这样一来，社会共享经济就会运行得更加流畅。例如，知识共享（Creative Commons）就是一家致力于提升"公共用品"创造（文化、教育和科技内容等）总量的非营利机构，公共用品就是指那些民众可以免费获取和合法分享、使用、再利用和再混合的产品。这个组织已经颁发了数个关于知识产权的证书，这些证书与专利和著作权类似，但在一些重要方面又有着不同。著作权或专利权对使用他人观点或原创性材料有强加的诸如"保留一切权利"的严格限制，但是知识共享组织颁发的各种"CC"证书已经在所有重要的、法定的司法领域内得到广泛认可，能够代替版权应用于原创作品，而不管该作品是否是软件应用、书籍、影视作品、摄影、歌曲或是任何其他形式的原创作品。（例如，"分享授权"证书允许他人使用和修改你的作品，这表明他们认可你的作品，也允许其他人在相同条件下使用他们的更新版或是修改版。这是一种最广泛应用的保护开源软件的证书。如果你给某个软件打了补丁或写了一个新应用程序的代码，并且让其他人可以免费获得，但不希望他人为你的软件添加更新，那么你可以宣称自己的作品为受限产品。）

　　除了法定的、监管性的保护措施以及最终实施的法令外，很显然，信任仍然会成为电子社交思潮中主要的引导原则，因为维持信任对于整个体系的顺利运行是必需的。一种表扬和鼓励信任的思潮——并且惩罚不值得信任的行为——不可避免地将会产生，因为它总是比那些没有这样做的思潮更能高效地获得成功。

　　这导致当互动科技继续改善时，信任和可信度的重要性也持续增长。过去几年中，越来越多的人通过上传、合作和志愿活动变得更加熟悉，参与各种各样的社会生产活动，因此我们已经渐渐越来越多地依赖分享和信任。然而监控可信度的任务过去掌握在一些线下机构的手里——商业改善局（Better Businsess Bureau）、消费者报告（Consumer Reports）、食品药品监督管理局（FDA）以及各大新闻报社。在网络上可以更加有效地执行这种任务，而且人人都能参与。从社交的角度来看，人们可以分享他们的观点，惩罚不公平，我们变得更加值得他人信任，也愿意信任更多的人。

　　考虑到分享和带有社会生产特性的价值创造是一种古怪的组合，所以很自然地，这种整体观念经常使得公司高管和那些习惯以企业销售产品给意愿买家的能力来评估企业价值的人感到困惑和恐慌。对于微软CEO史蒂夫·鲍尔默（Steve Ballmer）来说，开源软件曾被他视为"共产主义"；而对前《大英百科全书》编辑罗伯特·麦克亨利（Robert McHenry）来说，与其说维基百科是百科全书，不如说它更像是一个公共的储藏室。

朋友怎样对待朋友

当一家企业试图把社交媒体简单地当作市场营销或是制造良好口碑的渠道时，电子社交思潮中的不熟悉的运作能轻而易举地绊倒它，因为大多数在商业领域中讲得通的市场营销和商务技巧在社交领域并不吃香。市场营销是商品经济至关重要的一部分，商品经济环境的特点是人们可以自由地和其他人交换金钱和物品。但是大多数人使用社交媒体来交际，和他们参加派对、加入朋友之间稀松平常的对话的理由相同——不是为了某种财务收益或是完成某项任务，而是出于与朋友联系得到的快乐和满足，或是获得他们需要的八卦新闻、观点和内部消息。将这两个领域混为一谈，可能引发出真正的问题，因为正如友谊一样，社会影响力是金钱买不来的。你可以用金钱买来广告的曝光率，可以买来一些数据或是分析获得更好的对消费者的洞察力，可以用充足的折扣品和赠品买来众多的Facebook粉丝，但是你绝对买不来人们的口碑或是社会影响力，这就是朋友是如何对待朋友的。

2006年9月，一则题为"贯穿全美的沃尔玛"的博客出现在网络上。它主要报道了两位彪悍的房车车主吉姆和劳拉开车从美国的一家沃尔玛到另一家，参观沿途的沃尔玛商店并采访大量乐观的沃尔玛雇员。但是，其他博主怀疑吉姆和劳拉其实并不存在，也并没有人真的开着房车从一个商店到另一个商店。很快，人们就发现这两位博主实际上是沃尔玛请来的签约作家，受雇于沃尔玛的公关公司——爱德曼国际公关公司（Edelman），来写一些热情洋溢的文章。这在博客圈里招致了其他博主的强烈抗议，人们猛烈地攻击沃尔玛和爱德曼。沃尔玛的这种举动很好地反映了大多数公司试图在社交媒体领域运作时容易犯的一个最严重的错误：非但不尊重电子社交思潮，反而还认为自己能够像对待任何其他营销渠道一样对待社交媒体。在这个案例中，沃尔玛就企图用社交媒体来传递广告讯息。

为了维护公关公司的信用，爱德曼CEO理查德·爱德曼（Richard Edelman）立刻加入了争论当中。对于蜂拥而至的充满愤怒的邮件以及媒体帖子，他亲自主动地在网上回复道歉。他清楚，在这个人人都可以公开评论的时代，"无可奉告"反而成了一种承认，企业再也不能简单地逃避过错或者坐等愤怒自行消退。一旦泳池里有尿了，唯一可行的补救方法就是注入更多的水。

沃尔玛从中汲取的教训是，即使社交领域能作为一个市场营销渠道，企业仍需尊重社交思潮。你可以在电视上用虚构的故事向观众打广告，取悦他们，但是你绝不能对朋友撒谎，并把这种行为称为"打广告"。

在社交领域里，我们中很少有人会愿意改变自己的观点，或是把观点公布给别人以换取报酬，大多数人会把别人付费请我们这样做视为一种侮辱。在这样的社交互动中，简单粗暴的商业化是非常不合时宜的。你不能像买物品那样来买你的朋友，你也不能像买广告那样来买你的社交媒体曝光率。

迪士尼在刚染指社交媒体时就找到了解决之道。在一次关于社交媒体的行业会议上，两名迪士尼的欧洲执行官叙述说，他们的公司已经发现，在"社交空间"向Facebook上已经与迪士尼公司众多形象之一互为好友的消费者销售产品，和在"营销空间"向订阅公司邮件新闻的消费者销售，需要用完全不同的手段。向邮件新闻订阅者提供交叉销售和其他促销活动能够获得很好的反响，但如果向Facebook好友提供这样的优惠，则会惹怒其中的大多数，不仅回复率很低，得到的回复往往还是负面的，因为在社交空间内进行营销，往往只会产生不良意愿。忘掉投资回报率吧，在社交空间营销，效果可能比不营销更糟。

劳伦斯·莱斯格讲述了一个有趣的故事。在一架国际航班上，他邻座的一个年轻小伙子带着一个小匣子，里面装了满满的DVD，大多都是已经发行的盗版商业电影。作为一个对知识产权领域有浓厚兴趣的律师，莱斯格当然对此十分纠结：一方面，他欣赏小伙子专业的收藏，但是他也强烈地意识到，"在收藏的过程中，这个小伙子已经侵犯了不计其数的版权了"。最后，他说，由于时间充裕并且他注意到DVD里有一部他还没来得及看的电影，他就问那个小伙子（乔希），是否可以用5美元来租借这部电影。但是，莱斯格的这个问题产生了如下效果：

结果，这种举动只让他在脸上出现一种极度失望的表情。一言以蔽之，我已经说出了对乔希产生最大侮辱的语句了。"你这是干什么？"他骂我，"你认为我这么干是为了钱吗？我很高兴借给你看，但是我绝不要你的钱。"

在付钱给乔希这件事上，莱斯格已经违背了电子社交思潮了，这引起乔希的极度反感。"在共享经济所有可能的交换物品中，"莱斯格说，"唯一不恰当的一项就是金钱。"

情感确实重要，因此社交领域和商务领域出现冲突的地方越来越多。提出付租金给乔希的盗版DVD可能冒犯了他的情感，而如今，发现这样的临界案例并不难，这些案例的界限已经模糊不清了。如果杂货店老板要求你帮忙整理货架，你可能感到被冒犯（或是觉得莫名其妙），但是当捷蓝航空（JetBlue）或西南航空（Southwest Airlines）要求乘客必须清理座位后的垃圾袋，以显示对下一位乘客的礼貌时，你又有何感受呢？考虑到机票的票面价值，大多数乘客接受了这一要求——但是，假如联合航空（United

Airelines）对头等舱乘客提出同样的要求，又会发生什么情况呢？

在"电台司令"乐队在线发布了可以"随意支付"的音乐几周后，康姆斯科调研公司（comScore）的一份调查估计，《在彩虹中》专辑已经达到了大约120万次的下载量，其中60%左右的下载选择了零支付，而其余40%平均每人每次支付了6美元左右，产生了差不多200万美元的数字销售额。正如"电台司令"乐队的汤姆·约克（Thom Yorke）如是告诉《连线》（*Wired Magazine*）杂志：

就数字音乐销售额来看，我们已经从这张专辑中挣了很多的钱，比"电台司令"乐队之前所有专辑加起来还要多，这就够了。这一方面也是由于EMI（乐队前一张专辑发售的公司，合同已经到期）并没有就数字音乐销售给我们任何钱，我们在某一段时间里签下的所有合同都没有包含这部分内容。

"电台司令"乐队2007年的那次尝试很快被其他演员和乐队模仿，并被誉为音乐界对在线技术在音乐领域的真实动力的一次尝试。在线音乐和娱乐曾是乔希的世界——在社交领域非法下载、再利用和分享的骇客世界。即使骇客们可能不尊重金钱、知识产权以及使商业领域如此成功的其他规则机制，但他们仍有强烈的必信力意识。

付费或提供报酬在社交领域里如同造一个虚假博客帖子一样，是一种不得体的行为。但是，如果你像"电台司令"（以及乔希）那样愿意无偿付出，那么在恰当的情境下，你可能做到完全转型，将一个商业命题转换成一个朋友之间的互动——一种基于信任和共享的互动，而不是基于金钱和自私自利。如果不这样做，你的意图会深陷质疑当中，进而降低你在他人眼里的可信度。

我们并不是说，你永远不能将社交媒体平台作为市场营销的"渠道"之一，进行纯正营销行为。许多公司这样做了，并获益匪浅，但这不是一个社交策略，也不应被描述成社交策略。比如说，大多数品牌的Facebook粉丝群组被用作提供折扣、赠券或其他物品的工具（而不是像迪士尼的粉丝群组那样，人们与不同的卡通人物互为好友）。对一个品牌来说，使用Facebook、Twitter或是其他社交平台来宣传折扣或鼓励购买并没有错，但是销售绝不等于交友。销售是营销目标，而不是社交目标，成为某种品牌"粉丝"的消费者已经充分意识到了这一点。增加Facebook上的点赞数或是Twitter的关注用户，和与客户建立真正的社交关系——这种关系基于友谊和信任——所带来的一种善意或良好声誉，并不具有相似之处。

　　我们再来借用另一个类比。当谈及提升我们的职业生涯时，我们都知道"人脉"的重要性，只有精神病患者才会认为朋友仅在金钱上有价值。出于营销目的而使用社交媒体的公司所做的事其实就等同于完善一个人的人脉网——促进双方接触、提升熟悉度，以提高自己在顾客和潜在顾客心中的机会。但他们可能并没有取得很多支持性的、信赖的或是长久的关系，他们也不应该欺骗自己。在网络世界里，没有人会为了金钱或商品折扣而给出合理观点或是评论。如果你在Facebook或是Twitter上读到一段觉得喜欢的话，你可能会立刻分享给你的朋友，但是绝不会产生给作者钱的念头，因为这不是朋友的作为。

　　传统上，为自己的帖子收取报酬的博主已经被批评为叛徒或廉价文人，因为对一个博客帖子收费有违电子社交思潮的原则。在线社交空间是为了让朋友联系朋友，不用成为铁杆"网民"，你就会知道，向朋友介绍一个商业产品或服务时收取费用是不对的，做或者不做这件事，是出于对朋友利益的考虑。收费会贬低你的真诚，并损害这种美德，这是一种不可信赖的行为。

　　在商业生活中，分享和慷慨一直扮演着举足轻重的角色，但人们并没有意识到它有多重要。颇有洞察力的赛斯·高汀认为，对你的个人生涯来说，再也没有其他事比赠送礼物更加关键的了——为了帮助他人而无偿奉献价值。这里并不是指用钱给同事买礼物，而是指为他人的利益做"情感苦力"——免费和同事分享自己的新观点，又或许是恭维对方。

首先，你将从制作和赠送中得益，赠送行为本身就是一种奖赏。其次，你将从周围人的回应中得益。当你养成赠送礼物的习惯时，你的同事变得更加坦率，你的老板更加好说话，你的顾客也更加忠诚。任何礼物，包括"情感苦力"，核心在于你并不是为了得到一个有形的、确凿的奖赏。如果你是为了这个，它就再也不是一份礼物，而是一份工作了。我们现在身处的这种混合经济正在混淆资本主义（"好好干，我就不会开除你"）和礼品经济（"哇，这太棒了"）的概念。

在电子社交领域这样的共享经济中，赠送礼物是创造价值的主要机制，所有参与者都避免使用金钱。对于基于共享的社交互动来说，金钱有点太唯利是图和商业性了。在商品经济中，有某种程度的共享和信任会让交易运行得更加流畅，但是在共享经济中，交易唯有在信任的前提下才能运作。我与你分享，而且我期望你与我分享——但这不是等价交换，锱铢必较。这是一种没有言明的美德，一种共享文化，不是基于一份合同，而是基于互信。

本博客文章由××赞助

另一方面，看你的博客或视频的不仅仅是你的好友。随着社交领域和商业领域的界限逐渐模糊，一批在"赞助"社会评论领域发展的企业在日渐成熟。比如，YouTube美容博主通过推销化妆产品，每月收入在一千美元以上。一项调查估计，现在公司花费在购买网上社交评论的资金量接近每年5000万美元。2009年，美国联邦贸易委员会（Federal Trade Commission）出台的一套指南对这种营销起到了促进作用，它要求获得赞助的博客、视频和其他社交内容符合其他赞助广告的规则。

在"贯穿全美的沃尔玛"惨败后，沃尔玛一直更加真诚谨慎地在社交领域内前进，它推出的最有趣的项目之一是它赞助的一个博客项目——沃尔玛妈妈。20多名女性博主应征到这个项目里，她们的博客"全美天后"、"时髦购物少女"或"家装绿化"仍旧由博主们独立运作，但是时不时地会出现沃尔玛产品或是特价活动的消息。然而每次她们这样做时，都会公开声明由沃尔玛赞助。在"沃尔玛妈妈"主页上，店铺的建议是：

参与沃尔玛妈妈项目是自愿的。该活动的参与者必须清楚地公开自己与沃尔玛的关系，以及收到的任何报酬，包括旅游机会、费用或产品。在寄送产品寻求评价的活动中，参与者可以根据自己的意愿保管或处理产品。

2011年，总部位于英国的零售连锁店乐购（Tesco）收购了总部设在美国的口碑营销公司BzzAgent。BzzAgent已经招募了约80万名志愿者，他们签约表示愿意接受不定期的产品样本，这些样品大多来自大众消费品公司。他们被鼓励使用博客、Twitter或其他社交媒体渠道宣传自己对这些产品的印象，但是他们并不会获得报酬。通过这次收购，不管乐购是否曾经利用BzzAgent来宣传自己的产品，它都将获得大量有趣的社交网络数据，而乐购一直以其对客户数据的深度使用而闻名（它已经拥有了客户数据分析公司Dunnhumby）。

肯尼思·科尔事件

要跨越边界，从商业领域侵入社交领域并不难，但就算是经验丰富的社交媒体用户，偶尔也会失手。

　　埃及反穆巴拉克三十年统治活动主要通过一些反对派武装的Facebook
页面进行组织和协调，世界各地的人们通过数千名示威者发布的Twitter和
Facebook消息，实时更新情况，而这些示威者唯一的武器就是被压抑的愤怒
和手机。他们的Twitter包含了"＃埃及"和"#开罗"这样的标签，这样，
世界各地数以百万计的在线观众就可以追踪和关注他们的情况。

　　2011年2月3日，来自埃及的Twitter消息中出现了令人心碎的条目：
"＃埃及#开罗，随着冲突继续，3人死亡，1500人受伤。""至少有3名人
权活动家及律师一小时前被宪兵从开罗的人权非政府组织的办公室逮捕。"

　　正当这个革命戏剧在世界人民面前上演时，服装及配饰设计师肯尼
思·科尔（Kenneth Cole）通过Twitter发出以下消息："在开罗，数百万人
民正在掀起轩然大波。据说是因为他们听说我们的春季系列现在已经可以在
http://bit.ly/KCairo -KC买到。"

　　如此低级趣味的Twitter消息立即在网络上点燃了如潮的愤怒。"你有病
吧，@kennethCole？"就是一条典型的消息，它被自发转载了一百多万次，
超过一百万的用户看到了它。另一条Twitter消息写道："@KennethCole太
低级趣味了。人们在街头垂死，你却想给你的时尚打广告？抵制肯尼思·
科尔。"

　　不用说，科尔在几个小时之后就对自己发布的消息表示道歉（显然，之
前的Twitter消息和这次的致歉辞都是他自己写的）。但就在科尔的愚蠢上了
Twitter几分钟之后，就有人开假账户@kennethcolepr仿效，有人开始使用"#
肯尼思·科尔的消息"标签，关注者竞相上传趣味低劣的Twitter消息。早期
的消息包括"嗨，莎莎·嘉宝——你还可以穿肯尼思·科尔设计的新款高跟
鞋哦"以及"需要汗衫？穿上我们的背心吧！"

必信力与社交产品

即使钱和其他商业利诱不适用于社交互动，但是只要你尊重社会思潮，并把精力放在人们重视的非经济事物——社会事物上，你仍旧可以在电子社交领域中具有积极的影响力。你可以"赞助"一个博客，但是一旦这样做，你已经将那些文章重新定义为了商业手段，而不是朋友的客观意见。不管你怎么努力，都是没法购买朋友的好评的。然而另一方面，你可以通过转述你朋友的需要或兴趣，即帮助你的朋友，来影响电子社交领域。

让我们设想，是什么力量真正推动一个有影响力的博主或Twitter用户——他们的观点会影响到成千上万的关注者。如果你为了他们的一篇好帖子而支付报酬给他们，毫无疑问将会冒犯他们中的绝大多数，然而他们也是人，正如我们其余所有人一样，也有野心。他们希望被关注，增强自己的影响力，他们想把文章写得更好、更新颖、更有权威性。你完全可以给重要的社交媒体影响者提供一些非经济的服务或福利，以帮助他们实现自己的野心。如果你正在学习员工激励，那么请注意，这里所说的福利不是报酬等"外在"利益，而是诸如赞赏、鼓励、友爱和满足等"内在"利益。

在深入挖掘那些影响者们认为最有吸引力的内在利益之前（见下文），这里要给大家一点忠告——确保你了解那些影响者自己的观点。绝大多数的社交影响者不会把自己当作某个特定领域、公司或品牌的专家。他们只是认为，他们对自己和关注者所在意的一些特定事件或问题具有权威性的观点。他们在意的可能是商业问题、健康问题或是人际关系问题——但是他们不可能认为自己的核心使命在于评价和评估你或你的竞争对手提供的产品和服务。他们的核心任务是对他们的朋友与关注者产生价值——这些人依赖他们的意见和想法。要让他们谈论是否喜欢你的品牌或产品，一定要在这样一个情境下——他们是在为自己朋友圈的利益服务。

影响有影响力的人

社交媒体专家最看重的内在利益，可以分为承认（acknowledgment）、认可（recognition）、信息（information）和接触（access）四类。如果你记得你最喜欢的歌剧明星独唱时的"ARIA"（咏叹调），你就可以轻松地记住这些好处。

承认：你只需找到有影响力的博主或社交媒体影响者，发信息让他们表示承认，这一简单的做法会对你发挥积极影响大有帮助。如果你尚未在你的组织中安排人员在特定的分类中识别那些最具公信力和影响力的博主，那么你必须马上这么做。当你认为某个人十分重要时，你要去接触对方，并在接触时展现出自己的真诚。在其博客后面发表评论，转载精彩的Twitter消息，或者发送电子邮件提出周全（但不利己）的建议。让他们知道，你知道他们的存在，你在关注他们。通过这样做来承认对方，并暗示其重要性。

认可：博主、产品评论员及那些在你的行业中成为专家的人，都想要被大家认可为专家。认可对于我们所有人来说都是关键的动力，在不适用经济报酬的社交媒体领域中尤为关键。因此一定要转发链接给别人，以表现你对某个重要博主的认可。你甚至可以考虑在自己的新闻通讯稿中提及某些非常具有权威性的博主，这样做不仅可以表现出你对这位博主的认可，还会带来更多的记者和评论员关注你的公司。如果你有一个群众服务系统，依赖于某些知识渊博的客户来处理其他客户的复杂询问，那就一定要有某些特殊的徽章、标志或地位名称以标识出那些最专业的贡献者或参与度最高的参加者。每个人都希望成为某个领域中的"白金"。

信息：信息就是力量。好好想想吧，信息比什么都重要，有影响力的博主们要提供给读者的正是信息，Twitter写手要提供给读者的也是信息。重要的影响者渴望得到内部消息以及事实真相，因此当你发现你所在类别中的社交媒体影响者时，一定要提供所有你可以合理处理的信息。不要提供真正机密或商业敏感的信息，除非你认为此信息广为人知对你是极其有利的（当然，前提是传播这条信息并不是非法或不道德的）。其实，你不需要侵犯任何人的秘密，或泄露那些可能给上市公司带来麻烦的所谓"内部"消息，只需向关键影响者提供一个对于你的企业或所在行业较有用的想法和看法，包括你面对的问题、你正试图避免的对企业的威胁，以及你所看到的机会。

接触：与提供有见地的信息一样有用的，就是让影响者直接接触当事人观点，或者接触你的企业里对各种信息最为熟悉的经营者。谈到获得独家信息，或许再也没有比直接允许影响者亲身接触你自己的人员、专家和权威人士，能让你在社交媒体的影响中获得更多的利益了。提供这样的接触本身就是一种承认和认可的形式，并不是每个人都可以进行此类接触，因为你不可能把时间花在所有人身上，但是你绝对应该把时间花在一些在社交媒体中具有足够重要地位的人身上。

如果你能正确地影响有影响力的人，将会有助于客户与其他客户分享他们的意见和想法，帮助其他客户解决问题，并简单地参与到围绕每次商业交易的社交领域中。除了获得利益之外，你还会意识到，就被视为更可信这一点而言，这种以客户为导向的活动必定会产生额外的收入和业务。比如，eBay为客户创建了客户支持论坛，让买家和卖家可以交换意见或建议，结果

发现那些在论坛上比较活跃的用户为公司带来了50%以上的额外收入。

当人们聚在一起交换意见时，他们不只是简单地评论卖家的诚信或讲述从别人那买东西的经历。这种信息共享仅仅是更广泛的、更强大的努力——社交努力——的一部分，能够解决一些常见的认知问题或满足一些常见的感性需要。不管是史前的猎人在合作进行大型狩猎时，还是维基百科的撰稿者在策划一个新条目时，人们总是会向别人寻求帮助来解决问题。但是，技术合作从未像现在这样如此高效、如此强劲、如此能干。随着合作的加快，解决问题的速度也会提升，我们将此种经历称为"创新"。

凡以信赖为章，创新必定繁荣

人们经常忽视信任在拉动经济增长与进步中的重要性，然而它在人与人之间的交互中其实起着至关重要的作用，而这种交互又是产生技术创新的首要条件。人与人之间的交互使人类创造力的火花得到应用，个人的每一个"新"想法都基于头脑中已有观念的结合，即使这种结合是无意识的。我们所有的科技、高科技工具以及复杂多样的文化，即人类文明的整体，事实上都是通过社交互动才能发展至如今的，而社交互动建立在信任的基础之上。

对于这一点，经济学家伦纳德·里德（Leonard Read）在其20世纪50年代关于制造一支普通木质铅笔的文章中做了精辟的阐述。他讲道：纵然是这样简单的一支铅笔，"地球上没有单个人"知道如何制造它！原因何在？因为要完成获得制铅笔的木材这一任务，你需要使用锯、斧、绳以及其他装置。当然，你首先要采矿并冶炼矿石来制造这些工具，为伐木工人种植食材并准备食物，修整去往制造厂的道路，甚至要为修筑水电站大坝而倾倒混凝土以提供电力。你还必须到斯里兰卡去开采铅笔笔芯用的石墨，将其与氢氧化铵和磺化脂混合。然后你需要把这种石墨混合物裁成合适的大小，并在华氏2000度的温度下烤制；而后用小烛树蜡、石蜡并经过氢化处理的天然脂肪来处理。所有这些工序完成后，铅笔才成为你使用时的样子。

里德的论点不仅在于单个人永远不可能"做"所有这些事情，而是没有单个人"知道如何做"所有这些事情，没有任何一个人！（你曾听说过小烛树蜡或磺化脂吗？在石墨被开采之前，你能辨认出它吗？）

然而，如果没有一个人知道铅笔是如何制成的，这些铅笔又是怎样出现在商店中的呢？如同蜂房出现在旷野里，蚁群出现在地面上，铅笔是从不同分工的人的集合式作业中出现的，就像蜂房是成千上万只蜜蜂集体行动的成果一样。没有哪一只单独的蜜蜂"知道如何"建造蜂房，同理，没有哪一个单独的人知道如何制造铅笔，铅笔来自于我们的集体智慧，就和我们日常生活中使用的几乎所有的科技工具或人工制品一样。

早在1922年，美国社会学家威廉·奥格本（William Ogburn）就指出，每一项创新都在本质上继承了以前的一些创新，他提出，技术变革的速度就像一个复利增长的曲线，因为"越有可发明的东西，就有越多的发明"。英国作家马特·里德利（Matt Ridley）有更为生动的描述，他观察到，当不同观点彼此汇集时，创新便诞生了。

新的科技——从石器到铅笔再到硅芯片——是随着智力发展而在社交层面上发展起来的。正如奥格所言，人类经济增长的整体速度不仅取决于已知观点的汇集，还取决于可调配的创造性思维与智慧、它们相互作用的速度与效率、信任和相互尊重的水平。

多年来，世界各地的企业通常都在专利的法律制度及旨在惩罚盗版者的版权保护的帮助下，努力保守他们创新思想的"秘密"。但由于互动在创新过程中所扮演的角色如此重要，在当今这个高度互联经营的世界里，企业发现自己正处于一种窘境之中。一家企业可以选择：

通过保守创新的秘密来获得更大的利益，并在竞争中维持地位（即便是很短的一段时间）；

与其他公司或组织分享其创新思想，暂时失去这种产品的竞争优势，但却获得新的额外创新。

后一种选择被称为"免费公开"，它已经越来越吸引企业，因为新想法已日益复杂，彼此间纠葛相连。Facebook在2011年年初宣布，将自愿把刚刚建立在俄勒冈州普林维尔的高效服务器的专利技术细节公布给包括竞争对手在内的所有人。据《华尔街日报》报道，与从前的设计相比，Facebook的服务器在能源效率上要高出38%，且运行的成本效益高出近24%，而且Facebook方面做出此决定时正值"电力与能源消耗已成为很多高科技公司的主要技术障碍"。然而，Facebook的CEO马克·扎克伯格仍坚持认为：公布诸如电池备份系统说明书甚至设计细节这样的资料，能够促进公司在整体数据及IT行业中的相互合作。他表示："通过共享此技术，我们可以使得这种生态系统获得更有效的成长。"

无独有偶，2011年LexisNexis风险解决方案（LexisNexis Risk Solutions，里德·爱思唯尔集团的子公司）免费公开高性能计算机集群技术平台（HPCC系统）的软件编码，也是出于类似的原因。HPCC系统现在已成为一个拥有双许可证的开源大数据处理平台，其他公司包括竞争对手都可以使用并修改这项高度复杂的技术。然而，准许竞争者接触如此珍贵的软件工具并未困扰公司的管理。据LexisNexis风险解决方案CEO詹姆斯·佩克（James Peck）所言："我们已默默地为我们的顾客们这样做了多年，并且成果显著。现在，为了我们的顾客及社会的利益，我们很期待将其展示给社会，以促进更广泛的应用和平台进一步的发展。"

"免费公开"处在社会生产的核心部分，意味着它是一种免费的、不受限制的创新思想的共享，并可据以生产某些集体利益。社会生产产生于由单独的人所组成的社区，他们为了各自的目的走到一起，通常是为解决某问题抑或是创造某种有价值的服务，但通常不涉及牟利。并且，正如前文所述，牟利实际上会被视为违反了电子社交思潮，而正是这种思潮将许多社会企业联合在了一起。

然而，当诸如Facebook或LexisNexis选择通过"免费公开"的方式来共享它们从前的专利或竞争中至关紧要的创新思想时，它们实际上提高了自己在其他公司中的可信度。通过表明自己是一个社区中具有社会意识的参与者，它们自己就能利用社会生产的许多好处。依靠信任机制，它们能在社区中游刃有余，就像其他社区成员那样——人人为我，我为人人，而无需依靠收银机来"保持业绩"。

最后笔者要说，没有人真正知道当商业经济与电子社交思潮碰撞之时，将会发生什么。但是，当这种权力落入相互联系的寻常人手中时，我们的确需要自问：那些一度只有国家元首或商业巨头才能使用的权力是怎么了？国家元首在民主平等的"阿拉伯之春"中遇见了互联网，而商业巨头则是我们下一章要讨论的主题。

必信力测试

请根据你所在的公司、机构或者政府机关的实际情况，回答下面的问题。与你的同事讨论你的回答，并登陆www.trustability.com查看其他访客的回答，将你的答案与他们的回答作一比较。

→ 你的公司是否考虑过，如果知识产权能更容易地被外部人接触到，会给公司带来什么样的利益？包括专利、版权和专有信息等。

→ 你的公司是否考虑过"免费公开"公司的部分专有或机密商业流程、技术？

◆ 如果公司真的在考虑这么做，那么公司内部谁可能会支持，谁会反对，谁又是拥有最终决定权的人？

→ 对于管理知识产权使用和再使用的"CC"许可证的不同类别，公司的律师熟悉吗？

→ 如果你的公司销售"内容"（如娱乐、音乐、新闻或制作纸质出版物、音频、视频信息）或从"内容"中获利，人们很容易复制或者传播它吗？有多容易？这个问题是由营销人员还是客服、法律人员或其他人来处理？

→ 在营销计划当中，你的公司是把社交媒体更多地当作接近顾客、与他们交流的渠道，还是与顾客交流和讨论问题的机制？

→ 你的公司是否针对社交媒体制定了相关政策，鼓励、限制或者禁止员工以员工身份参与社交媒体？公司在制定自己的政策时，是否浏览了其他公司有关社交媒体的政策？如果是的话，那些政策是怎样的？

→ 你的公司是否对Twitter、Facebook等社交平台进行监测，关注它们是否提及你的公司、你的竞争者以及你所处的商业门类？

◆ 如果你的公司、产品或者品牌出现在社交平台上，你们的解决方案是什么？

→ 在你所处的商业门类中，有一些具有高度影响力的评论者会发博客批判你的品牌、你的公司，以及你竞争对手的品牌。你是否已经找到了他们，并主动接近他们？你是怎样接近他们的？

第 6 章

控制不是明智之举

Extreme Trust Extreme Trust Extreme Trust Extreme Trust
Extreme Trust Extreme Trust Extreme Trust
Extreme Trust Extreme Trust
Extreme Trust

（咚咚咚……）

谁啊？

控制狂。现在轮到你说"哪个控制狂"了。

如果你把不值得信任的人看作是精神病患者，那么不懂得信任的人又叫什么呢？——控制狂。精神病患者和控制狂都属于精神紊乱，只不过表现出两种相反的症状。没人会信任精神病患者，而控制狂则不信任任何人。但是，不论我们处于互动的哪一方，电子社交技术普遍提高了我们的可信度，它就像一股涌起的浪潮，抬高了所有船的位置。也许这股浪潮不是很均匀，导致这里或那里的船出现一点小颠簸、小碰撞。但是，这股浪潮是按摩尔定律发展的，没有人能够阻挡摩尔定律发挥作用。

把信任延伸到他人身上，这个想法对于公司的主管和经理们来说着实可怕。对惯于欺骗和表现冷漠的雇员以及喜欢争辩的顾客来讲，也是一个噩梦。不让"管理者""管理"，大家怎么会有安全感？但是，这股涌起的浪潮必然会颠覆商业交易的权力等式。随着透明度的提高，顾客知道的东西越来越多，公司过去依靠信息封闭带来的每一个优势都将烟消云散，公司不再能够控制"已经出现"的信息。

本章中，笔者将会继续说明，在透明度高、可信赖的未来，公司的成功很有可能既依赖于自己的必信力，又依赖于对他人的信任。

控制的幻觉

每当你算计别人时，你的大脑会受到荷尔蒙和情感的各种冲击，这种不和谐的背后是我们随时"掌控局面"的强烈欲望。不可否认，每个人都有这种需要，这是一种生存的本能，如果你无法控制你自己，你就不是"你"。面对现实吧，我们可不希望别人认为我们"失去控制"。

作为具备思维能力的生物，我们习惯用因果关系来理解我们观察到的事件。每当我们看到一件事情发生时，本能的反应就是寻找原因。这是一种满足控制欲的方式——我们需要明白所处的环境"为什么是这样"。我们与生俱来的思维方式包括识别各种模式，长久以来，我们依靠探测各种模式的能力获得了明显的生存优势。想想在新石器时代，我们的祖先听到矮树丛里发出声响，这说明可能有捕食者靠近。虽然有时候（或许是绝大多数时候），这些声响实际上是无害的动物或风造成的，但是那些只要听到声响就躲起来的祖先一定能更好地活下来，并且繁衍更多的后代。而那些不躲闪的祖先则可能会突然发现自己遇到的真的是捕食者，无路可逃。从进化的角度来看，能够看到一种模式，即便它其实不存在（误判），也比存在某种模式却看不到（漏报）要好。

事实上，迷信的重要作用就在于它能解释一些看似费解的事情。幽灵、黑色星期五、黑猫、读心术、神迹、数字占卜术、塔罗牌或外星人绑架，都能"解释"一些巧合或者让人无法理解的事情，而且这些解释几乎总是能够挑战科学或逻辑推理。即使是无神论者也有自己迷信的一面，2002年一项针对英国居民的调查表明，尽管三分之一的人坦言自己不信仰上帝，绝大多数人还是相信，"通灵师具有强大的力量"。

20世纪70年代，西班牙一名男子特意挑选了一张尾数为48的彩票，结果中奖了。他得意洋洋地告诉别人自己的"策略"，说："我连续7天都梦到7这个数字，7乘以7就是48。"

尽管迷信可以说是不理性甚至荒谬的，但却能产生重要的心理作用，连那些迷信的仪式也能给我们带来些许"掌控局面"的安慰。这种控制的幻觉就像安慰剂，"是一种十分强大的机制，能让我们对伤害产生免疫"。

根据史迪芬·平克（Steven Pinker）的观点，"人们认为世界的本质是因果的——世界上发生的种种事情都能用这个本质来解释，一件事情与一件事情之间并非是独立的、互不相关的"。这就是我们大脑存储记忆的方式，因此，我们不仅仅用这样的方式看世界、记忆世界，也用这样的方式预测世界，从而形成了我们的信仰。

但是，世界在本质上是不可预测的，这也是它的奇妙所在。我们的认知能力模式尽管具有进化优势，但是很容易破坏我们的理性，影响我们看待事物的方式。首先，人类具有心理学家所说的"自利性偏差"（self-serving bias），它让我们看不到自己的缺点，从而让我们保持理智的状态。若是成功了，就会认为是因为自己能力优秀；若是失败了，就会找外部原因或者编造外部原因，而不愿面对自己的不足。我们认同别人做出的决定时，它们就好像是完全合理的；我们不认同别人的决定时，我们就说这些决定"不合逻辑"，或者"感性"，即相当于说——这些决定"太疯狂了"。

我们不自觉地接受和采纳这些视点，因为这样的视点保护了我们的心理健康。世界太过复杂荒谬，没有哪一个人可以完全理解，但是我们必须保持充分的自信，以保证我们大脑的正常运转。讽刺的是，真有那么一群人，他们对自己的缺点和不足有更加准确的认识。用一位精神病研究者的话来说："他们的自我认知更加平衡，能够更加公正客观地评价自己的成功与失败，对未来的预测更符合实际。这些人是活生生的证明，向世界展示了自知之明的危险，他们就是躁狂抑郁症患者。"（也就是说，一个极度理性的人——能够完全客观地进行自我评价，并且完全受自我利益驱使的人——可能会成为患躁狂抑郁症的精神病人。）

问题是，当我们把自利性偏差和控制的幻觉结合在一起时，得到的结果是：人们自信地认为自己的努力能够带来好结果，即便很多情况下这种感觉是不对的，而且会导致他们做出错误的决定。比如，有一个社会实验要求华尔街的交易者"控制"一盏灯的闪烁，但实际上这盏灯的闪烁是随机的。科迪莉亚·法恩（Cordelia Fine）这样报告实验的结果：

数据显示的结果非常有趣，那些越以为自己能影响计算机任务的交易者，在交易大厅赚得越少。据研究人员的分析，在控制幻觉级别上得分高的交易者，每年比那些得分一般的交易者少赚10万美元。

尽管实际上我们并没掌控局面，但我们仍然相信一切都在控制之中。正是因为人人都抱有这样的想法，所以大多数管理者高估了他们的行为带来的实际效果。

几乎90%的首席营销官认为，顾客对自己公司品牌的信任度不亚于竞争对手的品牌，甚至还要更多。

但是，我们相信自己的品牌是可以信任的，并不代表我们的顾客也这么认为，我们并不是不愿意说服自己，而是人类思维的另一个弱点是"事后聪明式偏差"（hindsight bias），即我们总是在事件发生之后高估我们自己对该事件的预测能力（这跟我们用因果联系看待事物有关）。正如有人曾幽默地说过："任何事，只要一发生，就会被厉害的历史学家说成是历史的必然。"事后聪明式偏差妨碍了我们评估管理者的业绩，影响了我们对管理策略和实践的客观评价。在我们为过去取得的成就而嘉奖和鼓励公司和选股人时，这一点表现得最明显。管理大师往往会对那些已经取得良好业绩的公司大加赞扬，但实际上（如果他们真的是大师）他们应该做的是预测哪些公司可能在未来取得良好业绩，而且最后证明他们是对的。

我们可以看一下比尔·米勒（Bill Miller）管理的美盛价值信托基金

（Legg Mason Capital Management Value Trust Fund）赢得的赞誉。从1991年到2005年，美盛价值信托基金连续15年跑赢标准普尔指数。《华尔街日报》报道说，一位基金经理连续15年打败标准普尔的概率为二十五万分之一（类似连续十五次抛硬币得到的都是同一面）。美国晨星公司（Morningstar）把米勒评为"十年一遇的基金经理"，《货币》（Money）杂志则称他为"20世纪90年代最伟大的理财大师"。但是，这不过是事后聪明式偏差，建立在对统计数据直观粗略的把握之上。实际上，通过对大约1000名基金经理的40年追踪，我们发现其中出于纯粹偶然因素至少出现一名连续十五年打败标准普尔的人的概率为75%。如果米勒在20世纪90年代初就因为接下来将取得的成就而成名，那才合情合理，等事情发生了再给他盛誉，就不过又是一则虚伪的因果故事了。果然，各种庆祝活动刚刚结束，美盛价值信托基金便很快衰落，回归均值是一个强大的吸引子。

拥有顾客信任的最大好处就是，管理者在处理公司财务随时可能出现的波动时，能够更加理性，目标也更明确。如果情况相反，则管理团队可能在出现这种情况时惨淡出局。信任是长期质量，意味着长期的经济利益。如果你专注于赢得和维持顾客信任，那么说明你已经对创造长期价值产生了重视。这样，你就不大可能沦为自利性偏差和事后聪明式偏差的受害者，在管理上做出错误的短期决定。人具有人性，你也具有人性，但这并不意味着你不应该意识到自己身上存在的人性的弱点。

信用卡、偏见，以及必信力

多年以前，公司和推销员就已经知道怎样利用人类的认识偏差实现自己的目标，而结果往往就是顾客遭到压榨。罗伯特·西奥迪尼（Robert Cialdini）于1984年出版了一本具有开创意义的书《影响力》（Influence），该书后来成为经典著作。书中西奥迪尼概括了推销员使用的六种不同的心理招数，说明他们是怎样把顾客的钱忽悠到自己手里的。在透明度较低的世界里，利用顾客情感和偏见的方法更为简单易行，因为在这样的世界里，信息的流动对公司有利，对顾客不利。

但是，随着世界变得越来越透明，那些值得依赖的公司将会认真关注顾客真正的自我利益，而不是利用他们的情感需要。一家主动做到值得信任的公司总会想方设法利用顾客天然的偏见为顾客服务——提高他们的生活质量，或者更好地解决他们的问题。

看一下信用卡公司是怎么运作的。大家都知道，信用卡公司成功的秘诀之一在于所有的信用卡用户都有一种天然的偏见——满足于短期即时的快感，不喜欢长期稳定地积累存款。正如我们在第3章中看到的，2008年金融危机爆发的部分原因正是由于我们对于短期主义的内在偏爱。信用卡公司[①]很大程度上是靠迎合这种偏好赚钱的。比如，麻省理工学院的两位教授曾经做了这样一个社会实验，他们拍卖波士顿凯尔特人队的比赛门票，并且告诉一半的参与者必须用现金支付，另一半的参与者必须用信用卡支付，在对各组的出价进行平均之后，发现使用信用卡的一组的平均出价要比现金组高一倍。

显然，非理性的短期思维不符合顾客的利益，但是在传统的信用卡商业模式下，许多顾客会沦为非理性短期思维的受害者。实际上，最不让公司赚钱的信用卡用户就是那些每月还款、从不缴纳滞纳金的人，这也是为什么这些顾客反而成了信用卡公司眼中的"赖账者"。

但是，如果一家信用卡公司是真正值得依赖的，它会怎么运作呢？一张会主动做到值得信任的信用卡会是什么样的呢？首先，它非但不鼓励消费和

---

① 在使用"信用卡公司"这个词时，我们不仅指银行和金融机构，还包括那些为自己的顾客发放专属信用卡的商店和公司。——原注

借款，反而会建议顾客合理消费，有节制地使用信用卡。（这就像公共事业公司会提醒你出门的时候关灯或者调节空调温度。）为了使顾客能还清欠款，它会提供一些激励措施，比如当贷款金额减少时降低贷款利率；它会小心避免过多地从滞纳金中盈利，因为那就说明公司的模式存在缺陷；它也可能会为按时还款的人提供额外的奖励。

想象一下，一家拥有高度必信力的发卡公司为你提供了一张信用卡，它非但不会利用你满足一时快感的偏差，反而精心为你炮制出一套激励方案，增加你的长期存款。比如，它会给你提供一个储蓄账户，每个月根据你的账单，收取一笔额外的钱存入这个账户。这样，你在当下消费得越多，为将来存储的也越多。比如你的信用卡每支出一美元，就有5美分进入储蓄账户（或者你可以自己设定一个比率）。

为了帮你控制你的挥霍无度，值得依赖的信用卡公司可能会要求你每月制定开支预算，然后每个月发短信告知你已经"用光"了预算。如果到月中的时候你的支出已经超出预算，那么至少你会知道。

要按这种方式运作，信用卡公司就不得不改变自己的商业模式。不顾客户的利益鼓励他们借款和消费可以创造大量的短期利润，所以一家信用卡公司既想做到值得依赖，又想生存下去，就必须想出如何通过更多顾客友好型的活动来赚钱。比如，Discover公司的Motiva Card会把返现奖励计划中的一部分作为每月按时还款的奖励。

据笔者所知，刚刚描述的那种值得依赖的信用卡公司目前还没有出现，但我们预测它将来迟早会出现。因为随着透明度的提高，一定会有某家信用卡公司把必信力转化为竞争优势。而且一旦它取得成功，其他的信用卡发行公司也将不得不寻找途径，积极主动地为顾客提供类似的信任水平——"必信力"。

社会关系、鸡尾酒会和系统

控制幻觉和我们其他所有的天然偏见已经让处理社会关系变得非常棘手，而现在越来越高效的连接则让事情变得越发困难。人与人之间的联系形成反馈回路，反馈回路又产生了复杂的系统，而复杂的系统是无法预测的。

我们都听过专家把电子社交现象类比为鸡尾酒会，那我们就从这里开始讨论吧。在鸡尾酒会上，有些客人比较活跃，会主动跟很多人谈话，另外一些人围在他们身边；还有一些人——绝大部分人——则主要做看客和听众。酒会上，好的谈话都是随心所欲、自然流露的谈话，所涉及的内容方向很多，依参与者的兴趣和精力而定，当然如果有主持人的话，也会受到主持人介入的影响。有些人即便话不多，也不代表他们玩得不开心。

人们和他人互动，形成了一个由个人参与者组成的"复杂系统"。不管是鸡尾酒会还是在线社交网络，复杂系统都不只是各部分相加之和，它的行为会受到正负两种反馈回路的驱使，整体的结果往往很难预测或者不可预测。鱼群同时转向或者经济数据周期性上升或下降——这些都是系统行为，但是我们几乎不可能知道这些变化会怎样快速或突然地出现。《华尔街日报》曾经回顾自1982年起顶级经济学家所作的预测，结果发现"专家"准确预测利率涨跌方向（更不要提涨跌幅度了）的平均概率为22%，远没有抛硬币来得准确！

试图管理一个系统（比如社交网络）存在的困难是，反馈回路维持系统的长期稳定性和适应性，但其行为的背后是一种看不见的逻辑。比如陀螺这个系统受到各种潜藏因素的影响，包括角动量和惯性。这些影响因素通过一系列反直观行为互相影响，任何一名学过科学课的小学生都知道，如果你在陀螺的上端用力一推，陀螺非但不会朝你用力的方向运动，反而会往旁边运动，原因就在于整个系统的受力方式。跟推陀螺一样，如果你试图控制某个系统的行为，就很有可能失败，因为系统的反馈回路会产生意想不到的效果。

　　负反馈回路对事物起阻碍作用，就好像冬天一旦室内温度上升到一定水平，恒温器就会自动关闭壁炉。许多政策行为带来的意想不到的效果也可以用负反馈回路来说明，我们可能会为减少非法毒品的供应而加大对贩毒者的惩罚力度，可是这样却导致毒品的价格上涨，让毒品交易变得更加具有诱惑力。再比如，为了缓解交通拥堵，我们会为高速公路新增车道，但是这也意味着沿路的房子会更加具有吸引力，于是一旦增加车道的计划制定下来，路边马上就会有更多的新房子建起来。在社交网络，一旦有人在维基百科上贴出一篇带有偏见或者信息不准确的文章，其他人就很有可能会对其进行修改或者直接将其删除。

　　正反馈回路则会以另一种方式推动系统的行为，它非但不会混淆结果，反而会强化结果。在房地产市场，房子因为具有价值而可以用来申请更高的抵押贷款。但正是由于它可以用来申请更高的抵押贷款，所以它才具有更高的价值。在社交网络中，正反馈回路会带来串联效应，当一个人的观点得到高度评价时，别人给它的评分就会很高，这样一来，之后的人对它的评价就会更高，于是更多的人会给他很高的评分。股市泡沫期，较高的股价只会带来更高的股价。

　　复杂系统中正负反馈回路的互动，很容易让整个系统的行为变得无法预测。系统的活动可能是稳定的、可预测的，也可能轻微地上下振动，甚至是前后左右、四面八方疯狂地摆动，完全不可预测。这样的结果给我们人类的直觉带来了挑战，我们认为陀螺不应该朝我们用力方向的旁边运动——难道不是吗？结果必然是由一定的原因引起的，于是我们寻找系统起伏运动的原因。相信你已经很多次听说过类似的例子了，有人说某天股票价格出现震荡，是因为新发布的一项经济报告或者某公司的盈利报告。但是，模拟实验最终告诉我们，即使不存在任何外在影响因素，股市还是会周期性上下波动，它的系统行为就是震荡。当然，这不是说经济新闻不会影响市场行为，而是说，即使没有任何新闻，股市还是会震荡，这就是股市。同样，州际公路上即使不发生事故或者存在其他障碍，繁重的交通还是会时而加剧时而缓解。

尽管我们可能接受系统行为具有根本的不确定性，但是我们仍然希望从系统的振荡中找到某种模式。作为人，我们做的就是这个——寻找模式。而且，借助现代化的计算机对复杂系统进行模拟，要想找到这样的模式确实并不那么困难，如我们已经发现了幂律、递归增长、分形、菲根鲍姆常数以及斐波纳契数列。然而，发现这些模式并不意味着我们能够对系统未来的行为做出有效的预测。德内拉·梅多斯（Donella Meadows）在她一本名为《系统之思》（*Thinking in Systems*）的书中发出了这样的警告：

在工业化世界里长大并热衷于系统思考的人们，很可能犯一个严重的错误。那就是他们会认为，在计算机具有超强能力的时代，系统分析以及互联互通是预测和控制问题的钥匙。他们之所以很可能犯这样的错误，是因为在工业化世界中，人们的心态就是认为一定存在一把钥匙，可以开启预测和控制的大门。

管理者们之所以认为有一把钥匙能预测和控制，是因为他们确实遇到过许多可控的情况。这些情况之所以"可控"，就是因为他们找到了预测和控制的钥匙。工程师运用数学解决问题时踌躇满志，财务分析师计算价值、制作成本表格、预测销售趋势时同样充满自信。如果我们对一群顾客过去的行为和交易做过追踪和分析，那么跟他们打交道的时候完全有可能对他们的行为倾向做出有效的预测。我们不难从顾客的行为模式中推断出，有些顾客在购买杂货时偏好高档品牌，有些则喜欢大众品牌。同样，我们也不难预测出，广告预算增加a，人们对产品的印象会增加b；产品打折x，销量会增加y；一些手机用户在接下来的三个月内换号的可能性比另外一些用户高75%。

因此，当我们在社交网络中碰到一个经济周期或者一种情感模式时，我们总是想把它拆开来看，企图通过研究系统中单个的组成部分来弄清问题。2007年，《华尔街日报》的研究员对六大共享合作网站上的25000篇用户文章进行了分析，结果发现，每个网站上影响力很大的人只占参与者的极少一部分。比如，Netscape的用户超过100万人，但是最受欢迎的帖子当中有13%都出自同一个人；Digg的用户达到90万，但是那些因为评价很高而被放到主页上的文章，有三分之一出自固定的30个人。于是，《华尔街日报》的研究员决定找到Reddit网站上一名叫亚当·菲勒（Adam Fuhrer）的用户，他是一名博主，文章在Reddit上拥有最广泛的读者。《华尔街日报》想要弄清楚，为什么他关于软件和法律问题的观点会被用户大加追捧，结果发现亚当年仅12岁，和他的父母一起住在多伦多。

因此，如果你跑来要我们找到下一个亚当·菲勒——这是一个完全不可能的任务，就好像叫我们预测明年5月12日迪比克（Dubuque）是否会下雨，或者鱼群在什么时候会一起转向。这样的问题是"不可运算的"——意思是，不仅现有的计算机能力不可能解决这些问题，而且即便把世界上所有的计算能力联合起来，也永远不可能解决。

但是另一方面，我们又有相当的自信可以说，下一个亚当·菲勒一定会出现，正如每一个社交网络一定会出现几个影响力很大的参与者，也正如迪比克迟早会下雨，鱼群迟早会转向那样，这样的事情都是可以预测的。

这一点是很多管理者无法接受的。毕竟，传统的企业归根结底是一套行为法则而不是一场社交对话，尤其是营销的法则，它是完全可以掌控的。你永远也不能拿它跟鸡尾酒会相比，因为酒会上不同的参与者可以自由地参与讨论。社交互动具有社会性，每个参与者都要对其他参与者保持关注，并且对他们的行为做出反应，因此，控制或管理系统的努力在很大程度上会被反馈回路颠覆。

如果顾客与顾客之间是独立的，我们就可以用统计数据对他们的行为做出很好的预测，但是事实上他们之间大多数人形成互动，而互动越频繁，他们的行为就越难预测。就像漏水的水龙头里滴出来的水滴或者天边的雨云，社交人群中的意见和情绪肯定时不时地会出现，但是具体什么时候出现，以什么程度出现，这些都无法预测。

电子口碑传播有一个特点，那就是系统的反馈回路很容易带来某些情绪，这些情绪一波又一波，来得很快，完全不可预测，但是影响又很大。这也就是所谓的无法预知的振荡，而且这种振荡可以在几天甚至几个小时之内活跃起来。在相互联系的复杂系统内部，一旦反馈回路开始生效，整个系统可能会立即产生某种反应，但也有可能不会。它对公司的启示是，如果你不能对公司以及公司品牌和产品的口碑保持实时的关注，你就永远只能听任电子社交系统变幻莫测的摆布。

2008年年末，布洛芬止痛药（Motrin，强生旗下公司品牌）发起了一项广告运动，广告呈现了一群新生婴儿的母亲用背带背着自己的宝宝，想要表达婴儿背带是一种时尚的标志。广告说，把宝宝背在身上是一件很辛苦的事，但是背带"让我看起来像是一位真正称职的妈妈"。这则广告在9月30号发布，不到几个星期就激起了一些母亲的愤怒，因为她们觉得这则广告是对她们的一种侮辱，宝宝不是时尚配件，当母亲也不是儿戏。或许是因为很多被激怒的妈妈都使用Twitter（Twitter在当时相对较新）而非Facebook或其他的工具，这种负面情绪跟挑剔的大众相遇时，它在11月份的一个周末一下子沸腾了起来。社交媒体评论员达伦·贝尔富特（Darren Barefoot）和朱莉·萨博（Julie Szabo）是这样描述的：

一切就在星期五的晚上爆发了，这时候，营销部门的职员已经回家度周末了。啊，他们将会面对一个怎样的周一啊！在网络上，48小时就等于永恒。到了星期天晚上，布洛芬的新闻到处都是，同时还流传布洛芬是否会做出回应、是否会道歉，甚至建立一个危机博客的种种猜测。所有这些损害都是两天之内造成的，布洛芬不仅不得不撤销电视广告和相关的平面广告，还得请求妈妈博主大军的原谅。

最后，布洛芬公司在它的网站上贴出了营销副总裁的官方道歉书。就跟先前的争议突然爆发一样，这封道歉书迅速传播开来。（然而，贝尔富特和萨博提出了很重要的一点，如果布洛芬的道歉书是以文本的形式出现在网上，那么它传播的速度本来会更快，采用图片形式增加了博主和在线媒体传播它的难度。这的确是从社交媒体文化角度给大众提出的一个不错的建议！）

史泰博（Staples）项目流产，失败于概率事件

即便管理者付出再大的努力，希望通过顾客推荐或者口碑营销来创造价值，博客圈随机的、无法预测的振荡也可能会轻易将其摧毁。不管你的产品有多好，让顾客在自己的网站上进行评价是一回事，让顾客向他人推荐自己的产品则是另外一件事。即便是最好的、最精心设计的口碑营销项目，也很难实施，因为意见的潮流不管是不是批评性的，都会随时突然出现，无法预测。

几年前，办公用品零售连锁公司史泰博发起了一个名为"随口说"的口碑计划，以鼓励公司最具价值的顾客在他们的同事和朋友之间传播史泰博产

品的优点。史泰博利用会员卡里的购物记录，找到最常光顾、消费最多的顾客，邀请他们加入"随口说"计划。随后，公司每个月会给加入的成员寄一包免费样品和一篇吹捧式的文章，里面列举了各种产品的好处。史泰博希望项目成员在跟别人偶尔聊起产品时，能够用到这些要点。

然而，这个计划不仅打扰了顾客的生活，公司也没有后续跟进，根本不知道顾客到底有没有向别人推荐。除了免费样品，史泰博既没有给项目成员额外的奖金福利，也没有试图对成员进行追踪，看他们是否真的向他人推荐了产品。换句话说，史泰博表面上设计了一个对用户非常友好的项目，至少从隐私和共享的角度来看，他们没有做错任何事情。他们没有粗俗的商业动机，没有违反共享精神，也没有做出监视顾客这种不恰当的行为。

尽管这个计划建立在信任的基础之上，而且设计得十分用心，"随口说"还是很快成为众多顾客博客网站和媒体争议的主题。一篇报纸上的文章甚至称它为"一个秘密的——甚至鬼鬼祟祟的——营销计划"。不出所料，人们对"随口说"项目的兴趣大幅下降，很快这个项目就被取消了。

不过回过头来看，事情原本可能很容易朝着另一个方向发展。其他公司也发起过口碑计划，但是却没有引起这么大的关注度，也没有引起任何抗议，"随口说"计划遭遇的口水战似乎是随机的。那么，史泰博要怎样做才能增加这个项目成功的几率呢？事实上，它可以做的有很多。不要着急，本章结尾处，我们会回到这个故事。

雀巢与绿色和平组织的智慧较量

尽管电子社交网络正变得越来越强大和充满活力，但控制的欲望如同恶习，仍然妨碍着很多公司加入现有的电子社交网络。到2010年年初为止，雀巢公司以及它在Facebook上建立的粉丝页面似乎都进展得很顺利，然而绿色和平组织发起的一项运动让雀巢自己的粉丝对它发起了攻击。绿色和平组织利用Facebook来获取支持，阻止雀巢公司在产品当中添加损害环境的棕榈油。他们把雀巢奇巧巧克力的品牌标志替换成了一个"杀手"标志，重新塑造它的品牌形象，并制作了一段录像放到YouTube上，用来贬损雀巢公司的不环保行为。

　　雀巢公司公关部门和营销部门的第一反应是，努力控制这场不守规矩、具有威胁性的讨论。公司和YouTube取得联系，从YouTube上删除了这段视频，理由是绿色和平组织捏造的标志危害了雀巢的商标。但是，这段视频显然早就在网络上广泛传播开来了，人们仍然可以从其他诸如Virmeo等网站上轻易找到。（可以说，尿已经撒在游泳池里了。）

　　对于雀巢而言，情况变坏从这时就可预见了。公司在Facebook上的一些粉丝开始发帖评论，支持绿色和平组织的视频，并且鼓励其他人加入到运动当中，给雀巢施压，让它停止收购棕榈油。还有一些粉丝自己对雀巢的商标进行修改来丑化雀巢公司。雀巢公司里那些倒霉的控制狂们为压制这场讨论，采取了一系列使事情升级的行为。现在回过头来看，这些行为显得非常幼稚和徒劳。他们删除了Facebook公司粉丝页面上出现的批评性评论（就好像他们以为大家不会发现），甚至指出一些批评者评论中的拼写和语法错误。这样的做法当然只会让情况恶化，让问题的余烬迟迟得不到平息，并最终引发严重的灾难。一次原本可能增加顾客参与的机会，变成了一场五级公关危机。

　　事件愈演愈烈，开始发展到主流媒体，很快，在公众的压力下，雀巢不得不对绿色和平组织的要求屈服。几天之内，公司宣布不再使用棕榈油。但是，从雀巢公司的行为中我们可以很明显地看出，营销人员——至少是负责社交媒体这一块的人员——直到事情快要收尾时，才意识到控制不是明智之举。

> 你不能靠律师来解决社交媒体方面的问题。

　　如果你的企业在Facebook上创建了一个粉丝页面用来展示自己的品牌，让最具价值的顾客参与讨论，那么作为一名管理者，你的第一想法可能是控制好这个页面的运作，确保页面上所显示的内容准确无误，就跟你负责一次广告宣传活动或一个新闻发布会一样。雀巢公司在Facebook粉丝页面所犯的错误，归根结底跟沃尔玛在他们的博客上犯的错误一样。品牌信息和营销信息总是从营销者最先发布的，认真负责的营销者总是把确保品牌无恙当做自己的责任，毕竟，这就是为什么我们称其为品牌"管理"。

　　但是，正如《纽约时报》前广告专栏作家、美国互动广告局（Interactive Advertising Bureau）现任总裁兰德尔·罗滕伯格（Randall Rothenberg）所说："你不能控制对话，你只能加入其中。"如果你想让顾客加入互动性的对话当中，你就不能垄断讨论，否则它便不再是讨论而是"演讲"。当然，你也不能诉诸暴力。你能想象自己在鸡尾酒会上，为了解决异议而让你的律师把对方赶出去吗？

　　雀巢的故事永远地留在了网上，将会永远伴随着这家公司。我们希望，商学院的教授们能够把它作为一个案例，说明企业怎样才能避免与顾客的新力量交锋。（不幸的是，现在这样的案例太多了。）但如果雀巢公司当时采取了不同的做法，是不是就会取得更好的结果呢？请往下看……

Facebook的经验教训

Facebook毫无疑问是社交媒体的巨擘。美国总人口中有35%会登录Facebook，另外16个国家中登录Facebook的用户也占到各国总人口的30%，世界上超过5亿用户平均每天的登录时间超过一小时。然而即便强大如Facebook，也得学习如何摆脱控制谈话的欲望，而且它经过几次尝试才最终找到答案。2006年到2009年发生的一系列事件，让Facebook知道自己是无法"控制"自己的，控制权掌握在用户手中。

2006年，Facebook引入了"好友动态"功能，当时它的用户已经积累到了940万。在那之前，用户想要知道朋友的情况，必须挨个访问每个人的页面，并人工搜寻其中的变化——他们感情出现什么变化了吗？他们参加了什么活动没有告诉我？我们之间有一位共同好友，而我之前不知道吗？因此，Facebook创建了好友动态功能，把相关的更新通知推送给好友。通过一套复杂的运算，Facebook能够判断出哪些动态更新对哪些好友来说非常有趣，哪些动态更新跟哪些朋友有关。好友动态功能的设计，就是为了省去用户挨个点击查看好友页面的麻烦。

然而，公司发起的这项新服务很快遭到了绝大多数用户的反对。事实上，该功能收到的第一条反馈信息就是"把这玩意儿关掉"！而且，用户反馈信息中只有1%是正面的。随着负面情绪继续发展，用户们组织起来形成了500个不同的Facebook小组。从这些小组所取的名称当中就可以看出用户的愤怒，比如"新Facebook的设计烂死了！！！""查克·诺里斯（Chuck Norris），快把我们从Facebook好友动态中解救出来吧！"仅仅72个小时，最大的反好友动态小组"大学生反对Facebook好友动态小组"的成员人数就发展到了75万，而且Facebook有10%的会员用户都选择加入了这些小组当中的一个或多个。（当然，很讽刺的是，所有这些用户小组都是通过Facebook的好友动态功能组织和发动起来的。）

公司的第一反应就是镇压和控制形势。好友动态功能启动大约24小时后，Facebook的首席执行官马克·扎克伯格就发表了一篇题为《冷静下来，深呼吸，我们倾听你的声音》的博客。他在帖子中试图跟这群"暴民"讲道理，描述好友动态功能的好处。他说，好友动态里的所有信息都是好友能够查看到的，以前人们还得花时间才能查看到这些信息。但是，抗议仍然继续，甚至发展到了其他的媒体。两天之后，扎克伯格迫于压力不得不发表了另外一篇博客，这一次他满足了用户的要求，说："我们没有做好解释新功能的工作，更糟糕的是，我们还企图控制你们……我们没有立即对隐私进行合理的控制，这是我们犯下的严重错误，我对此感到很抱歉。"只有当扎克伯克做出道歉，放弃了对会员的控制后，骚乱才平息下去。好友动态功能被撤销，并在经过升级隐私控制后才再一次启动。

2007年年末，Facebook犯了一个类似的错误，这一次是因为它引进了"灯塔广告产品"。当时Facebook的用户人数已经达到将近6000万，但是有68000人（仅占总人数的0.1%多点）加入了一个反对该产品的小组。三个星期之后，Facebook再一次撤销了该服务，把其中的一些功能合并到了后来启动的"Facebook连接"服务中。2009年年初，Facebook又一次爆发了危机，因为其法律部门对网站的服务条款进行了一个看似无关痛痒的重新设计。三天之内，一个自称为"反对新服务条款小组"的组织便成立了，并且发展了10万名成员。这一次，扎克伯克立即宣布Facebook恢复使用旧的服务条款。随后他还邀请用户加入一个新成立的小组，讨论新服务条款应该怎样制定，并且承诺将通过用户投票决定是否实行新条款。这些行为毫无疑问很快就平息了争议。

其他公司该从Facebook身上吸取什么教训

在过去的几年当中，Facebook一直都在吸取教训，学习如何在电子社交环境中生存和发展。它学会了大众永远是胜出的一方，所以要跟大众合作，不要跟他们作对；犯了错误就要道歉，要诚实；情绪的产生是很突然的事情，因此要学会灵活，并且及时做出反应。

对于任何想在电子社交领域中占有一席之地的企业来说，这些教训都是有益的，不论是解决社交媒体激起的公关问题，还是想让更多的人通过口碑推荐公司的产品，或者是单纯地想提高品牌在顾客中间的声誉。

那么，史泰博当初应该怎样做，结果才会不一样呢？我们现在来重新讨论一下史泰博的"随口说"顾客口碑计划。这个项目一被公开，史泰博就无法阻止接连不断的负面的新闻报道，最早是博客和一些主流媒体对该项目的零星描述，而这些零星的描述在电子社交对话中产生了连锁反应，完全超出了史泰博的控制。然而，如果当初这家公司就知道社交媒体系统很容易受舆论和复杂系统回路的影响，那么在启动项目之前，它是否会采取不同的做法来提高项目成功的概率呢？

公司必须认识到，只有当公司有良好的愿望并获得了它的最佳顾客的支持时，这样的项目才能获得成功。事实上，口碑项目要获得成功，必须使史泰博的最佳顾客成为它的主人。因此，这个项目不应该像史泰博设想的那样只寻找和关注少数几个价值高的顾客，评估他们可能对哪方面有兴趣，而是应该主动招募一批顾客，由他们自己来设计和制定该项目。

顾客设计的"随口说"项目不一定会跟当初实际启动的项目类似，但是它一定具备项目原来不具备的一个特点：共享的血统。如果史泰博真的想跟顾客进行互动式的对话——真的加入并参与对话，而非控制对话，那么他们当初就应该这样做。如果当初他们这样做了，当第一批负面博客帖子和新闻报道出现的时候，史泰博的顾客都会为项目进行辩护，因为这个项目最开始就是由他们设计的。

但是，只让具有高价值的顾客参与还不够，主导项目的顾客必须一开始就具备良好的社交关系和影响力。他们必须是受其他顾客尊敬的人，他们的朋友圈或者同事圈必须跟其他的圈子有交集。比如，公司可以请几个在博客上活跃的小企业主和舆论领袖来帮助它制定项目。（要影响这些有影响力的人，史泰博可以遵循第5章的"ARIA"原则。）

重要的是，这些顾客之所以具有高度的影响力，不是因为他们向别人推荐产品，而是因为其他顾客觉得他们很有帮助，所以他们不会跟那些破坏这一角色的公司合作。史泰博在招募具有高度影响力的顾客之前，首先要通过自己的必信力证明自己是值得信赖的，除非史泰博能一直帮助顾客解决问题、满足需要，否则就不要指望那些具有影响力的顾客会把它当作供朋友或追随者使用的资源。这意味着史泰博的行为必须完全从顾客的利益出发。一个口碑项目要想获得成功，必须让这些具有高度影响力的顾客真心希望公司繁荣，因为只有公司繁荣发展了，它的支持者才能从中得到好处。

问题是，史泰博公司是不是拥有足够的必信力呢？可悲的是，没有。不要误会，史泰博的商店当然是干净整洁的，产品价格公正，服务也够好。但是，除了那些一排一排摆放整齐、标好价格、方便拿取的零售产品之外，它几乎没有为顾客提供任何额外的服务。事实是，如果这个世界没有了史泰博，任何人都不会真正感到悲伤，因为还有像欧迪办公（Office Depot）、麦克斯办公用品（OfficeMax）或者其他竞争者存在，它们完全可以填补史泰博的空白。

所以，问题是，史泰博怎样做才能事先建立起自己的必信力呢？说真的，要做的事情太多了。作为著名的办公用品零售商，史泰博可以很容易利用自己的名声，为顾客提供服务、帮助、建议和商务咨询。假若在发起口碑运动之前，史泰博就已经在自己的网站上帮助企业主和企业产品采购员更好地实现了自己的需求，情况会是怎样呢？比如，网站可以提供：

◎ 顾客对所有史泰博产品的评价和评分，由公司担任管理员和公证人的角色。

◎ 针对小企业、大型企业的行政主管、政府组织和非营利性组织，分别开辟讨论小组。这样，史泰博的不同用户就能找到有类似问题和需求的顾客，互相交流。

◎ 对如何管理办公用品和耗材库存提出建议，涵盖从纸张、信封到桌椅、钢笔、手提电脑和打印机硒鼓等所有用品。其中的一些建议应该来自于其他顾客，所以公司应该主动请求顾客评论回答。

◎ 办公用品库存管理工具，以及其他一些用来降低成本的应用。

◎ 建立用品自动补给系统的方法和更好的快递选择。比如主动提醒需要哪些墨盒，以及什么时候需要。

关键在于，如果史泰博建立起了必信力，真正想帮助自己的零售顾客，而不只是向他们销售产品，那么它不仅会很容易招募到具有高度影响力的顾客，而且很多具有高度影响力的顾客会希望它成功，因为它能给企业主、行政主管以及其他专业人员提供的帮助实在太多了。

那么，雀巢公司当初应该怎样做，结果才会不一样呢？雀巢奇巧巧克力事件全部发生在该公司自己的Facebook粉丝页面上。我的天啊，这个在线空间可是专门为雀巢品牌最忠诚、最好的顾客开辟的，可是为什么他们中的大多数人都没有为公司辩护呢？这不是让人感到很迷惑吗？

我们当然必须认识到，绿色和平组织的攻击是一个完全无法预测的事件。绿色和平组织只是恰巧因为这个特殊的事情而抓住雀巢不放，但是其他很多公司的政策也对环境产生了严重危害（至少在绿色和平组织看来）。这件事本来也有可能发生在其他公司身上，但这一次，没办法，雀巢撞上了。

当群众已经被动员起来时，雀巢公司就应该认识到，至少在公关战线上他们已经基本输了。这并不是说群众就是对的，而是说群众的力量更强大，他们迟早会获胜。所以，如果雀巢不是努力地想去"控制"这场讨论，想要扭转几乎不可能改变的结果，而是主动向这场运动中最有影响力的人伸出橄榄枝，结果会怎样呢？既然这场争论总归是输了，那么如果，比如说，雀巢公司宣布暂停使用棕榈油，情况基本就不会继续恶化。要是再发表一个合适的公司声明和道歉，就相当于是献上了一份"谢罪礼"，对方也就无话可说，只好作罢了。（不过，如果只是立即停止使用棕榈油而不道歉的话，可能会被当作是软弱的标志，会引起激进分子的进一步攻击。我们将在第7章更详细地探讨应该如何道歉和表现出自己的弱点。）

这样做就可能暂时平息人们的怒火，至少为雀巢公司赢得时间，让它可以跟那些活跃的、感兴趣的顾客对话，更仔细地考虑这个问题背后所涉及的科学和经济问题。Facebook让用户参与到公司服务条款的修改和投票中，最后出炉的新政策仍然基本满足了Facebook最初的所有要求。雀巢公司的情况可能有一些不同，因为棕榈油的使用问题涉及复杂的技术和工程细节，比起Facebook更加直白的法律条款问题，它们对于很多人来说更难以理解。但是，同顾客进行一场理性的讨论肯定是有好处的，而且谁知道一群"粉丝"会提出什么样的想法呢？也许他们中的某个人能提出一些非常创新而又实用的主意呢——但是现在，雀巢公司永远不可能知道了。

雀巢不应该把它认为过于尖锐的批评删掉，而是应该积极参与到对话里；它不必表现得过分忏悔或谦卑，也不必过分为自己辩护，只需要表现得真诚；它可以把意见双方最有用、最有思想的帖子公开以赢得公信力，也许它甚至可以从反对的顾客当中挑选一两名管理员，帮助组织一场讨论，让参与者用一种更客观、平和的心态参与其中。

当然，这个问题的关键基本上跟史泰博的一样。如果雀巢公司更认真地对待顾客，和他们对话，顾客就会认为它是值得依赖的吗？答案还是否定的。

在这场电子社交对话中，雀巢公司如果想要产生吸引力，就必须事先在顾客中建立必信力。参与讨论的每一个人当然都了解雀巢的商业利润受到了很大的威胁，除非公司拥有必信力，否则没有人会相信公司所说的话。遗憾的是，雀巢公司并没有建立起这种必信力。

我们不是说雀巢这家公司不好。它已经做得很不错了，雀巢是一个备受尊敬的品牌，但是在提高必信力方面，它确实没有投入太多时间和努力。它受人喜爱吗？是的。质量有保证吗？是的。大众熟悉度高吗？当然。很受欢迎吗？这更不用说了。但它的真实度、透明度、必信力如何？就不怎么样了。按照人们的传统理解，如果某个品牌具有很高的品牌价值，人们总是第一个想到它，那么这个品牌就是好的，但这并不意味着该品牌就是值得依赖的。

那么，在这次争议发生之前，雀巢应该怎样建立起自己的必信力呢？归结起来，就是要从用户角度出发，而不是从公司的角度出发。雀巢的产品能满足顾客的哪些需求？在满足顾客需求的时候，雀巢怎样做得更好？绿色和平组织的抗议只跟巧克力有关，但是雀巢的品牌却涵盖了广泛的种类，包括宠物用品、婴儿食品、冰激凌甚至体重管理服务。它面临的虽然不是如何解决办公用品存货或商业问题，但是仍然有很多工作可做。如果雀巢的客户网站上包含以下内容：

◎ 饮食指南。将雀巢巧克力产品同其他品牌产品进行客观对比，比较它们的卡路里和脂肪含量。

◎ 鼓励父母和儿童把巧克力当作营养膳食生活中的犒劳品，就跟"适量饮酒"一样。

◎ 介绍食谱、烹饪以及具体做法的页面，顾客参与贡献将会获得奖励。

◎ 有关巧克力的故事和视频，并通过比赛评选其中最具创意的、最好玩的作品。

◎ 风味测试和配方比赛。尝试各种不同配方，比如加棕榈油的、不加棕榈油的，展示雀巢在开发更健康的、更负责的而且仍然好吃的巧克力方面所取得的进步。

◎ 社会责任讨论小组，预先强调环境问题。

像雀巢这样组织庞大、结构复杂的公司，要做出"快速反应"是非常困难的。仅仅是决定停止使用棕榈油这件事，就和制造铅笔一样复杂。雀巢带给其他公司的最大教训就是——一旦公司实施了"聆听"计划，监控Twitter、Facebook等社交平台上出现的与公司品牌有关的事件，就不要试图在庞大的公司内部找到该事件具体的负责人，因为这一点往往太难实现了。

例如，2008年弗兰克·伊莱亚森（Frank Eliason）帮助发起了康卡斯特（Comcast）关怀计划。这一计划广受关注，它旨在允许康卡斯特这家庞大的有线电视公司监测Twitter等社交媒体和微博网站，发现顾客的问题和投诉。伊莱亚森和他的团队频繁地搜索这些社交媒体和网站，看有没有提到康卡斯特的名字（以及其他有关的绰号），从而能够在顾客打电话到呼叫中心投诉或者问题升级到更严重的地步之前，及时地发现顾客的投诉和问题。尽管及时和诚实地对投诉者做出回应对缓和糟糕的处境大有帮助，但是弗兰克告诉笔者，他的团队似乎把绝大部分的时间（他估计是90%的时间）用在确定公司内部应该由谁对出问题的环节"负责"上了。要知道，康卡斯特公司包括一系列公司、运营部门和子公司。

然而，不管有多困难，你若是想在必要的时候在顾客面前展现出真正

"人性的面孔"，快速做出决定是非常重要的。要是反应慢一点，看起来就会像政府官僚，甚至更糟——像精神病患者。因此，除非你想让每一个类似的危机都迅速升级到非要CEO出面解决不可的地步，笔者建议你可以考虑针对社交媒体问题进行"消防演习"。许多公司已经针对其他的公关问题采取了这样的"消防演习"，正如一位评论员这样建议道：

> 社交媒体危机和"现实世界"危机的主要区别在于（尽管在现代社会，一方的发生往往会引发另一方），大多数公司还没有确定自己的"通信协议"。一旦你的品牌在社交媒体上发生了危机，公司里谁是负责发现问题的人呢？他们会向谁汇报？谁又需要得到提醒和通知？正如大多数公司为线下危机制定了呼叫列表和警报流程一样，你也必须为社交媒体建立类似的流程。

如果雀巢公司为提高他在顾客中间的必信力付出了努力，并且在绿色和平组织攻击之前就针对可能出现的社交媒体事件进行了几番"消防演习"，那么公司完全可能在名誉不受任何损伤的情况下，走出危机。

如何利用员工自主性建立必信力

"劳动力分工"是一个经济概念，它指的是企业或组织把复杂的任务分解为具体的步骤，让不同的人或机器完成不同的步骤，从而产生经济效益。比如要生产一支铅笔，有的人负责切割木头，有的人负责采掘石墨。然而，从另一个极端来说，劳动力分工也有不好的一面。弗雷德里克·泰勒（Fredrick Taylor）的科学管理理论具有里程碑式的意义，它之所以著名，是因为它提出了一个颇具争议的论点：最佳的劳动力应该是不会思考、不知疲倦的机器——它永远不会质疑命令，只会遵守命令。亨利·福特（Henry

Ford）也一度抱怨道："为什么我只需要一双手帮忙的时候，我必须得招募一整个人？"

现在登台的是卡尔·马克思。马克思主义理论的基本观点是，人们天生不喜欢重复性的专业化工作。它不仅阻隔了工人和他们组装的成品，也阻隔了他们自身，阻隔了人的本质。然而今天，工人们不是"被阻隔"，而是"主动脱离"[1]，他们宁愿听iPod，也不愿意听老板的话。

但是，另一方面，如果我们能更加成熟地利用技术，那么技术也能把分配给个人的机械任务整合起来，让人在工作的同时提高积极性和效率。比如，允许客服代表在处理投诉时把这件投诉作为一个"案例"，追踪从第一个电话打进来到问题最终解决的全过程。或者，由一名汽车装配厂的线路工程师提出一个处理技术支持过程的更好方法。在这里的两个例子当中，劳动力都得到了整合。信息技术和电子连接是使这些得以实现的必不可少的工具，但与此同时，管理者也得愿意放手，不能像过去在工厂里那样严格地控制员工。

沙琳·李（Charlene Li）提出，要在公司里创造出一种更具有吸引力的"共享文化"，一个有效的方法就是向顾客和其他重要的利益相关方公开公司的数据。很多营销者有一种根深蒂固的观念，即信息为王。因此，他们认为，向外界公开公司的信息是不明智的，他们永远也不会认真考虑这种做法。但是据沙琳·李称，几乎每家公司内部都掌握着丰富的数据，这些数据或许是顾客和合作伙伴感兴趣的内容，或许对他们有利。（当然，这里说的不是商业机密、由11种香草和香辛料组成的配方[2]、受隐私保护的顾客或员工

---

① "员工敬业度"是时下流行的管理术语之一，它的含义有很多种，合意集团把它定义为"通过刺激员工的工作热情，并引导员工将其转化为组织的成功所带来的结果"。这一定义来源于合意集团Insight效能中心的高级顾问马克·罗伊尔（Mark Royal）和汤姆·安格纽（Tom Agnew）于2006年10月25日在网络研讨会上的发言。——原注

② 指肯德基的配方。——译者注

的个人信息或者从学习型关系中获取的客户意见等。）

　　沙琳·李列举了百思买的例子进行说明。百思买把当前和过去总共约100万件产品的信息全部放到了网上，供软件开发员、员工和顾客使用。因为它认为，这些人可能会为了自己的支持者"把百思买建设得更美好"，不管这些支持者是顾客、员工还是分销商。很快，诸如CamelBuy.com和Milo.com这样的网站便出现了，它们利用百思买的库存数据进行分析，为大家提供降价预警，或者跟踪不同折扣门店的产品存货。但是，有一个好处是公司万万没想到的——它自己的员工很快也开始志愿付出自己的时间，利用数据帮助顾客解决困难。比如，一名佛罗里达的员工仅仅用了一点点编程知识，就制作出了一个工具（或者说"应用程序"），为顾客提供家庭影院配置的建议。

　　这个故事中最为重要的一点是，在百思买公司和它的整个生态系统内部，大家利用最新公开的库存和产品规格数据造福顾客，既不是因为别人的命令指导，也不是因为受到逼迫或诱哄，更不是因为会有回报，而是因为百思买的管理层认识到，他们的产品信息在很多情况下会有用，而且他们相信，大多数情况下这些信息的使用会给公司带来益处；如果人们能够获取这些信息，他们一定能想出办法为顾客创造更多的价值。现在，有许多公司已经意识到，如果它们肯利用互动工具，并放弃一点点控制权，它们就能在利益相关方中间形成一种共享文化，让利益相关方的成员变得更加具有合作精神，更会为别人着想，更信任别人，从而一起更好地为公司的利益服务。

　　放弃控制对提高员工积极性也有好处。人类普遍渴望自主权——他们想要掌握自己的生活、自己的工作、自己的命运。美国心理协会把自主性（即"个人感觉到的对周围环境的控制力"）和人际关系、能力、自尊共同作为构成个人心理健康和生活幸福的四大要素。从美国到韩国、孟加拉国、土耳其、俄国以及其他地方，全世界的研究都把自主性与个人整体健康联系在一起。在养老院，对护理环境没有控制权或者几乎没有控制权的老人，18个月后的死亡率是那些有控制权的老人的一倍。对学生进行的研究也表明，自主意识高的学生"更善于理解概念性的东西，分数更高，在学习和体育运动中更有毅力，学习效率更高，精力更加充沛，心理更健康"。

在工作中，自主性是员工业绩的内在推动力，能够极大地激励员工的表现，这在员工面临探索性任务时尤为明显，如设计一个新的软件应用程序来解决一个不寻常的客服问题。康奈尔大学通过对300多家小企业的调查研究发现，那些给予员工最大程度自主权的企业比那些更喜欢控制员工的企业的发展速度快3倍，员工流动率低2/3。自主权能够让员工承担责任，提高他们在专业领域的"主人翁地位"。一项对11000名美国科学家和工程师的调查研究结果表明，唯一能准确预测科学家和工程师工作效率的指标，是他们对"主人翁地位"的渴望程度。即便控制了投入精力的时间，比起那些主要受金钱驱使的科学家来，那些更关心"主人翁地位"的科学家提交的专利数量还是要多得多。很多人之所以愿意为开源软件和其他社交生产事业贡献力量，自主性无疑是最主要的吸引因素之一。软件开发的先驱者安德鲁·亨特（Andy Hunt）和大卫·托马斯（Dave Thomas）认为，自主性能够让程序员对软件项目产生更强烈的"主人翁意识"和责任感。在自主性的推动下，程序员会追求"主人翁地位"并提高技术水平，不会因为项目是"老板"布置的就一味逃避责任。

问题就在这里。如果是由"老板"分配项目任务，员工就可能会推脱责任，如果希望你的员工对工作真正投入，你就必须准备好放弃一部分控制，相信他们能够把事情做好。放弃控制，说到底就是要信任他人，并帮助他们相信你。

拥有自主性是员工实现自组织的前提条件。越来越多的公司认识到，一旦他们的员工和合作伙伴自我组织起来，利用社交网络技术进行合作，就能获得巨大的竞争优势。比起那些自上而下的官僚主义管理结构，他们在适应力、创新和行动速度上更有竞争力。唐·泰普斯科特（Don Tapscott）和安东尼·威廉姆斯（Anthony Williams）在《维基经济学》（*Wikinomics*）一书中指出，无处不在的电子连接正在改变工作的本质，让它"在认知上变得更加复杂，更加依赖于团队协作、社交技巧和技术水平，时间上更紧迫，同时更加灵活机动，更加不受地理因素影响"。正因为如此，全世界的公司已经开始将决策权下放，更多地依靠个人发挥主动性和责任感。

在《驱动力》（*Drive*）这本书中，丹尼尔·平克（Dan Pink）提出，具有组织性同时又具有自主性的工作环境，最终应该是一种"只问结果的工作环境"（ROWE）。平克认为，"只问结果的工作环境"跟按小时付费的工作正好相反，按小时付费这种衡量工作的手段明显具有很强的控制性。有趣的是，据平克说，第一个采用"ROWE"模式的大公司正是百思买，至少该公司的办公室里是这样的（百思买的门店还没有实行这种模式）。

提供自主权，让员工自我组织起来解决问题，主动追求在某个领域的"主人翁地位"，这些都是建立在信任基础之上的企业文化的重要元素。你的员工几乎总是想为公司和顾客做正确的事情，因此大多数情况下，你要做的就是帮他们清除路障。做到这一点时如果你采取了正确的方法，就意味着员工不再强调金钱报酬，而是越来越重视内在动力，这对于那些不再需要打卡的员工来说更具有说服力。当然，我们并不是说金钱不重要，而是想说，由于我们之前提到的种种原因——我们的认识偏差、我们的需求、我们的内在动因——金钱远不是大多数管理者想象中的具有决定性的因素。

美捷步公司成为大家眼中的传奇，原因在于它高质量的客户服务以及热衷于使用Twitter与顾客保持沟通。现在，它又提出了一个新颖的招聘方法。新员工在经过为期两周的培训之后会得到200美元，并且自由选择是否离开公司。美捷步首席执行官谢家华（Tony Hsieh）认为，那些宁愿拿着钱离开而不是留在公司发展事业的人，其动机就是错误的。如果你认为几千美元比你在美捷步的事业更诱人的话，那么很好，你的离开正好让我甩掉了一名没有希望的员工。

要为员工提供更多的自主权和控制权，管理者首先要克服自己的控制嗜好。不管马克思怎么说，收回控制权时的戒断症状真的会让人感到害怕。沙琳·李准备开始写《开放式领导力》（*Open Leadership*）一书时，对几百名企业管理者说道：

企业领导人害怕社交技术的力量，但同时又对这些机会充满好奇，感到兴奋……少数几家公司已经采取措施拥抱社交技术，而且做得还不错；然而有很多公司，当它们充满热情地踏上新的征途时，遭遇的却只是失败。它们的成功或是失败没有规律可循，也没有原因——公司的大小、行业的规模，甚至先前关于社交技术的经验，都不是造成结果的原因。相反，我的研究表明，成功最显著的指标就是开放的心态——领导人能够在适当的时间、适当的地点，适当地放松控制。

换句话说就是，领导者要有节制地放松控制。但这不是很危险吗？这样做不会给组织的使命带来严重的风险吗？这就要看公司整体系统如何运作了。不控制并不代表事情得不到控制，或者混乱无可避免。

应对不可预测性：
拥抱"社区混乱"（Chaos of Community）

对于那些处在电子社交革命浪潮中心的公司而言，管理控制很明显已经不再起作用了。塔拉·亨特的建议是："拥抱社区混乱，意味着不再计划每一件事情，不再幻想你能控制任何具体的局面……你需要对周围的环境保持高度清醒。尽管你永远无法预料会出现怎样的机会，但一旦机会出现，你就要能利用它们。"

由于受到反馈回路和大量情绪的驱使，电子社交系统必然是混乱的，而且它还会抵制你的任何控制或管理行为。不论管理者的数据、分析方法和工具有多精密，它们都无法驾驭电子社交系统。作为社会动物，我们在互动时必然要基于天然的偏见和成见，这会让每一件事情都变得更复杂。

拉金德拉·西索迪亚（Raj Sisodia）、贾格迪什·谢斯（Jag Sheth）和戴维·沃尔夫（David B. Wolfe）提出自己的观点时，也是基于这样的心态。传统上，人们认为明智的商业决策建立在纯理性的经济计算基础之上，但三人认为，这种计算既不是纯理性的，也不一定是明智的。相反，他们认为未来最成功的公司靠的不仅仅是经济计算，而是同理心、激情以及人类行善的愿望。"在过去的两百年间，企业的管理存在一个根深蒂固的传统观念，认为在人类事物中，理智总要优于情感……但这是一个错误。"这不仅是因为我们即将进入一个高度密切联系的时代，会出现越来越多不可预测的波动以及复杂的系统振荡，还因为我们的思想对于这些随机出现的事件，还不知道应该如何理性地处理。我们更喜欢控制和命令，并渴望控制，在必要的时候，我们甚至会为了保有控制的权力而欺骗自己。

现在，商业问题比以往任何时候都更加不可预测，而且在电子社交互动中——顾客之间、员工之间，以及他们和公司之间，这种不可预测性更加显而易见，更加让人困惑，也更加危险。因此，是否有目光敏锐的人采取了任何策略，避免卷入这场混乱的、非理性的、不可控制的漩涡呢？答案是肯定的。实际上，方法有很多。

六大策略让你在加剧的混乱中获得成功

（1）应用那些不需要高度准确性的分析技术

在处理高度复杂的问题时，简单的统计模型往往比复杂的模型更可靠。这条策略对于专业营销人员来说尤其重要，因为他们在研究意识和偏好数据时习惯看到小数点以后三位数。复杂的模型应用于社交网络和其他复杂系统时的问题在于，它们往往能验证过去的数据，但是却无法准确预测未来；而简单模型往往跟过去的数据不大契合，却能预测未来可能出现的情况。采用多元权衡分析方法进行顾客研究，也许能相当准确地预测出顾客对你们公司产品的需求，但是某个周末之后，妈妈博主们也许就会突然生气……

（2）同时做几手准备

不要试图对即将发生的事情做唯一准确的预测，要猜测可能出现的不同结果，制定一些可能的选项。真正创新的流程都是这样运作的，只有创新才能预测未来。换句话说，你不要把全部赌注都押在福特埃迪塞尔（Edsel）上，而是得在你的投资组合里加入野马（Mustang）或雷鸟（Thunderbird）。[①]

（3）寻找并依赖可预测的因素

你可能无法预测某个特定社交网络中的下一个亚当·菲勒会是

---

① 埃迪塞尔是福特汽车在1958—1960年创建的汽车品牌，它始终未得到美国消费者的认可，这个品牌甚至成了"赔钱货"的代名词。相反，野马和雷鸟则是福特旗下比较经典的车型。——译者注

谁，但是你知道，一定会出现下一个。因此，你完全可以确定参与者中一定会出现几个极具影响力的人，一定会出现情绪洪流，而且有时还很突然。同样地，你可能不知道技术要过多久才能成熟到让某个特定的顾客发现你欺骗了他，让他支付了不该付的钱，但是你完全可以确定，技术迟早会成熟到这一步。这就像你虽然不知道具体哪天会下雨，但这并不意味着你应该把雨伞卖掉。

（4）评估方案时，要看重投入，而不仅仅是结果

再完美的计划也可能会因为随机出现的状况而失败。但是，在评估一个项目或方案是否有效的时候，你最感兴趣的一个方面应该是执行项目或方案的过程。所以，不要仅仅指望项目的结果（好或坏），你要考虑的是项目规划和执行过程中能保证什么样的质量。有时领导明显很糟糕，但还是会当选，而只要这个选举是公平的，你就不应该放弃这种民主过程。

（5）保持警觉，争取快速反应

保持警觉，学会倾听，才能在发生任何事件时立即发现。强调组织的"意识和反应"，培养你的员工快速果断地采取行动的能力。制定一个原则稳固但足够抽象到使其能灵活应变的社交媒体政策，并且牢记，实际的结果可能千差万别。而且，时不时地进行社交媒体"消防演习"。

（6）培养必信力

　　说到底，你得为失败、成功以及各种情况做好几手准备。但是，如果大家认为你是值得依赖的，那么你永远不会孤立无援。只要你专注于做正确的事情，那么不管你遇到多么无法预测的暴风雨，你的顾客、员工以及其他的利益相关方，都会希望你的公司能够平安渡过难关。我们可以称之为"信任证明"。

　　有时，唯一符合逻辑的行动路线就是做正确的事，并期待发生最好的结果。你无法控制人们会说什么，但你可以控制你的公司做什么。如果你每天都做到值得依赖，那么时间一久，你就会拥有一群真正的顾客粉丝群。这样，当有人出来发牢骚或者制造麻烦的时候，帮你平息这些负面声音的极有可能就是那些最佳顾客。

　　康卡斯特关怀计划启动短短几个月后，人们便发现了一个有趣的现象：很多顾客对弗兰克以及其他康卡斯特工作人员的个人幸福充满兴趣。在Twitter上对话交流时，顾客总会问一些个人问题，并询问相关员工的名字。计划运转才几个月的时候，弗兰克就说："我刚开始做这个的时候用的是康卡斯特的标志，而不是我的照片……之后我听到顾客的一些反馈，其中有个顾客就问：'你的照片呢？'现在当他们想到康卡斯特时，他们会想到弗兰克……弗兰克成了康卡斯特的脸孔。"

　　呈现出人性的面孔能够激发人的同理心，而同理心不是轻易就能操纵或管理的，它往往是从一个人传播到另一个人。在康卡斯特的案例中，员工们很快便发现，如果他们错过了某条投诉或某个问题，公司的顾客有时候会主动插进来帮助那些在Twitter上投诉的用户。

这样的顾客就是"粉丝"（advocates），一旦顾客成为"粉丝"，你就成了他们的合作者。裴罗顾问集团前合伙人马修·罗登（Matthew Rhoden）在为《哈佛商业评论》写的一篇博客中提出，粉丝：

◎ 会在公司遭遇不利时支持和维护公司，并且特意寻找机会从公司购买产品或服务；

◎ 会在社交媒体上积极宣传公司或者公司的产品，并主动提供反馈；

◎ 在情感上依赖你的公司，把公司和公司的产品当作他圈子内的一部分。

因此，请做正确的事，专注于积累顾客对你的信赖，并在做事的过程中注意使用正确的方法。

混乱是秩序和规划的敌人。但是，不论混乱会造成什么样的结果，必信力都是一项有价值的资产。记住：互惠很重要，同理心会获得回报。你无法引导、实行、安装或管理同理心，但它对于企业来说是非常有价值的。贡献者、管理者、搭便车者、惩罚者——这些人的反馈回路取决于你自己的行为。你的必信力就是整个系统的必信力的一部分。

必信力测试

　　请根据你所在的公司、机构或者政府机关的实际情况，回答下面的问题。与你的同事讨论你的回答，并登陆www.trustability.com查看其他访客的回答，将你的答案与他们的回答作一比较。

　　→ 总体上，你是否相信你的员工会为公司做正确的事情？如果是的话，在公司层级制度当中，这种信任能向下走多远？如果要让这种信任更深远，你会采取什么措施？

　　→ 在评估你自己的职业成就或公司的成就时，你能否意识到"自利性偏差"的存在？至少列举两种。

　　→ 你是否相信你的公司提供的服务"高于平均顾客服务水平"？你的顾客中有多少人会同意你的观点？你的员工中有多少会同意你的观点？对于这个问题，你多久会询问他们一次？

　　→ 与你的竞争对手相比，你的顾客对于你的品牌、产品、服务、声誉、保障和公司是更加信赖、差不多还是不信赖？是什么让你这样认为的？

　　→ 你的公司更强调长期价值创造还是短期财务目标？或是两者的强调程度差不多？

　　→ 你们现在采用了什么样的政策或流程，可以帮助顾客在购买你公司的产品和服务时，有效利用自己有限的预算（例如，在符合顾客利益的前提下尽可能地节省）？

　　→ 试想某种商业结果——积极或消极——你可能完全把它归因于运气、随机事件或他人不可预测的行为。这种随机的结果对公司不同层次管理人员的薪酬、地位或影响力产生了什么样的影响？

　　→ 你们公司是否对社交平台上的大众情绪和具体投诉进行监测？如果是的话，你们是每周监测5天，还是每天24小时不间断监测？

　　　　◆ 在你获取信息之后，你们公司的行为发生了怎样的变化？

　　　　◆ 谁负责对社交媒体监测中发现的问题做出反应？

　　　　◆ 负责人有什么样的权限？

　　→ 你的公司是否进行过社交媒体"消防演习"？

　　→ 如果想在任何社交媒体的潜在大火烧起来之前建立起公司的必信力，你会怎么做？

　　→ 你的公司是否有些数据，如果能更广泛地传播开来，将会让顾客和/或员工解决困难和问题时更加简单容易？

第 7 章

提前建立你的必信力

Extreme Trust Extreme Trust Extreme Trust Extreme Trust
Extreme Trust Extreme Trust Extreme Trust
Extreme Trust Extreme Trust
Extreme Trust

时刻准备着。

——童子军座右铭

世事艰难。当今社会，科学技术以前所未有的速度迅猛发展，而顾客情绪也能突然掀起波澜，仿佛一下子刮起七级大风。这个透明的新世界随时都有互动，人们的观点随时随地发生转变，如果想在这样的世界里生存下去，就不能坐等暴风雨来袭。我们必须从现在开始未雨绸缪，本章我们将会介绍如何做到这点。

首先，这里有一个"自我评估"问题，它或许能够反映出你的公司为建立必信力做了多少准备：

你是否允许顾客在你们公司的官方网站上对产品和服务作出评价，以便给其他顾客和潜在顾客作参考？

针对这个问题，我们在全世界做了充分的调查，结果发现绝大多数的高级主管仍然觉得这个想法简直让人不寒而栗。我们甚至采访了数百名参加某个"社交媒体"会议的人，按理说他们都是有远见卓识的人，但是其中给出肯定回答的人不超过12个。他们可是参加"社交媒体"会议的人啊！

顾客评价是根本，而且这是必然的趋势

允许顾客在你的官方网站上写商品评价，或许是你证明自己的必信力的最重要的方式之一。到本书开始写作之时，只有极少部分公司是这样做的。然而我们预计，用不了几年的时间，世界上任何行业的任何一家正规公司都会允许顾客评价商品，以供其他顾客或潜在顾客参考。这将会成为一种惯例，而且这是公司提高自己在顾客心目中的必信力的最基础的行动之一。

公司要主动做到值得依赖，就必须帮助顾客和其他人分享他们的诚实观点，包括他们需要解决哪些问题以及需要满足哪些要求。在这种诚实的分享中，公司的产品和服务必然扮演着重要角色。

当然，在互联网产生之前，顾客评价是很罕见的。顾客没有有效的电子工具，无法向营销人员反馈信息，也无法跟其他顾客分享。你不可能为了将自己的客户体验告诉推友或Facebook好友，就挨个给他们打电话，所以当时没有有效的方法强化诚信行为，或者惩罚不诚信的人。当顾客由于技术上的原因无法把不诚信行为传播开时，负责品牌管理的控制狂永远都得不到惩罚，其行为永远得不到纠正，甚至永远不会面对严肃的质疑——至少不会被顾客和大众质疑。

但这并不是说公司就不关心自己的声誉，它们显然是关心的。公司总是花费很多时间和金钱，确保它们精心设计的品牌形象传达正直、可靠、诚实、值得尊重等含义。但是，归根结底，在前社交时代，公司的品牌形象很大程度上控制在它们自己手里。

> 传统的营销不必做到值得信任，只需要看起来值得信任就行。

然而，沃尔玛、雀巢、威瑞森等公司已经发现，只有外表是不够的。刻意的粉饰出局，信任登场了，越来越多的顾客在越来越多的营销和销售情境中对信任提出了更高的要求。这就是电子社交革命带来的成果。

所谓独白，就是由单方面即说话人完全控制的言语。大众传媒的独白是由营销者控制的，只要在听力范围之内，所有人都会听到，虽然不是每个人都愿意听，只有想听的人才会集中注意力。

然而，根据"对话"这个词的定义，对话不可能完全由任何一方控制——你不能控制，你的顾客也不能控制。对话是思想的自由交流，只会按自己的方向进行。你可以推动或引导对话，但你不能控制它。

顾客和你对话只是为了满足自己的需要。尽管大多数人对"推销"不怎么感冒，但有时候为了得到需要的信息，他们不得不忍受推销。那么听其他顾客诚实地分享自己的观点呢？这些观点很有用，会给人带来很多信息，而且往往比推销和品牌标语客观多了。

企业的管理者有一大堆充分的理由害怕顾客自由公开地表达意见——要是有顾客在网站上投诉怎么办？要是有顾客就是不喜欢我们的产品怎么办？再或是如果竞争者伪装成顾客诋毁我们的产品怎么办？

这样的抱怨我们已经听了很多很多。但是听着，你得从中振作起来。如果你放弃了自己在对话中的角色，你就是在削弱自己的必信力。（说到底，你在害怕什么呢？真相吗？）

实际上，真相比刻意粉饰更有说服力，这就是让顾客对其他顾客说实话的隐秘优势所在。你还记得你最近一次上网浏览别人的评价，评估产品或质量的经历吗？也许你当时想看看别人怎么评价某宾馆或度假套餐，或是评价一辆新车、一款电子游戏、一套高尔夫球杆。当你浏览某网站，发现100%的评价都是5星好评时，你会是什么反应？你会相信这些真的是绝佳的评价吗？还是会因为这种失衡而产生怀疑？其实你不是一个人，全部5星好评的商品或服务还不如评价不一的商品或服务卖得好，真的。

有一点来自顾客的负面评价，可以让其他人相信你的在线商品评价是真实可靠的，你的公司也是可以信赖的。如果一家公司允许这样的信息出现，那么就表明，它正在摆脱一味追求经济上的自私自利和以金钱为主导的商业精神。不一味（变态）地进行自我推销，而且还让顾客很容易知道别人对商品或服务的真实评价，会呈现给顾客一张人性的面孔，向他们证明你的必信力。

尽管顾客对满分5分的商品给出的平均得分约为4.5分，但是数据显示，比起正面评价，顾客往往更容易因为一条负面评价而购买某件商品。

——布雷特·赫特（Brett Hurt），
网站分析公司Coremetrics创始人，Bazaarvoice公司合作创始人兼CEO

目前，已经有许多公开讨论产品和服务的电子社交平台，包括所有的社交媒体网络——不仅包括Facebook和Myspace这样的庞大社区，也包括成千上万个遍布网络的专业小众社区。此外，很多网站能够根据产品类别，专门收集和汇编相关顾客评价，比如亚马逊、TripAdvisor、Trusted Opinion、RateItAll、Epinions和MineKey等。

当然，这些服务都不是直接把顾客评价放在相关公司的网站上，你可能也不希望这样，但是顾客却愿意这么做。他们希望不用费劲搜索，就能很容易地看到其他顾客对产品和服务的评价。因此，即便顾客在其他网站上评论——甚至评论得更多——他们仍然想要在某个邻近的地方，在他们看产品的地方，直接看到其他顾客的意见。

顾客希望自己在购买商品或服务的时候能够获取有关公司信誉的信息。

当互动在技术的帮助下变得越来越快捷方便时，你可以拿你最新的Facebook游戏信用点打赌，不管你同不同意，顾客很快就能在你公司自己的网站上对产品进行评论了。从技术上看，这是必然的趋势。

不相信？那么你可以使用一下StumbleUpon或Digg这样的服务，或者给你的浏览器安装iGlue插件。这些应用程序可以帮助用户给网站"加注"，人们可以在不同的页面上加注释或评论，从而让其他用户受益，这样的应用程序还有很多。你可以登陆某个页面，在上面评论，然后你的评论就会出现在网站的工具栏里，或者以某些词或图片的热链接形式出现在原始页面里（取决于你使用的服务）。所以，如果你喜欢的话，完全可以对某个产品进行评价，或者发帖讲述你在这家公司经历过的糟糕的客服体验，或者建议人们到哪里可以找到有竞争力的产品、怎样获得更好的服务或更低的价格，或者你听到的关于棕榈油或假博主的消息，不管是什么——上述所有服务都会允许其他的参与者对你的评论进行更新或评论。Diigo、ReframeIt和Apture等供应商也在提供具有多种功能的类似产品。

然而，如果我们再往长远一点看，不久之后（或许在很短的时间内）我们会看到别人将移动技术和网站加注服务整合起来，用新的更有效的方式获取网页注释。想象一下，你用智能手机指着街对面的一家餐馆或者店里的某件商品，屏幕上立马显示出竞价信息，以及其他顾客、你的朋友或者朋友的朋友对餐馆或产品做出的评价。FourSquare提供的服务现在已经接近这种水平，你在读本书的时候，你的孩子也许正在做这样的事。

关键在于，不管你参不参与，希不希望，你的顾客都会谈论你的品牌。（既然这样，为什么不在自家门前跟他们交流一下呢？）最终，你得做出选择：是用一种和平有序的方式放弃控制，还是等着别人从你这里强行夺走控制权。

这是一辆由技术驱动的特快列车。你只能决定自己是搭上这趟车，还是躺在铁轨上任它疾驰而过。

马甲，为乐趣还是为利益

要是你的竞争者伪装成你的顾客，对你进行负面评价，那该怎么办？

这是网络世界里使用匿名用户ID后产生的一个典型问题。当发现伪装很容易操作，而注册的用户名又可以随时丢弃时，人们为什么不这样做呢？还记得《纽约客》上的那个漫画吗——在互联网上，即便你是只狗，也没人知道。

我想说的关键在于，现今如果真的有哪个竞争者利用这种卑鄙的手段，那他就是玩火自焚。即便他能在一段时间内利用匿名的身份不被发现，迟早还是会因为网络的透明而出局。透明动力学对每个人都起作用，而技术进步也使得这种结果越来越成为必然。问一下约翰·麦基（John Mackey）你就知道了。约翰·麦基是美国全食食品超市公司（Whole Foods）的联合创始人兼CEO，他喜欢匿名发表评论，吹捧自己公司的股票，诋毁有力的竞争者。但是他的这番"辛苦"带来的最终结果只是身份被揭穿，伎俩被暴露，报道出现在《华尔街日报》和《纽约时报》的版面上，当然现在，也包括本书。

"马甲"指的是网络中为了隐藏身份而注册的匿名ID，就跟麦基的做法一样。披马甲的伎俩自古就有，它不仅仅是为了保护个人隐私，也有可能是为了玩弄诡计——欺哄他人，操控意见，欺骗你的配偶或搭档，或者以其他方式不讲诚信。

今天，竞争者可能会因为害怕假身份最终曝光而不大亲自披马甲了，但是花钱雇人伪装成顾客写虚假评论——正面的或负面的，却已经发展成了一项小作坊式的产业。Yelp、TripAdvisor以及亚马逊这样的网站靠的原本就是顾客评价的准确性，但是现在，这些网站却被虚假评论淹没。它们往往来自印度，每条几美分。人们甚至利用亚马逊土耳其机器人（Mechanical Turk）①寻找愿意在亚马逊和其他网站上写虚假评论的人。（eBay上的虚假评论没那么多，因为没有购买过商品的人不能对卖家进行评价。）

虚假评价和其他形式的"意见垃圾"对于那些依靠评价建立信誉的网站来说是一个致命的威胁，因此这些网站往往有一套过滤虚假信息的复杂算法，这些算法跟垃圾邮件过滤器类似。Yelp网站会阻止它收到的相当数量的评价，但它仍然允许访问者看见这些被阻止的评价，公司不会告诉你它的算法。康奈尔大学的一个研究小组宣布他们已经开发出一套检测"意见垃圾"的新算法后，很快就有很多公司表示出了兴趣，其中包括希尔顿酒店集团、TripAdvisor和亚马逊。

但耐人寻味的是，电子社交革命正在迅速削弱匿名评价在分享意见和评估品牌、产品或服务时的有效性。比如，Facebook的最大优势之一就在于，要想在Facebook上伪装成别人几乎是不可能的。谁会加一个从来没听说过的人为好友呢？就算你真的同意加一个不太熟悉的人为好友，往往也是因为你们有共同好友，或者来自同一所学校、同一家公司。Facebook前首席隐私官克里斯·凯利（Chris Kelly）认为："身份认定和朋友圈是安全的重要保障。要在互联网上建立信任，需要有一个人所共知的固定身份。"

曾经有人报道过某人的Facebook ID被盗的案例以及某人的个人隐私信息在社交参与过程中被窃取的案例。但是，严格来讲，这些案例都不是个人"社会身份"被劫持的情形，而是指其个人信息暴露在了危险中。社会身份是极难被人偷走的，因为每个人都有自己的"社交图谱"——人脉，以及人脉的人脉——就跟指纹一样。你的社交图谱可以用可验证的方式，完美地证

---

① "土耳其机器人"是一种众包网络集市，能使计算机程序员调用人类智能来执行目前计算机尚不足以胜任的任务。——译者注

明你的身份。不确定某个人的身份是不是他自称的那个？问问他的好友吧。更好的办法就是问你们共同的好友或者好友的好友。事实上，在不远的将来，你总是会首先查找你的朋友的意见，或朋友的朋友甚至是他们的朋友的意见，而不是随便相信某条恰巧看到的陌生人的评价。

我们尚不清楚网络身份和匿名身份的确切未来，但是从现在的趋势看，马甲的未来并不乐观。首先，披马甲的风险明显比以往任何时候都要大，正如麦基等人的行为都已经被曝光。全球各地的人都能通畅地沟通，意味着人们会报复性地追查各种流言和巧合事件，而且总会有那么几个人天生喜欢"惩罚"不诚信的行为。在谷歌或必应搜索栏里输入"sockpuppet"（"马甲"的英文单词），会得到10多万条搜索结果，其中很多都是揭露马甲遭识破的案例，最有趣的当属那些高风险的政治马甲遭到揭露的故事。比如就在谷歌显示的搜索结果的第一页，我们可以看到左翼成员讲述凯文·贝齐（Kevin Pezzi）的马甲遭曝光的故事。凯文·贝齐原是安德鲁·布莱巴特[①]旗下BigGoverment网站的一名写手，他在Myspace上利用一个大号马甲和一系列小号宣传他的右翼观点和文章。另一则故事则是右翼揭露了美国总统奥巴马的一名铁杆粉丝艾莉·莱特（Ellie Light）的行为。艾莉·莱特在美国18个州的至少42份报纸上发表了几乎相同的信，每次都宣称自己是不同地方的居民。

除了披马甲会让被清理出局的风险提高外，还有一个重要原因让披马甲行为逐渐减少，那就是更加可靠的、可信赖的用户身份识别技术，它在支持广告营销和个性化服务方面发挥着重要作用，产生了大量在线收入。一旦能根据每位顾客的特殊偏好引导广告和促销信息，那些为绝大多数"免费"网络信息服务提供资金支持的广告，便能够创造更大的价值和更高的效率。尽

[①] 安德鲁·布莱巴特（Andrew Breitbart），著名博客网站德拉吉报道（Drudge Report）前任编辑，以毫不相让的争论树立了其强硬的个人形象。他拥有两个著名右派博客BigGovernment.com和BigJournalism.com。——译者注

管有一些技术可以追踪用户的IP地址并在顾客的硬盘中植入cookie，但由于目前互联网用户的归类并不正确，很多广告不仅看起来与顾客毫不相关，而且也浪费了广告商的钱。据一名互联网广告执行官称，仅仅在确定互联网用户性别这一项上，就会出现35%的误差率。

但是，互联网用户身份识别技术一定会飞速发展，因为它至少能让广告商和营销人员的工作更出色，让他们在合适的时间为合适的人提供合适的选择。笔者无法清楚地告诉你，将来什么时候会开发出什么样的用户身份识别技术，但可以肯定的是，企业在开发这些技术上的态度是非常积极主动的，因此可以预见，互联网用户身份识别技术一定会获得快速发展。比如，目前已经有类似的技术得到实际应用——你可以用你的Twitter、Facebook或LinkedIn的账号快速登录很多其他网站。

尽管有些社交网络专为允许用户匿名而设计（比如Myspace），但匿名本身并不总是意味着不诚信。我们仍然可以为了适应不同的身份或者加入不同的社交圈（商业、娱乐、学校、家人等）而采取多种网络身份。即便这些身份可以是匿名的，它们仍然分别具有一定的可信度。以亚马逊的在线图书评价为例，过去你只能看到评论者的用户名以及一些他愿意显示的个人资料信息。但是现在，你可以点击查看评论者的其他评论，看到其他人怎么给他的评价打分，也能知道他在所有评论者中的排名。所以，当你看到一则书评说某本书非常棒（或非常糟糕），而评论者总共才做过一次评价时，你会在多大程度上相信他呢？匿名确实能够让某人的真实姓名和身份保密，但是在书籍评价这一领域，他的可信度对每一个人都清晰可见，发送意见垃圾的马甲和水军是经受不住这种考验的。

无论网络身份识别这个问题随着时间会怎样发展，没有评价记录的匿名用户所作的产品或服务评价（或其他任何评价），人们一般是不会信任的，这些评价产生的影响也会越来越小。就像电子邮件一样，尽管有些向我们吹捧如何赚钱的陌生人发送的邮件逃过垃圾邮件过滤器发到了我们的邮箱里，我们却不会信任它。互动是信任的助推器，匿名却是信任的绊脚石。

全世界劳动者，上博客！

你可以依靠顾客的诚实意见建立起自己的必信力，但并不是只有顾客才能帮你。在上一章，我们讨论过如何授权给员工和客户，让他们独立改善客户体验，方法就是为他们提供必要的信息——产品规格和特性、库存记录、送货时间等。只要你授予人们相应的权力，他们就会寻求自我帮助，他们一定会找到某种方法。为了提前建立起你的必信力，你要做的其中一件事就是证明你有意愿帮助顾客解决问题，即便（有时）这可能给你自己带来不便。

值得依赖的公司会考虑到人有一种天然的欲望去对话、分享、创造和帮助他人。在电子社交世界里，值得依赖的公司会与顾客分享自己的经验，并且允许员工参与社交互动，以帮助顾客解决问题，即便有时候这些互动不会，或者在短期不会给公司带来任何经济回报。

2003年，罗伯特·斯考伯（Robert Scoble）开始担任微软的"技术传道者"，并以公司的名义发表博客。斯考伯的博客帖子震惊了整个网络世界，因为他经常批评微软自己的产品。然而，斯考伯的负面评论非但没有让人们抛弃微软，反而让人觉得他的文章更加准确、更值得信赖。正如克里斯·布洛根（Chris Brogan）和朱利恩·史密斯（Julien Smith）在他们的《信任代理》（*Trust Agents*）一书中所描述的：

在微软的职业生涯初期，罗伯特·斯考伯通过写博客来宣传微软产品的优势，但更重要的是批评它们的弱点。他分享了为什么他认为IE浏览器没有火狐好，于是我们（读者）觉得斯考伯是我们的代表。我们可以相信他说的话，因为他是我们中的一员，站在我们的立场上说话，对我们感兴趣的东西感兴趣，而且看起来对我们非常真诚。

那么，为什么承认错误反而会赢得信任呢？也许是因为脆弱性和可靠性的有机组合。斯考伯既诚实地揭露微软的弱点，又如实反映了它的优势，这说明：他展示了公司的弱点；他的信息更可靠，因为我们都知道这个世界上没有完美的东西，微软（或者任何其他公司）也不例外。犯错就跟吃饭、做爱、交谈或者听音乐一样，是人之为人的本质。这就像顾客差评，越是暴露品牌的弱点，越让人觉得这家公司值得互动——这其实就表示这家公司值得信赖。

2009年，百思买发布了Twelpforce服务，这是一个专为顾客设计的Twitter计划，数百名百思买的销售助理和其他员工提供了自己的想法和评论，回答顾客的问题，解决顾客的困难。Twelpforce运作的第一年就回答了将近3万条顾客提问，这不仅提升了客户服务水平，教育和激励了员工，同时也大大提高了公司的知名度。

在2011年举办的一次商务会议上，备受尊敬的社交媒体权威人士贾森·萨德勒（Jason Sadler）讲述了一则关于百思买如何利用Twelpforce帮助他的故事。萨德勒当时想买一款可以挂在墙上的液晶电视放在起居室里，但是又不确定什么样的参数比较合适，于是他用Twitter发了一个问题：有谁了解液晶电视吗？很快，他便收到了百思买Twelpforce的回复，询问他房间的面积，接着又问了光线的来源——房间窗户的位置以及大小。问了一系列这样的问题之后，Twelpforce上的百思买员工为他推荐了一款电视机型号。

萨德勒认为这简直太不可思议了，通过一系列的Twitter互动他在不知不觉中就被人推销了一款电视机。他走进百思买的商店，发现了之前Twelpforce推荐的那款电视机。可是即便在商店里，他还是拿起智能手机，上网搜索同样的型号，结果发现亚马逊上的价格更低。他陷入了两难的境地：他该怎么做？如果是你，你会怎么做呢？

虽然萨德勒感到良心不安，但他最终还是决定省点钱，在亚马逊上购买了这件商品。但是，在他这样做之前，他在Twitter上回复了Twelpforce的员工，告知他最后的选择。对方的回复是："好吧，我们很高兴给您提供了帮助。也许下次……"萨德勒说，从那以后他总是尽可能地去百思买购买产品，而且每到一个地方，他都会跟别人讲这个故事。而现在，我们也在向你讲述这个故事。

所以，百思买通过Twelpforce给顾客提供建议，到底是给它自己创造了价值，还是造成了损失呢？百思买花时间帮助顾客找到合适的产品，是愚蠢还是聪明呢？毕竟，他们没有卖出那件产品，不是吗？

必信力，一种具有竞争力的策略

没错，百思买确实没有卖出那件商品，就跟很多其他的实体零售商一样，它的生意被在线公司抢了。因为对顾客来说，这个世界已经完全透明，只要有智能机在手，随时都可以联网。既然世界这么透明，顾客为什么不可以找价格最便宜的商家购买产品呢？毕竟，在实体店直接购买的产品跟网上的产品完全一样，说不定它们就是同一家公司在同一家工厂批量生产的，对顾客而言，省一块钱是一块钱啊。

但是，实体零售店除了有库存，可以让顾客直接拿起商品就走之外，还有一些重要的好处。尽管它们跟在线零售商竞争会很困难，但是我们不大可能在有生之年看到实体店消失，因为它们有一些在线商店没有的优势。比如，在实体店，顾客购买前可以用眼睛看，用手摸，甚至对产品进行测试。就像萨德勒一样，你在购买高端电视、电脑显示器、洗衣机或者汽车时，很可能会先去店里看看。零售商的问题在于，一旦近距离地看过商品之后，你会跟萨德勒一样发现它在某家在线商店的价格更低，因为在线商店不需要店面、展示大厅以及销售人员。

在这种情况下，零售商最直接的竞争措施显然是把网店作为常规实体商店的一个补充，网上卖出的产品直接从仓库发货，通过降低库存和服务成本跟其他网店竞争。顾客可以选择要么在实体店购买商品并直接拿走，要么等四天收货，但是价格便宜些。有些商店已经安装了自助服务终端，顾客可以直接在店里上网浏览网店价格。但即便这样做，实体零售商也不可能在成本上低于纯粹的网店。它们之间的差距可以缩小，但是要想完全消除这种差距，实体商店还有艰难的路要走。

因此，在过去的几年里，零售商们尝试了多种策略来跟网店竞争，强调实体店跟网店的天然差别——实体店在当地就有、实体展示等，其中一个策略就是提高店内的客户体验。塔吉特百货（Target）在收银台旁设置星巴克咖啡店，书店增设阅读间，并且请作家来签售，这些都是为了创造一种让人觉得更加值得进入实体店的体验。尽管如此，顾客可能仍然不选择在实体商店购买产品，这也就解释了为什么鲍德斯书店（Borders）会关门大吉，巴诺书店（Barnes & Noble）业绩不佳，而亚马逊等在线书店却生意红火，业绩持续增长。

对于零售商而言，另外一种可行的策略就是收入场费。仓储式商店，比如山姆会员商店和好市多，就是这样做的，顾客要想进入这些商店，必须支付一定的会员年费。其他类型的商店则根据情况偶尔采取这样的策略，比如苹果专卖店第一次引进iPhone的时候就对进入店内的顾客收取了入场费，以控制拥挤的人潮，一些独立书店也开始在签售等情况下向顾客收取入场费。不难想象，在将来，高端产品商店或廉价商品店都会对顾客征收一次性入场费，顾客只有在一定时间内（如48小时）购买店内产品，才会退还。

还有一个策略可以帮助零售商保住销量，特别是针对较为复杂的产品，那就是建立起优质服务的声誉——包括安装、保养和维修。例如，服务声誉特别好的汽车商很有可能产生比网店更大的汽车销量，因为虽然同样的车型网店价格更便宜，但是它不能提供售后服务。就拿住在佐治亚州的唐来说，他和他的家人本来可以从几家仓储式零售商店购买电子产品，但是他宁愿选择当地一家名为H&H的零售商，虽然这家店的价格有一点点高，但是它的服务既全面周到又优质出色（如果家庭影院系统出故障了，他不必等到某个孩子大学放假回家才能维修）。

不过还有一个策略也许是最有效的，那就是百思买通过Twelpforce采取的策略——必信力。没错，你可以说百思买最后还不是失掉了萨德勒的单子吗，但是难道他们不该失掉这笔单子吗？至少在这款电视机这件具体的商品上，他们的价格不够出挑。虽然他们失掉了这笔单子，但他们赢得了顾客极大的信任，这些信任很有可能在日后带来销量。萨德勒知道，萨德勒的朋友和支持者也知道，要是跟这家公司做生意，公司一定会从他们的利益出发。

仔细思考一下你就会发现，必信力改变了竞争的整体框架，因为它把顾客个人的同理心牵扯了进来。世界上没有单向互惠这种事，我们从萨德勒向众人叙述这个故事的方式可以清楚地看到，萨德勒是充满愧疚的，因为百思买对萨德勒表现出了同理心和善意，但是萨德勒却没有报以同样的同理心和善意。所以他告诉观众，他正在积极寻找未来和百思买合作的机会，他真心希望百思买作为一家公司能够成功，他希望你会在百思购物。

所以呢，虽然萨德勒的这单生意百思买输给了亚马逊，但是下一次，他们就不大可能再输了。何况萨德勒有24000名推友，还有几十万定期观看他在网站上演讲的观众。

必信力与人想要表现同理心的天然冲动息息相关。因此，当必信力成为一种具有竞争力的商业策略时，它其实已经超越了以金钱为度量和激励的商业领域，进入到了讲友谊、共享和互惠的社会领域。具有同理心的顾客不再一味追求产品的性价比，而是更可能会考虑公司的感受，因为公司也展现出了一张"人性的面孔"。

笔者的一个朋友在经济衰退期搬到了纽约。她和丈夫决心买一套不错又合算的公寓，在这个过程中，他们遇到了一位非常好的房地产经纪人。她给我们讲述的故事是这样的：

我们的房地产经纪人卡伦·凯利（Karen Kelly）是柯克兰集团（Corcoran Group）的，她带我们用几天时间看了40套公寓。最后当我们把选择的范围缩小到3套公寓时，我们突然接到一个朋友的电话，说他正在帮业主卖一套传统的合作公寓①。于是我们打电话给卡伦，问她该怎么做。她建议我们先去看看那套公寓，我们去后发现那套公寓非常不错。尽管卡伦从中得不到半分佣金，但她却带着很多有用的资料——包括建筑的历史、维修记录以及纳税信息，赶到我们这边。后来我们坚持要把这套公寓当作是她负责的，付给她买方应付的费用。因为即便她从这笔交易当中赚不到钱，她还是希望我们能够买到合适的公寓。从那以后，我们介绍了好几个人给她，包括买主和卖主。能帮我们的朋友在曼哈顿找到一个真正可以信任的房地产经纪人，我们会觉得自己为朋友帮上了忙。同时，我们当然也很希望看到卡伦获得成功！

想象一下前文中提到的史泰博的口碑营销项目，如果这家企业事先有自己的"Twelpforce"，不管顾客购买的是哪种产品，甚至从哪个商店购买的，都愿意为解决顾客的问题提供建议，那么它的口碑营销计划是不是就会发展得不一样呢？公司想要培养自己的必信力，最好的办法就是把员工（和其他顾客）的诚信和解决问题的能力释放出来，甚至在顾客决定从公司购买

---

① 合作（Co-op）公寓的概念与产权公寓相对，它是指由一家股份公司所拥有的公寓。业主购买时，实际上是拥有了这家公司的股份。——译者注

之前，就帮助顾客解决问题。

道歉的力量

Facebook学到的一个教训就是，简单的道歉是安抚群众的有效方式。如果雀巢公司吸取这个教训，应该也会获益良多。寻求他人的原谅是一种显示自身弱点的集中表现，它是开放心态的终极形式。

在电子社交时代，道歉仍然是一种有力的竞争策略。寻求谅解，是一种社交"合气道"。你不是在对抗他人的行为，而是在吸取他们的力量，为自己服务。

或者更准确地来讲，正如我们上一章所说，你越愿意相信别人，别人也越会觉得你可靠。暴露自己的弱点是赢得别人信任的最快方式之一，因为肯在别人面前暴露自己的弱点说明你信任他们。行为经济学家丹·艾瑞里设计了一些实验，用来解释道歉对被道歉者的行为产生的作用。第一步，他试图弄清烦躁或烦躁会在多大程度上影响我们的诚信。丹·艾瑞里的理论是，我们对一个人（或商店、公司、政府机构）越感到不安或烦躁，就越不可能诚实地对待这个人（或实体），或者为他着想，因为我们并不觉得有强烈的社会义务去尊重这个人的利益。实验结果证明，艾瑞里的猜想是对的。

例如，有一个实验是让研究员在咖啡店主动接近不知情的被试者，要求他们完成一份简单的"调查问卷"，被试者将会获得5美元作为报酬。（在这个实验当中，被试者的任务是快速浏览几张纸上的字母表，圈出某些字母组合。）但是，研究员分为两类——一类刻意地惹恼被试者，另一类则不需要。因此，在向被试者解释任务的时候，一些研究员（负责惹人生气的人）会接到手机来电。他们接起电话，故意让被试者等待，并且让他们感到这显然是一通私人电话。所以当两组被试者被要求完成同样的字母识别任务时，一组感到恼怒，而另一组则没有。

现在，为了评估人们的必信力，每一名被试者完成任务后，研究员都会给予5美元的报酬。但是，研究员故意在每个信封里多放了一些钱，并且让它们看起来好像是不小心弄错的。比如，有的信封里可能不是5张一美元的钞票，而是4张一美元的钞票和一张5美元的钞票。结果发现，被惹怒的一组被试者归还多余现金的可能性远低于另一组。被惹怒的那组被试者中，只有14%的人归还了现金，而另一组则有45%的人归还。（这个故事寓意着：如果你想获得别人的同理心，你就必须招人喜欢。不要因为糟糕的客户体验或产品瑕疵而惹恼了你的顾客。）

在重复进行这个实验时，艾瑞里也测试了道歉的效果。他让负责惹人生气的研究员仍然接电话，但是要求一部分人在继续任务之前向被试者道歉。结果发现，一个道歉完全抵消了生气带来的负面效果：

道歉是一剂良方。道歉之后，被试者归还的现金数量跟没被惹恼的那一组一样。于是我们发现，一个"对不起"就能完全抵消生气的负面效应。

艾瑞里提醒他的读者，不要因为这个实验就以为自己可以反复地惹怒别人，然后再道歉。每一名被试者都只参加了一次互动，而且没有人认识研究员或跟他们有任何关系。但是，这个实验仍然给人性做了一个耐人寻味的注脚。也许关于人们如何对待别人的问题，这个实验的结果和你自己的常识是一致的。

找回遗失的信任

研究表明，你对他人的关心（即良好的意图）和你过去的行为表现（即能力）这两方面，是决定别人对你的信任程度的主要因素。为了解什么样的情形会提高或破坏信任度，信任是怎样破碎的，又是怎样修复信任，院士们对信任进行了研究，结果发现：

→ 当别人因为你的非诚信行为而对你丧失信任时，一个修复信任的好方法就是道歉。如果你能认识到并承认自己的愚蠢行为，声明你将如何改过自新并保证这样的事情不再发生，你的顾客就会原谅你的能力不足。建议：要道歉就只管道歉，不要找借口。千万不要说"但是你们必须理解……"或"这不完全是我们的错"。你只需要说"我们的行为很愚蠢，对不起，我们保证不会再发生这样的事情"。如果合适的话，你还可以给顾客派送小礼物，让顾客理解你道歉的诚意。

→ 在做出不恰当或不诚信行为之后，修复信任的唯一有效方式就是拿出好的行为表现。虽然承诺将做出好的行为可以加速信任的增长，但可靠的行为才是长期培养信任的有效方式。

→ 经过一段时间的好好表现，那些之前因为不良行为而丧失的信任一般都能恢复，但是在行为不端的同时进行语言欺骗所丧失的信任，永远也无法完全修复。换句话说，能力不足可以原谅，但人品问题是致命的缺点，它是把绝大多数公司拉下水的严峻问题之一，因为最早出现在服务问题现场的官方人员往往都是公关人员。不管刻意的粉饰有多好听，它跟直言不讳总是势不两立的。

→ 有趣的是，研究还发现，签订具有约束力的合同反而会侵蚀顾客或商业伙伴对公司的信任。一旦签订了具有约束力的合同，一方在评价另一方的可信度时就会依据现实情况做判断，而不会掺杂任何个人情感。

在讨论道歉这个问题时，要记住：比起欺骗和自私自利的想法，人们能更快地原谅你的错误或能力不足。所以，当你把事情搞砸时，一定要态度诚实并且立即坦白。千万不要试图否认事实，因为掩盖真相只会比犯错更糟糕。

即便有些公司无法避免严重问题的发生，甚至过去一直因为这些问题而导致诉讼不断，只要它们能主动揭露并公开讨论自己的错误，仍然能将顾客问题带来的损失降至最低。托罗（Toro）是一家生产割草机和铲雪机的美国企业，在企业历史上经常因为人身伤害事故而遭到诉讼。很多年来，公司的管理层都坦然地接受这些诉讼，把它算作是一种商业成本，因为他们认为，公司生产的产品类型决定了人身伤害不可避免。然而，到了20世纪90年代中期，托罗开始思考，诉讼是否必须像伤害一样不可避免？的确，公司生产的产品上装有旋转刀片，一个失误就会带来伤害，这就是为什么使用割草机注定比使用洗衣机更危险；而且的确，就算不是绝大多数，仍然有很多失误是用户自己造成的。但是，如果公司真的能从顾客的角度思考问题——为客户的利益着想，它会怎么做呢？顾客内心究竟希望公司如何对待自己呢？

为了回答这个问题，公司实施了一项新政策，派遣致歉代表亲自看望受伤的顾客。代表们表达对顾客的同情，承认他们遭受的痛苦，并建议采取快速调解方案，避免法庭诉讼带来的时间拖延及高昂成本。这一政策干得非常漂亮，不仅是从顾客的角度，而且是从它对公司净收入的影响上来说都是如此。托罗公司请来了"一点也不吓人的法律助理、经验丰富的调解顾问以及了解托罗速战速决原则的调解员"，并建议一旦出现争议，就提请仲裁解决以减少麻烦。新措施实施后的头十年里，托罗再也没有为一起人身伤害事故上过法庭。据公司估计，这项政策为公司节省了约1亿美元的诉讼费用。

在这种情况下，我们也许会问，托罗的顾客调解方案真的"符合顾客的利益"吗？毕竟，受伤的顾客完全可以请一名合适的律师把托罗告上法庭，然后获得更高额的赔偿。但我们的观点是，必信力会战胜纯粹的自私自利。极度理性的自私只能说明问题的一部分，甚至不是最重要的那一部分，但必信力却是人类同理心和情感的产物，反映了人类内心深处渴望与别人建立联系、成为"社会人"的本能。

割草机事故的受害者放弃控告托罗，受伤的病人拒绝控告向他道歉的医生，USAA的投保人把退款寄回公司，贾森·萨德勒努力寻找机会光顾百思买，所有这些背后的原因都是一样的——人们非常珍惜他们所理解的"真正良好的意图"。我们都知道世界上没有不犯错的人，人们可以原谅诚实的错误，但难以原谅不端的意图。

让过去的事情过去吧

错误不可避免，所以我们只能应对错误。不好的事情难免会发生，即使是最好的公司出于最好的本意所付出的努力，也可能因为随机事件而失败。企业能做的事只有丢掉控制狂们掌控一切的欲望，展现出"人性的面孔"。要让别人信任你，你就得信任别人，这也意味着即便你自己表现得完美无缺，错误还是不可避免的。它们是你的商业计划的一部分。

生活还得继续，商业还是得发展，公司不可能因为一个错误就永远瘫痪，除非这个错误演变成了一场灾难性的难以克服的信任危机。既然失败无法避免，而且社会透明度和开放性的提高也让失败能够进入每个人的视野，道歉和原谅很有可能会成为社交网络化世界里的艺术形式。这跟传统的公关人员和营销者采取的方式完全不同。公关行业有一种顽固坚持不退让的本能，但是在今天这种新的电子社交环境中，这种本能完全不合时宜。

不幸的是，正是由于社交媒体环境的快速变化，公司有时不得不拿"无可奉告"作为挡箭牌。社交媒体系统有自己的动力学，通过电子方式传播的口碑意见本质上有一个特点，那就是系统的反馈回路很容易带来一波又一波的情绪，这些情绪来去很快，完全不可预测，但是具有很大的影响力。这也就是所谓的"无法预知的振荡"，它们可以在几天甚至几个小时之内变得活跃起来。如果你不能对公司的品牌口碑保持或多或少的持续关注，你就永远只能任凭变幻莫测的系统摆布。

肯尼思·科尔在Twitter上毫无品位的失态（第5章）给他带来了灾难性的后果，但是不到几天时间，网上的愤怒就大大平息，肯尼思·科尔的品牌声誉似乎也已回归正常。在此事件发生仅仅四天之后，《广告时代》的一名评论员评论道，尽管有些人认为科尔所犯的这类错误无异于"品牌自杀"，但实际上，事情的后果往往不是永久性的，甚至说不上严重：

为什么？很大程度上是因为那些人模仿肯尼思·科尔的名字在Twitter上注册账户，准备着看他的笑话，却在不知不觉中转移了人们的注意力，让人们忘了一开始让他们生气反感的错误。我们相信营销者还不至于这么聪明，会自己建这样的账户，但是以后会不会，谁也说不准。

然而，科尔的错误之所以这么快被公众忘记，更有可能是因为这个错误被看作是因能力不足，而不是意图不端而导致的。科尔在很短的时间内做出道歉，说明他的意图是良好的，他显然为自己的鲁莽感到后悔。但是，反过来问一问自己：如果肯尼思·科尔不是在几小时内作出回应，而是把网络上的怒火搁置几天，那会发生什么呢？大家可能由此得出结论，认为他一开始发出的Twitter消息就是故意让人反感的，因为这样就可以实现《广告时代》专栏作家所说的目的——炒作品牌。如果真是那样的话，要想得到大家的原谅恐怕就更难了。

在第8章里，我们会具体阐述能力和良好的意愿在某种程度上是相互关联的。如果科尔的公司没有对社交空间进行监控，对其中发生的事情一无所知，导致科尔的道歉推迟了几天，那么结论仍旧会是科尔"意图不端"。如果一家公司不愿意关注顾客和潜在顾客的动向，那么它的意图又能有多好呢？

随着网络上的互动越来越多，发生和曝光的错误也会越来越多——不光是公司、品牌所犯的错误，也包括个人所犯的错误。我们都听说过这个故事：2009年一项针对美国公司的调查表明，三分之一的雇主曾经因为应聘者在社交网站上所暴露的问题而拒绝对方，包括"挑逗性的或不合适的照片或信息"。

这是否意味着人们很快会变得更加胆怯、保守、不那么冲动呢？也许是这样。但另一方面，这或许也意味着整个社会会变得更加宽容和豁达。因为每一个人都会犯错，每一个人。

Facebook的很多高级主管已经开始信仰所谓的"彻底透明"。每一件事情迟早都会被人知道，因为世界正不可逆转地朝着社交系统演进。在这个系统里，发生的每一件事都会被其他所有人看到。这也许会让20世纪所理解的"隐私"荡然无存，但"彻底透明"的支持者认为，这样的未来一点也不坏。相反，我们应该夹道欢迎它的到来。透明度的提高会让人变得更加诚实，这跟你奶奶曾经告诉你的完全一样：如果你不想别人发现你做过这件事，最好的办法就是不要做。一些Facebook的用户指出，自从有了Facebook，劈腿都变得更困难了。

事实上，个人信息的传播将来也会越来越广，因为这就是社交网络无意间的一个副产品，而社交网络就存在于其中。几乎可以肯定，这个情况产生的结果是社会变得越来越宽容，对别人的指摘也越来越少。正如亚当·潘恩伯格（Adam Penenberg）在他的《病毒循环》（*Viral Loop*）一书中所尖锐指出的："羞耻感是有世代的。如果你现在是40多岁或者年纪更大一点，你的父母是不会谈论他们的感受的。但是这个时代，你却根本无法阻止人们倒出他们的故事。"

而且，今天的年轻人会通过自己的方式来适应这个新的现实。2007年，《纽约客》杂志针对孩子们如何使用互联网以及如何应对在网络上看到的海量个人信息甚至是尴尬的个人信息的问题做了一项调查。接受采访的孩子们几乎普遍赞成这样一种隐忍接受的哲学：有时，不好的事情确实会发生——负面评论、偶尔的妄加指责、以强凌弱甚至严重破坏个人隐私。不过，他们一般都会建设性地应对所有这些状况，并且意识到，企图"控制"别人的言行是完全不可能的。

例如，一位年轻女孩为前男友制作过一段相当露骨的视频，结果这段视频被放到了网上。她发现的时候先是非常害怕，企图在所有能找到的地方删除它，但视频又会在其他地方出现。换句话说，现在她已经不可能把泼出去的水收回来了。于是，她转而寻求其他的办法。她在网上上传了其他一些自己的资料——各种视频和博客地址，把自己刻画成一个更聪明、更成熟、更"完整"的人。这样，别人搜索她的时候，这些正面的材料就会把那段尴尬的视频淹没掉。不多久，她的这个方法奏效了，她的不光彩视频逐渐淡出了人们的视野。

过渡中的文化

对于那些已经卷入新科技浪潮中的人来说，透明、公开和诚信这些要求不言而喻，为此付出的代价就是要舍得放弃一些控制。任何近距离见证了电子社交革命的人都不会怀疑它的力量，而最成功的人往往倾向于成为其中的一份子。克莱夫·汤普森（Clive Thompson）在《连线》杂志中写道："其中一些甚至跟商业无关，它代表的是一种文化转向……这一代人从小习惯于写博客，每天用手机拍照并把照片上传到Flickr，实时地在Dodgeball和谷歌地图上标注自己的地理位置等。对他们来说，真实性来自于网络曝光。他们很难相信一个从来不在Facebook上记录自己梦想和恐惧的人。"

ccMixter的创始人维克多·斯通（Victor Stone）和劳伦斯·莱斯格谈话时评论道："你知道……这种讨论在10年或者20年后根本不会出现。那时候，婴儿潮一代……都快离世了，下一代人……根本不关心这样的话题。他们认为，混音也是一种音乐，是过程的一部分，就这样。"

> 未来已经在这里了——只不过还没有分配均匀而已。
> ——威廉·吉布森（William Gibson），科幻小说作家

我们觉得斯通是对的，不仅是他关于混音音乐的看法，而且还包括对这种科技引发的文化转变的很多方面的看法。20年后你再拿起这本书，很有可能会觉得"这些有什么好大惊小怪的"。到那个时候，一种关于人们如何创造、拥有和分享内容，企业如何"管理"自己的形象，如何处理个人隐私问题，以及人们如何团结在一起完成一件工作的全新的社会思潮已经出现。20年后，一切答案都将彻底揭晓。那时候回过头看，我们会说："当然，它必须是现在这个样子的，这是必然的。"

但是眼下，放弃控制并涉水塔拉·亨特所说的"社区混乱"，确实是一件让人害怕的事情，这让任何一名公司经理想起来就毛骨悚然，它代表着权力结构的完全颠覆。汤普森在《连线》杂志中对今天的企业管理者所面临的两难境地做出了如下总结：

互联网颠覆了信息的社会物理学。公司过去常常以为，公司内部运作的细节非常重要，因为它们属于商业秘密。如果你能小心谨慎地不让自己的计

划泄露出去，你就会处于上风地位；如果你有一个伟大的想法，只要不告诉别人，别人就偷不走。但是现在，只有同别人分享想法的CEO的主意才能真正赚大钱，只有公开自己不足的公司才会变得越来越强大。权力不是来自于你的名片管理器，而是取决于你与多少个博主建立了联系。现在，搜索引擎的排名足以让每一个人恐惧颤抖。

放弃控制，实际上是把网络互动的"被颠覆的社会物理学"转化成一种巨大的资产。但是，这种变化显然无法自上而下发生，它必须是自下而上的。你的Facebook粉丝——或者你的朋友、客户、同事或其他有交情的人——必须希望你的努力获得成功，这或许是因为他们本身能从中得到快乐，或许只是因为他们喜欢你、信任你。不管原因是什么，如果你希望他们为你着想、祝福你，你就必须了解他们想要的，给予他们想要的。你必须让他们自己加入对话，并且意识到，一旦他们加入对话，对话本身也会发生变化。

这就是文化过渡。不管你有多好，不好的事情总会发生，社交媒体的小行星必然会在不同的时间撞上不同的公司。控制是不可能的，你必须在小行星撞击之前提前建立起你的必信力。唐恩都乐（Dunkin' Donuts）全球首席营销官兼创新官约翰·科斯特洛（John Costello）把建立必信力比喻成一个储蓄账户：

为顾客做正确的事情，公平地对待你的员工，就像是在存钱。你必须意识到，你所做的每一件事都会影响你的必信力，包括出现问题时你怎么处理的。最后，你必须保证你的存款超过取款。给顾客一个承诺，并始终、永远履行你的承诺。

电子社交世界是一个透明度更高但却更难预测的世界，因此，公司通过自己的决定和行为表现出来的良好意图，是顾客判断是否要信任这家公司的主要标准；而公司兑现那些良好意图的能力，则决定了顾客能否真正洞察公司的灵魂。你可以称之为管理客户体验或实现客户洞见，或者简单来说就是右手知道左手在干什么，但是当你致力于培养你的必信力时，你必须保证根本点的正确。能力和良好的意图一样重要，所有人都在看着你的一举一动，因此你更加需要积极主动。

下一章，我们的主题就是能力。

必信力测试

　　请根据你所在的公司、机构或者政府机关的实际情况，回答下面的问题。与你的同事讨论你的回答，并登陆www.trustability.com查看其他访客的回答，将你的答案与他们的回答作一比较。

　　→ 你允许顾客在你公司的网站上对产品和服务进行评价，以供其他顾客和潜在顾客参考吗？如果允许的话，

　　　　◆ 你怎样对这些评价进行监督，保证不会出现猥亵的或者攻击性的语言？

　　　　◆ 你怎样处理正当的投诉和负面评价？（你是把它们删掉还是留作各种声音的一部分？）

　　　　◆ 如果你使用了某种机制的话，你用了什么样的机制来最大限度地减少竞争者对评价流程的破坏？

　　　　◆ 在你的公司，谁负责对评论进行监测以获取有用的反馈，了解系统性的问题以及改善产品的点子？谁负责在公司内部做出调整，以解决问题？

　　→ 你的公司是否对社交网站提及的你们品牌或产品的情况进行追踪？

　　→ 除了你公司的网站，顾客还在其他什么地方发表对你的公司的评价？

　　→ 他们更喜欢在哪里发表评价？更喜欢在哪里查看他人的评价？

　　→ 顾客想要找到其他顾客对你们产品和服务的评价容易吗？

　　→ 你是否曾试图在网上"匿名购物"，以寻找别人对你们产品的评价？

　　→ 你的员工或者合作伙伴是否曾经用马甲在网上发帖，对你们的品牌做

出积极的评价，或者对竞争对手做出负面的评价？你确定真的有或没有吗？如果你在公司内部发现了这种行为，你会怎么做？

→ 你如何在保护访客隐私的前提下，方便他们进行身份验证？你是如何平衡保护那些进入到公司网站的顾客板块寻找客观信息的访客，以及鼓励他们对产品和服务做出坦率评价的？关于身份经过验证的员工参与博客和社交媒体的问题，你们公司是否制定了相关政策？你的员工当中大约有多少人专门为公司发表博客或评论？在你们公司的公关部门，是否有人对这一情况进行监测？你个人是否知道或者听说过，公司的顾客中有人积极向别人宣传和推荐你们公司（正如贾森·萨德勒向别人推荐百思买一样）？

◆ 你是否已经做好计划，要找到这些公司的"粉丝"？

◆ 你是否制定了某种政策，旨在让更多的顾客成为公司的"粉丝"？

→ 目前，你的竞争者中有没有比你成本更低、物流更快、产品质量更高的公司？你是否曾经向你的顾客介绍你的竞争者，因为这样更符合顾客的利益？

→ 公司中是否有人在公司出现服务欠佳和失误的状况时，确保公司会对顾客进行道歉和赔偿？

→ 通过电话投诉表达不满的顾客当中，有多少人因为接电话的客服无法解决问题而要求"主管"来解决问题？

→ 意外事件发生后，顾客一般需要多久才能得到公司的道歉？

→ 如果一场社交危机即将爆发，并将导致网上产生大量的负面新闻和评价，你计划怎样消除这些负面评价，并处理它们带来的损失？你是否曾经实施过这样的计划？你的员工会在多大程度上自愿地帮助你？你的顾客呢？

第 8 章

诚实的能力

Extreme Trust Extreme Trust Extreme Trust Extreme Trust
Extreme Trust Extreme Trust Extreme Trust
Extreme Trust Extreme Trust
Extreme Trust

善良与智慧必相得益彰；犯错是人性，宽恕是神性。

——亚历山大·蒲柏（Alexander Pope）

表面上看，信任的两个组成要素——良好的意图和能力，好像是两种完全独立的不同品质。意图是一种心理状态，正如我们在第2章讲到的那样，我们不会读心术，所以唯一的方法只有通过语言和行为来推测某人的意图。我们想象自己说类似的话、做类似的事时有什么意图，以判断他人的意图。能力则根本不是一种心理状态，它是表现出来的天赋和才能。一家有能力的公司能良好地运营，有可靠而自觉的员工执行公司的政策，不会犯愚蠢的错误。熟练程度和能力是可以直接观察到的，它们是"客户体验"的重要组成部分——"客户体验"指的是顾客在跟公司打交道的过程中所形成的感受。这就是为什么你需要把原本独立的数据库连接到一起，派遣员工参加手机最佳实践研讨会，并提高企业工作效率，以节省顾客的时间，帮助他们通过一个公正的价格无障碍地实现自己的需求。

能力与良好的意图相关

然而，事实却是，尽管公司的能力是可见的，但它仍然是一种需要长时间刻意培养才能形成的品质。公司不可能甫一成立就能提供良好的服务、优质的产品，并且还具有顾客洞见。要变得有能力，公司需要做好这种考虑和计划。所以，我们怀疑，如果公司没有良好的意图，它是否还会不怕麻烦、竭力培养自己的能力，以公平地对待顾客或保证自己"做对事"。

换个角度来问这个问题：假设你从某家公司购买了产品，这家公司承诺会一直尊重顾客的利益，可是跟它打过交道之后你才知道，他们根本不能理解你的问题。他们不能在5分钟之内接起你的电话，不记得你上一次提出的特殊要求，千篇一律地对待包括你在内的每一名顾客；他们经常把事情搞砸，尽管他们表现得非常友好，本意也很善良，但你就是觉得跟他们做生意很困难，你发现自己根本就不能指望他们。在这种情况下，你不得不问自己，他们的意图能有多好呢？如果他们真心想维护你的利益，为什么就没有多付出一点努力？

　　第2章里我们讲过Netflix的故事，它不仅笨拙地将DVD业务和流媒体视频业务拆分开，还进行了大幅提价。而真正引起顾客愤怒的原因在于，公司在做出涨价的举动时似乎全然没有考虑顾客的感受。不论这种做法是因为公司能力不足还是因为意图不端，总之，顾客对Netflix的信任几乎在一夜之间烟消云散。

　　回过头来看，如果Netflix当时采取了不同的做法，结果可能就不会那么糟糕。首先，每一名初级营销员都知道，降价可以是大幅度的，而提价则必须谨慎，一次提一点，慢慢增加。几乎可以肯定，首席执行官里德·哈斯廷斯手下的营销人员曾经据理力争，坚持这种策略，但是当时负责公司运营的技术专家和工程师（包括哈斯廷斯，他自己也是一名数学家和计算机科学家）想必都无视了这一建议。很遗憾他们当时没有采用循证管理（我们下一章将要讨论），然而更重要的是，Netflix所有的顾客都是包月订购服务的，其中大多数人都会积极地从公司租赁并寄回DVD，或为安排流媒体视频的观影计划而直接在公司网站上跟公司联系。换句话说，Netflix的顾客会定期与公司互动，有些人甚至已经连续几年订购公司的服务。他们放弃百视达，因为他们觉得Netflix更加合算（也有更高的必信力），可惜Netflix从来都没有回报过顾客的忠诚和青睐。作为一家直销公司，Netflix对顾客的观影习惯、行为和品位等细节都非常了解，但是当改变发生时，它居然千篇一律地对待每一名顾客！如果Netflix当时不是这样做，而是针对不同的顾客宣布不同的涨价方案，比如那些时间最久的、光顾得最多的顾客，或者向其他顾客做推荐的顾客可以获得特殊待遇，得到一点优惠，那么情况会怎样呢？如果哈斯廷斯当时宣布："嘿，我们不得不在两个月内提价，但如果你是两年或者两年以上的老顾客，我们会保持现在的价格直到明年的这个时候，感谢你们一直以来的支持！"那么情况会怎么样呢？只要针对公司最常往来的顾客做出这样的宣布，每个人对Netflix的看法就会发生戏剧性的变化。

或者，当社会舆论的怒火熊熊燃烧起来的时候，Netflix本可以采取类似2009年年初Facebook因变更服务条款引起客户暴动时的做法（参见第6章）。想象一下，如果里德·哈斯廷斯在他的致歉邮件中写道："我们想继续地经营DVD出租业务，但是我们针对DVD和流媒体视频的定价必须反映出提供这两种服务的成本是很不一样的。所以，我们决定推迟计划，六个月之后再对价格或服务做出改变。在这期间，我们希望得到你们的支持，希望你们能帮助我们设计一种同时支持DVD业务和流媒体视频业务的商业模式，这样我们的顾客就可以继续按照所希望的方式观看电影。如果你们愿意在这个问题上帮助我们，提出你们的想法，我们会非常感谢。我们不会支付报酬，但如果我们最终采纳的建议是你第一个提出来的，我们会为你提供终身会员身份……"（显然，这比颁发100万美元给提供推荐电影的算法的人要划算很多！）

不管Netflix犯错是因为糟糕的营销建议、糟糕的计划、单纯的傲慢，或者更有可能是陷入了对公司利益日复一日地追求，以至于把公司利益置于顾客利益之前，顾客只看到结果，并因此而挠头——很多人感到的不是生气而是困惑。他们不敢相信，他们曾经那么喜爱的公司居然一直都怀着自私的意图，他们宁可相信公司是无辜的。但是，能力确实很重要。如果你没有处理好一个简单的涨价问题的基本能力，那么要维持顾客对你的信任将是不可能的。

公司的意图只能通过行动来推测，因此，如果公司想让人们看到它的良好意图，那么它至少要在行动上表现出自己的能力。如果它一不小心犯了很明显的错误，或者它的行动表明它并不重视顾客的帮助，或者不尊重顾客的需求、时间和精力，那么它的意图必定是值得怀疑的。换句话说，能力和意图不是完全独立的，它们在根本上是一体的。

产品能力和顾客能力

在今天，公司要保持竞争力就需要提供优质的产品或服务，还需要理解作为销售对象的顾客，并和他们建立起联系。我们把这两种基本的能力称为产品能力和顾客能力，二者都很重要。产品能力意味着公司要及时地提供质量好的产品或服务，它们不需要过多的保养、维修或校正，能按照设计的理念满足顾客需求和解决问题，而不需要顾客过分关注它。顾客能力则要求公司能够理解并满足顾客个性化的需求，同时与顾客保持高效畅通的互动。

也即，保证事情准确无误地完成。

谈到产品能力时，我们说的不光是实实在在的产品，也包括了相关的所有服务。要为顾客提供产品或服务，我们必须组建公司、采购资源、经营工厂、计划工作日程、管理和培训员工、记账、评估投资和部署资金。或许曾经有一段时间里公司与公司之间的产品质量区别很大，因此只要提供质量上乘的产品，就能把一家公司和其他公司区别开来。历史上有很多例子证明，即便公司拥有良好的意图，如果产品能力不足，也会导致公司最终失败。

然而今天，如果没有相对高质量的产品——符合公司承诺，正常使用中不会出现故障的产品——任何公司都不可能长久地生存下去。在绝大多数门类当中，产品分为很多不同的质量等级，价格也不同，但竞争是一个强有力的"矫直机"。如果没有价格区别，质量低于平均水平的产品不可能在市场上生存。因此，公司的产品和服务质量必须跟它最直接的竞争对手保持相当的水平，而这个标准在20世纪提高了很多，导致大多数发达国家中很难找到低于标准水平的产品。产品质量低于标准水平的情况并不会长期存在，因而不会成为什么大问题。如果你的产品能力连基本水平都达不到，那么公司也不会运营太久，自然，也就不会有人信任你的公司。

相反，公司最欠缺的能力往往是顾客能力——洞察顾客的真实需求（而不是他正在购买的产品或服务），他对世界的看法，以及他跟其他顾客的不同，并根据这些洞见做到不同顾客不同对待。简而言之，绝大多数公司都欠缺怀着同理心对待顾客的能力。

沃顿商学院的营销学教授和顾客关系专家乔治·戴伊（George Day）说，要成为在顾客能力方面的领军者（与"价格—价值领军者"相对），公司必须具备以下三个重要的特征：

（1）通常，它们与最佳顾客保持着十分紧密的关系，因此他们能够在互相理解和共同承诺的基础之上相互信任。这些领军者非常了解顾客的业务（或生活，根据顾客情况不同）。

（2）它们为顾客提供的远不止核心产品，还包括必要情况下的顾客信息和培训、附加产品、支持服务以及融资。它们竞争的是服务的范围，而非服务的规模。

（3）它们的顾客认为自己获得的产品或服务是符合自己需求的，它们是完全个性化的。这与"价格—价值领军者"采取的通用方法完全不同。

当顾客决定购买某种产品或服务时，并不是因为他对实实在在的产品或者服务要素有多迷恋，也不是因为他喜欢你们的商店、网站甚至是那些态度友好的员工。顾客购买产品或服务的基本动机是因为他有某种需求需要得到满足或某种问题需要解决，而他相信你的公司有能力做到这一点。你们的产品或服务不过是他完成这一任务的工具。克莱顿·克里斯坦森（Clayton

Christensen）有一句经典的名言：你的顾客不过是雇佣你的产品完成一项任务而已。顾客能力包括了你能从顾客的角度出发，真正理解顾客需要完成什么任务。

当信诺集团（Cigna）决心成为一个"被信任"的组织时（那时我们还没有向他们提过"必信力"这个术语），医疗保健行业对此并不认同。这就注定了信诺集团如果要把自己变成顾客利益的代言人并得到顾客拥护，会有一段艰难的路要走。它采取的第一步，就是从顾客的角度来看待公司与顾客沟通时使用的语言。它发现，顾客使用的词汇与员工使用的词汇经常不匹配。比如，顾客喜欢别人把他们称作"顾客"，而不是"病人"。相比于听到"医疗保健服务商"这个词，顾客宁愿使用"医生"或"护士"。像这样需要替代修改的术语多达200多个。于是，信诺集团在用词方面进行了大的整改，员工内部一旦发现有人使用老的术语而不是那些顾客友好型的术语，就会互相监督提醒。这一举措带来的效果非常显著：了解信诺集团如何为他们工作的顾客人数增加了一倍多，而发放给会员的宣传资料在数量上减少了一半以上。如此一来，不仅节约了成本，也改善了客户体验。

我们可以比较一下信诺集团的做法和大多数健康保险公司的做法。裴罗顾问集团的负责人迪特里希·陈（Dietrich Chen）预测说："医疗服务支付方在满足顾客广泛的需求时需要变得更加具有灵活性，这包括根据不同顾客的不同需求和渠道偏好，提供不同类型的支持，这就需要彻底转变当前大多数付款人为顾客提供服务时所采用的方式。比如，目前大多数医疗服务支付方只在正常工作时间回答顾客的问题，但这种时间安排对绝大多数顾客来说是不方便的，他们通常不希望在工作的时候讨论敏感的个人医疗问题，因为这可能被同事听到。因此，医疗服务支付方应该给顾客提供更多的渠道和时间选择，让他们享有更多的隐私权。"

在南非，一家名叫Discovery Life的创新型健康保险公司提供了一种特殊的保险计划，叫做"活力"。会员购买这一保险计划后能够在健康福利方面享受很大的折扣，比如免费使用健身房（但顾客必须达到事先规定的最低使用次数）。Discovery Life的副CEO肯尼·拉伯森（Kenny Rabson）说："'活力'计划在死亡率和发病率方面产生的积极影响非常巨大，超出了我们的想象，尤其是在保险期限的头几年。"公司对那些改善自身健康状况的会员实施奖励，因为健康的行为习惯降低了长期医疗成本。已经有临床证据显示，"活力"计划会员的医疗成本比其他人更低。目前，该公司已经联合美国哈门那公司（Humana）准备提供一项类似的计划，通过奖励措施来鼓励会员保持健康的生活习惯和生活方式。从本质上来讲，人们希望值得依赖的医疗保健公司能够给顾客提供建议，帮助他们改善健康，减少保险费用的支出。

在流水线和大规模生产开始之前，所有的商业行为都必须依靠顾客和商人面对面的互动来完成。那时候，最好的商人往往能够和顾客维持最密切的关系，记住每个顾客的具体要求，并用心满足他们的需求。高效的大众营销则是20世纪大部分时间的主要特点，这种营销准则认为个性化的服务成本过高，很难有竞争力，但是计算机技术的发展让它再一次成为可能。今天我们可能把它称为客户关系管理（CRM）、一对一营销、客户体验管理或者以客户为中心——但是不管你怎么称呼它，事实是，公司在当今要想保持竞争力，除了产品能力以外还必须具备一定的顾客能力。为了保持竞争力，公司必须能够更高效地感受顾客所感，从顾客的角度思考问题，了解"成为我们的顾客"是怎样一种感受，而它又应该是怎样的。和产品能力一样，要想在竞争中胜出，公司并不一定要在记住顾客以及同顾客进行一对一式的互动上做到最好，但绝对不能落后竞争者太多。

尽管我们则说过，能将产品能力和顾客能力维持在一个标准水平就已经很好了，但我们还是要强调，大多数企业只要在这两方面中的任何一方面做出一些提高和改善，它们的经济收益就会大幅提高。为了让顾客满意，公司需要同时具备这两种能力。一份消费者调查表明，尽管提高顾客的满意度确实能够略微提高顾客忠诚度，但真正能够大幅提高顾客忠诚度的方法却是减少或消除顾客的不满。换句话说，与其弄明白如何更好地给顾客创造"惊喜和快乐"，企业不如把精力集中于为顾客消除障碍——那些给顾客带来烦扰、造成重复性工作的事物上。公司要做到值得依赖，就必须学会同理心，从顾客的角度思考问题，并弄清楚怎样让顾客更轻松。

别折腾"惊喜和欢乐"了，只要不搞砸就好。

大多数在顾客看来"有能力"的公司（能保证事情准确无误地完成），要么已经把"以客户为中心"作为公司的第一驱动力，要么正在朝着这个方向努力。它们已经意识到，顾客是名副其实的唯一收益来源，是一种稀缺资产（且很有可能是最稀缺、最不可替代的），顾客既创造短期价值又创造长期价值。如果你希望自己能拥有足够强大的顾客能力，使你的公司成为值得依赖的公司，那么你必须：

◎ 根据不同顾客的需求和价值，区别对待不同的顾客；

◎ 一次关注一名顾客，努力为这名顾客找到合适的一系列产品；而不是一次关注一种产品，努力为这种产品寻找众多顾客；

◎ 通过与顾客建立学习型关系，在跟顾客打交道的过程中变得越来越机灵，这就意味着丰富你与每一名顾客的关系背景；

◎ 了解顾客的需求，并愿意付出一切代价以满足顾客从其他地方（包括你和你的竞争者）无法获得的要求；

◎ 在评估员工和公司部门时采用以顾客为本的衡量指标，包括终身价值、客户盈利能力以及顾客资产。

当然，企业要做的远不止这些，我们以上谈到的几个要点只是你必须做的事情，我们还没有涉及你如何做到，而这又是一个非常重要的问题。每当我们的客户问及各种关于具体如何做的问题时，我们通常会告诉他们，不管公司的计算机系统、分析法或工作流程有多么精良，你都不可能靠写一行代码或者制定一条工艺要求就赢得顾客的信任。顾客不相信软件、流程或者商业规则，顾客信任的是人。

因此，要做到值得依赖，很重要的一个方面就是要展现出"人性的面孔"，正如我们在第2章建议的那样。另一方面则是，你的员工要愿意做到可信，愿意为这个目标努力，愿意推动公司朝着这个目标迈进。这就是为什么美国Teletech的CMO马克·格林德兰德（Mark Grindeland）会这样说：

社交网络对你的公司——你的整个公司，都非常重要。处理"社交的"、"移动的"事物，是不能分给营销部门的年轻人来做的。你必须发动全公司的人。

诚实的能力要求诚实又有能力的员工

你不能指望通过政策声明就赢得顾客的信任，你只能用实际行动实现这个目标。问题是，公司的"行动"实际上是由员工而不是由CEO或董事会来实施的。对于顾客而言，他们在电话里或者在店里产生互动的那些普通的、低层次的员工，就代表你的公司。

如果你想确保公司能按照顾客所期待的方式对待顾客，你就得思考一下员工跟顾客打交道以及互动的方式。显然，这牵扯到公司的政策和惯例，但光有政策和惯例是不够的。你真正需要的是在公司内部营造一种文化，鼓励员工去赢得顾客的信任。正如尼尔森研究公司（Nielsen）副主席苏珊·维婷（Susan Whiting）所说：

把你的品牌和"做正确的事"联系起来。把维护好公司的网站、做一个良好市民和保证公司的持续发展作为公司的常规事务，并保证用正确的方法完成这些事。对很多公司来说，这比做正确的事情还要难。但是事实上，我们无法把服务好股东和服务好顾客拆分开来，否则，你要怎样做才能为客户提供更加简单轻松、美好而有意义的生活呢?

问题在于，"文化"这个东西是很难准确定义的。很多管理团队死死抓住"文化"的概念，试图把它编纂成典，然后在公司内部宣传普及。但是，为公司写一个价值观陈述并不代表公司能够兑现它，也不意味着它会对公司的真实文化产生多大影响。笔者曾经参观过一家公司，它有一套自己的书面成文的价值观念，和公司宗旨一起张贴在总部大楼的各个地方，你可能也见过这样的东西（谁没见过呢）。为了隐藏这名客户的身份，笔者只引述该公司贴出来的"价值观"的第一行，具体如下:我们总是为顾客做正确的事。

这听来不是很棒吗? 对于顾客、市场以及公司的整体目标来说，这句话都反映了一个很好的态度。这是一个有远见卓识的、以顾客为导向的公司做出的一条了不起的价值观陈述。可是，在接触越来越多的员工和中层管理者的过程中，我们越来越明显地感受到，公司的每一个人都把注意力集中在一件事情上:不惜一切代价创造季度财务数字。这些管理者每天的行动和决定都反映了另一套价值观———一套尽管没有写下来贴在墙上，但是渗透在整个公司文化、主导公司判断行为正误的价值观。如果把这套真正起作用却没有成文的价值观写下来贴在墙上，应该是:我们一向不惜一切代价，创造季度财务数字。

到目前为止，笔者还没有看到任何有关该公司卷入丑闻、生产安全事故或顾客服务危机的报道，但是据我们猜测，唯一的原因应该是公司还没有碰到任何严重威胁季度净收入的事情。不过，他们迟早会碰上这样的问题，那时候他们就会在考验中失败。届时每个人都会感到奇怪，一家有着这么了不起的价值观的公司，怎么会这样自私冷漠地对待它的顾客、员工和股东。

公司的文化反映在公司如何衡量成功，如何奖励员工，如何判断哪些任务重要，如何快速有效地制订决策，以及谁来通过这些决策；它还反映在员工对他人有多友好，有多信任别人，能在多大程度上容忍不同意见，会认为什么样的行为是出格的，等等。公司的文化会击败任何规则，超越任何控制，傲视任何与其相互冲突的流程。沃伦·巴菲特（Warren Buffett）这样描述道："文化比一切规范手册更能决定组织的行为。"换句话说，你可以把公司的价值观书面化，甚至编入员工手册里，但是，如果你希望公司真正以这些价值观为立身根本，那么你最好保证不仅公司的系统、规则和流程跟你们的价值观一致，而且公司所有的员工都相信它，并会因为践行它而获得奖赏。

公司的文化既能给公司带来好处，又能给公司带来不利，它既可以是一种"竞争对手难以复制的长期竞争优势，也可以是你公司头上的紧箍咒"。公司的文化维持着公司的长久生存，员工会入职又离职，商业活动有高潮有低谷，但渗透整个公司的不成文规定却是一种"社会"现象，在员工间相互传递。薪酬制度、目标期望和社会契约也会对它形成推波助澜的作用。多夫·赛德曼（Dov Seidman）说，文化让公司在紧紧围绕共同目标的同时，获得更加丰富多元的成长。

尽管文化对整个组织的影响是从上而下再从下而上的，但是公司高管对员工的期望，以及他们的话语和行为都会对公司文化产生明显的影响。要营造出一种诚实的能力终将胜出的文化，需要有人做出榜样。如果你希望你的员工能够从顾客的角度出发，考虑对待顾客的方式，那么你也应该从员工的角度出发，考虑对待员工的方式。

所谓公司"文化"，指的就是员工在没人监督的情况下会有怎样的表现。

此外，作为公司的领导者，你绝对不能放弃任何一个为公司价值观代言的机会，考虑一下如果你不这样做会带来什么样的影响。

亲爱的艾比，

我们公司有一名同事负责向我们的企业客户——通常都是大公司——销售。他做得非常成功，接管部门不到几年，部门的业务量就高速增长。

但是，他对待顾客的方式却让我感到非常不安。跟他在一块的时候，他有时会接听手下的客户经理打来的电话。可是他让经理对客户说的话完全不尊重事实，有时他给的建议甚至完全就是撒谎。例如，在谈价格时，他会说，"告诉客户，这绝对是我们能给的最大折扣了，因为总部不允许我们降低其他部门的收入"（不符合事实），或"告诉他们，时薪不能再减少了，因为我们必须遵守先前和这方面的专家签订的合同"（同样不符合事实）。

我还在我们的日常谈话中发现，只要可能造成一点点的不便，我的朋友也可能会为了避免麻烦而编造借口。我曾听到他为了避免日程安排上的冲突，吩咐秘书给客户打电话，告诉客户他的航班延误了（事实上根本没有），或者他的老板临时召开紧急高层电话会议，所有人不得缺席（根本不是这样）。听到他说这些话，我最感到苦恼的是，我的朋友怎么可以这么随意地歪曲和捏造事实。他不仅从没有显露出一点懊悔之情，还总是随随便便就撒谎，但很多时候，他明明只需认真解释一下事实就不会产生大麻烦。

我是不是太古板了？我应该怎么做？

你诚实的，正陷入两难的……

自组织和开放式领导力

在本书相当一部分的内容中，我们都在讨论真诚坦率地处理冲突性意见、随机事件和不可控局面的重要性。多伦多大学罗特曼管理学院院长罗杰·马丁（Roger Martin）花费大量时间研究了成功企业领导者的特点，得出的结论是：

他们中的大多数人都有一个不寻常的特点，那就是他们倾向于并且能够在头脑中同时容纳两种相反的想法。这个时候，他们不会惊慌，也不会将就其中任何一种想法，而是会提出一个新的想法，既囊括了之前两种观点的元素又较之更优越，从而创造性地解决了两者的冲突。这一思考和整合的过程可以用一个术语来概括——整合思维。

现代商业环境的特点是"系统"高度复杂，"系统"内部相互联系越来越密切。应对这样的系统，唯一的方法就是整合思维。美盛资金管理（Legg Mason Capital Management）首席投资策略师迈克尔·莫布森（Michael Mauboussin）认为，现在是时候让我们重新整体思考应该如何评估和奖励高层管理者了。没错，我们可以根据销售额或者完成的任务来奖励销售员和工厂工人，因为工人对他的产出有一定的控制权。但莫布森认为，根据销售数字、公司盈利甚至股票价格来奖励一家跨国公司的CEO，并不是那么令人信服，因为有太多因素是他不能控制的。莫布森提出，"在一个概率系统内"，CEO的报酬除了部分建立在"产出"的基础之上外，也应当对他们的正确"输入"进行激励——比如，不考虑决策的实际结果，仅根据决策流程的质量给予奖励。

当然，如果公司真要这么做的话，面临的第一个问题就是评估的主观性问题。我们也许不能提前预测利润，因为这在很大程度上取决于机会，它甚至不会受到管理者行为的太大影响。但是，作为一种产出，它却具有可以精确计量的优势，计算得出的公司净盈利就和中奖的彩票一样不容争辩。另外，自从员工的命运完全落入那些主观的、自以为是的、带偏见的主管手中，管理科学走过了漫长的弯路。比如，"目标管理"运动的形成就是基于这样一种观点——员工获得的薪酬和赏识应该有一个更加客观的评估标准，它与实际的商业成果联系更紧密。

不过，莫布森等人提倡的并不是结果不重要，而是认为，在评估单个员工和部门时只看结果是不够的，所以眼下的这种评估机制不能胜任。评估管理者时，我们应该既考虑"输入"也考虑"产出"。问题是，这需要有另外一个人（经理人的直接上司、董事会或薪酬委员会）对其做出判断，而人的判断必然烙着主观印记。这样做实际上是让另一个人掌握了管理者的经济命脉。而且要求管理者信任这个人，相信他会做出"公正"的决定，即同时展现良好的意愿和能力。

据一位技术专家称，今天的经济正在变得更有"生产力"。公司不再专注于如何优化一种固定方式，而是不断地尝试创造出各种组合或"新型可配置产品"。这样一来，公司的"管理"工作必然同解决具体问题越来越没有关系，而是越来越多地要弄清转瞬即逝的、混乱不堪的局面，实现"从理性地解决问题到清楚地理解问题的转变，从以商品为基础的公司到以技术为基础的公司的转变，从购买元件到形成联盟的转变，从稳定运营到频繁调整的转变"。

当然，人类互动成本的急剧下降最终不仅会改变公司活动的本质，也会让人们对公司组织存在的必要产生质疑。公司之所以存在，是因为它在人们集体创造价值的时候能够提高互动的效率。但是，我们已经看到，随着互动变得越来越畅通无阻，公司直接承担的任务变得越来越少。外包以及与其他公司（有时包括与直接竞争对手）合作这两种形式正迅速兴起，而这只不过是个开始。慢慢地，公司会越来越多地放弃与自己最核心业务没有直接关系的任务。

在这种环境下，只有那些讲求信任和同理心的公司和组织才能生存下来，因为这些公司的员工能独立采取行动。公司更少地依赖自上而下的、等级性的、命令—控制式的管理原则，而是更多地依靠自下而上的、基于价值观的自组织。一旦出现顾客问题，会有一群员工专注于此，主动承担责任，找出解决问题的方法，而不需要自上而下的指导或管理干预——这就是具有自组织能力的公司。员工之间的相互信任是自组织的基本要求。在超互动的电子社交的未来，自组织会迅速成为公司的最可行形式。不论是百思买利用Twelpforc诚实地帮助顾客的例子，还是客服代表因为公司没有按时送货而给顾客的信用卡打入25美元的例子，这些成功的公司一定不是有各种规章制度、组织结构以及具体服从机制的公司，而是员工希望它成功的公司——这些员工信任的公司对顾客怀有同理心。

赛德曼认为，这种自治文化之所以具有优势，主要有以下七大原因：

（1）一个平的世界需要平的治理架构。自治能够最大程度地减少组织层级，从而提高公司的适应力。

（2）自治型组织依靠信息的自由流动而获得发展。"信息的自由流动能够提高信任，从而发扬自治文化。"

（3）一家领军企业必须是领军人物的企业。当世界变得更透明时，普通员工必须有更强的主动性。

（4）建立在价值观基础上的自治型文化能够促进员工的发展。训练是为动物准备的，发展才是为领导者准备的。

（5）自治能够提高普遍的警惕性。任何人都不可能自始至终不犯错，而自治组织在推行价值观和剔除违反者方面比等级系统更加高效。

（6）自治让决策从追求务实向讲究原则转变。声誉和信任来自于对原则的尊重，而不是对规则的遵守。

（7）自治是一个更高层次的概念。和信任、信念和价值观一样，自治是跟"更高层次的自我"对话。它是一个鼓舞人心的组织模式。

能力很重要，如果公司缺乏顾客能力，就不可能成为一家值得依赖的公司。

如果你的产品或服务比不上你的竞争者，公司同样不可能保持值得依赖的状态。你的产品或服务应该比你的竞争者好，至少要不分上下。在很多具体的商业门类中，只要不给顾客造成伤害，就能让你的公司成为最具有必信力的公司之一。

但是，假如你的产品真的赶不上竞争者，你该怎么办？

真正的忏悔：达美乐（Domino's）和透明比萨

如果客户体验很糟糕，顾客就会在事后讲起它，让其他人也知道，但是不要指望品牌自己会承认。没错，营销部门可能会敦促公司采取措施提高客户体验，但是如果客户体验不佳，他们是绝对不会让别人知道这个事实的，没有哪个正常的销售主管会主动把人们的注意力吸引到一次有问题的客户体验上。

然而，今天的世界是一个高度透明的世界，任何丑陋的事实，比如一次糟糕的客户体验，都不会只因为没有上广告就不被人发现。营销部门承认也好，不承认也罢，人们总归会知道这件事。于是，世界上任何一个角落都会立刻知道，而且永远存在。

2009年4月，达美乐比萨有两名恶劣的员工在YouTube上上传了一段视频，记录他们当中的一个人在准备食物的过程中做的一些令人作呕的事，甚至像是在把奶酪放上比萨前，把它粘在自己的鼻子上。短短几天内，这段视频的观看人次就达到了100万；谷歌搜索关键词"达美乐比萨"，出来的主要结果也是这段视频；同时，它也在Twitter上成了热门话题。但是，这段视频挂出来不到几小时，作恶者就被人肉搜索出来，他们的名字叫做克里斯蒂·哈蒙兹·汤普森（Kristy Hammonds Thompson）和迈克尔·塞泽尔，是北卡罗来纳州科诺弗一家达美乐比萨店的员工。尽管两人坚持称视频里出现的食物最终并没有被送给顾客，但他们还是立马被开除并移交给了科诺弗警方，面临重罪指控。为了遏制这场公关灾难，达美乐比萨CEO帕特里克·博伊尔（Patrick Boyle）迅速采取了行动，在YouTube上上传了他的道歉视频。

这件事情本来可以就此告一段落，不过是某一天的社交媒体上又多了一条标题而已，可是一个更大的事件即将揭开面纱。就在这件事发生一年多以前，博伊尔和他的营销团队就已经开始针对达美乐产品质量不高、花样落后等棘手问题展开改进工作。从标准比萨的乏味口感、奶酪加工后的外形到散漫的送货态度，在各个环节进行反思。那时候，达美乐在比萨消费群体间的名声是"不得已才买的比萨"，只有在没有足够多的钱买一份质量更好的比萨，或者附近没有必胜客或教父比萨（Godfather's）时，人们才会选择它。于是，在开业50周年庆典时，达美乐比萨连锁推出了一款全新改良产品。除此之外，达美乐为了宣传改良后的产品还发起了一场电视广告运动，坦率地承认他们过去所犯的错误。例如，其中一则广告首先播出了"焦点小组"的视频片段，参加者抨击达美乐比萨为他们吃过的"最烂的比萨"，随后切到CEO博伊尔的画面，他为公司多年以来提供质量低于标准水平的比萨表示道歉和忏悔，并表示公司现在决心努力提高。

尽管改良后的比萨新品仍然算不上精品美食，达美乐也无法与那些提供全麦面包和全有机配料的新潮的、价格昂贵的比萨精品店相提并论，但人们还是因为达美乐的坦率而对它产生了好感。一名来自某个批评之前产品的"焦点小组"的大四学生说："那些广告以一种出乎意料的方式在我心里引起了共鸣。我是说，他们很有自知之明，他们的比萨就是很烂。但是，要做到像那样诚实——我们会情不自禁地重新思考片刻。"

接下来又有事情发生了。六个月后，达美乐宣布将不再使用美化后的照片给比萨做广告，而是直接使用照相机拍下的照片——并且向顾客征集照片用于广告。（《广告周刊》报道这件事时用了这样一个标题：达美乐透明比萨，上周开行业先河。）事实上，达美乐很早就懂得了利用社交媒体的力量，公司管理层也相信，对于品牌声誉而言，顾客间的口碑远比公司做的广告重要。他们知道，在电子社交时代，任何光鲜的粉饰都不可能掩盖产品的瑕疵。正如博伊尔所说：

试图宣传粉饰已经不管用了。伟大的品牌想要继续迈进，就必须表现出前所未有的诚实和透明。

"比萨大翻身"运动让达美乐的营业收入和盈利能力得到了不错的提高。2010年，美国的同店销售额增长了近10%，这样的增长对于大型连锁店来说是不俗的。实际上，这是达美乐自2007年以来第一次实现全年度正增长，而且至少在2011年的上半年，这种高水平的国内销售额得到了维持或增长。

重要的是，达美乐在决定坦白自己的罪过时也承担起了一项重要的责任。如果新设计出来的产品质量得不到人们的认可，那么达美乐品牌的信誉可能更加会一落千丈，永世不得翻身。正如博伊尔早先说过的，尽管他相信新产品不错，但是"我们同样也知道，只有兑现承诺，这一方法才会立刻奏效"。换句话说，良好的意图非常重要，但是能力也很关键。一旦你公开声明了你的意图，你就得确保公司有能力兑现承诺。

多美达从透明政策中获得信心之后，继续挑战极限。为帮助顾客随时追踪比萨送货订单的进程，多美达开发了一种名为"多美达追踪者"的在线工具。为了宣传这款工具，展现公司透明的服务，2011年夏天，多美达提出了一个独特的想法。从7月25日到8月23日整整一个月，多美达接管了纽约时代广场上的一个灯光广告牌，在上面几乎实时地播放顾客对于多美达比萨的真实评价，这些评价正来自在线工具"多美达追踪者"。在宣布计划时，多美达只是简单地表示说顾客评论会让公司越来越好——所以不管是正面评论还是负面评论都会被放到广告牌上，让全世界的人观看。果不其然，虽然绝大多数评论都是正面的，但其中还是零星散布着相当数量的负面评价。我们随机找来了如下几条评论：

> Katie,S.，弗罗里达州劳德代尔堡
> 你们的比萨非常不错，谢谢！

> Vanessa,H.，德克萨斯州杰克逊湖
> 太好吃了！！谢谢！

> Athena,F.，密西西比州比洛克希
> 姑娘们，伙计们，都太帅了！

> Jose,R.，德克萨斯州圣安东尼奥
> 不管我点哪一种比萨都很棒

Cat,C.，亚利桑那州弗拉格斯塔夫
送比萨的伙计詹姆斯太可爱了

Nadine,G.，加利福尼亚州布卢明顿
比萨被盒子压坏了

Sharonna,Y.，密苏里州诺曼底
比萨盒子上的签收单没有印上我的地址，
我也没有收到信用卡收据……

Crystal,C.，德克萨斯州休斯顿
送货服务非常不错

Richard,C.，德克萨斯州科珀斯克里斯蒂
最近一段时间最满意的一次

John,F.，加利福尼亚州尔湾
说真的，你们是最棒的。

Donald,L.，北卡罗来纳州教堂山
一如既往，非常不错的比萨，从来没有失望过！

出错和信任

多美达的反直观营销法实际上是在坦率承认错误的同时承诺做出改进。对于传统的营销人员来说，这种方法简直太疯狂了，但疯狂正是让他们觉得吸引人的地方。他们欣赏多美达在这次活动中的原创精神，但对于公司如此公开地自曝家丑的做法，他们仍然不确定是否妥当。比如，《广告周刊》（*Adweek*）的一位专栏作家在批判时代广场广告牌活动时，用了一个华丽的表达来形容多美达的营销策略——"高调刺眼的自我鞭策"。

一位拥有广泛知名度的市场定位顾问的看法很好地说明了传统营销宣传和必信力之间的巨大区别。她首先以可口可乐公司的广告"真材实料"为例，说明说真话确实有它的好处。但是，她接着认为，多美达的"比萨大翻身"运动反而削弱了真话的力量。"还有什么比承认自己的食谱差劲来得更虚伪？"她问道。（这个问题耐人寻味，如果企业不承认，又会怎样呢？）

遇到顾客投诉产品或服务时，传统的公关和营销做法是遵守美国中央情报局的经典格言：否认一切，拒不承认，尽量反驳。如果你是一名传统的营销人员，公开承认任何一种错误都有一个基本问题——一旦你承认错误，你花几百万美元做宣传精心营造出来的粉饰就会遭到破坏。不管承认错误对不对，它都会让你的投资缩水贬值。但是，过去靠虚假的——甚至欺骗性的——沟通策略之所以也能获得成功，唯一的原因是人们直到最近才知道，这些产品确实有问题。因此，即使你明知道有问题（毕竟，产品是你的，你做的调研最丰富，也掌握着满意度统计数据），你也不会承认，因为承认它反倒会提醒很多原本蒙在鼓里的顾客。在那样的世界里，承认任何错误的后果都是毁灭性的，所以否认一切、尽量反驳才是王道。

然而，今天的世界已经变得非常透明，所以每个人都会知道你的产品"很烂"。因此，拒绝承认只会让你显得虚伪，它是完全不可能被掩盖的。真实的世界不是商业领袖或营销专家的世界，而是普通人频繁互动的世界，一个非营销的世界。在这个世界里，出错才是连通可信度的最快捷径，承认自身弱点是赢得他人信任的第一步。

反过来，在更加互相信任的环境里，敢于承认错误更能得到人们的认可。因此，如果你希望公司的文化具有很强的适应力，希望公司善于创新实验，不断自我完善，那么我们强烈建议，你要创造出这样的工作环境：不把犯错看作是政治性的问题或个人缺点，而是学习的机会。以一项针对20世纪90年代美国私人疗养院行为惯例的研究为例，哈佛商学院的一位研究者得出的结果非常出人意料。她发现，在领导最受尊敬、员工之间关系最亲密、信任程度最高的疗养院，报告的出错率比工作环境信任程度较低的其他同类机构高出了10倍。她发现，原因不是前者工作质量低下，实际上前者的工作质量水平更高。但是，因为员工们信任管理层，员工之间也相互信任，所以他们不害怕汇报错误。在缺乏信任的工作环境中，错误的发生率更高，只不过它们没有被汇报上去而已。

一个诚实的工作环境是公司做到值得信赖的秘密武器。在诚实的文化氛围中，人们怀着共同的信念，公司鼓励人们分享自己的观点，并实现自组织。因此，诚实的工作环境是提高组织能力的首要因素。而能力跟良好意图一样，对赢得顾客的信任十分重要。

必信力测试

请根据你所在的公司、机构或者政府机关的实际情况，回答下面的问题。与你的同事讨论你的回答，并登陆www.trustability.com查看其他访客的回答，将你的答案与他们的回答作一比较。

→ 你的公司的产品和服务质量是否尚好——换句话说，在同等价格条件下，它们是否比竞争者的产品和服务的质量更高或者相当？

→ 你的公司是否与最有价值的顾客保持积极的关系？

→ 你知道数据很重要。那么你在使用顾客相关的数据时，是否会积极主动地保护他们的隐私？

→ 你是否千篇一律地对待所有的顾客，还是针对不同的顾客或顾客类型，采取不同的对待方式？

→ 你们公司提供的产品和服务是否涵盖广泛，能够解决每位顾客的问题？还是顾客需要额外的产品或服务——即某些你的公司不提供的产品或服务，才能充分满足他们的需求？

→ 你们是否有一个完备的信息系统，能够帮助顾客避免一些微小的错误，或者省去顾客的麻烦？比如，顾客在退换货时不需要提交纸质收据作为购买凭证。你们的业务流程或信息流中，是否存在某些方面，一旦做出小小的改善就能极大地改善客户体验？

→ 你的公司是否会衡量、追踪某些政策和活动的实施情况，以确定顾客对于它们的满意度，以及它们对顾客价值的影响？

→ 你的公司是按每位顾客还是按部门来追踪顾客的盈利能力的？

◆ 对于不同顾客或者不同类别的顾客的终身价值，你是否形成了某些洞见？

◆ 你是否已经找到一些因素，能够说明顾客终身价值为什么会出现剧烈变化，无论是上升或下降？

→ 如果同样一位顾客的难题交给两名不同的员工，让他们单独处理，他们会用类似的方式来解决这个难题吗？也就是说，在应对顾客和处理顾客相关的问题时，你所有的员工是否对正确的处理方式有一个一致的认识？

→ 在支付管理者报酬、评估部门业绩时，你是否只看结果，还是会同时评估他们在决策时的"输入"？包括使用的流程、考虑的信息以及咨询的观点。你用什么样的措施来保证主观评估的可信度？

→ 你的公司文化是否鼓励创新实验和新想法？

◆ 如果一项倡议或者某个新想法失败了，会怎样评估牵涉其中的管理人员？

◆ 你会说从专业上来看，失败的倡议对公司来说无异于"死亡之吻"吗？

→ 如果某位员工发现了产品或服务上的一个错误，或者发现"我们在某个地方犯错了"，他是更加有可能掩盖这个错误，以避免任何人陷入麻烦，还是立马向管理层回报，从而促使问题得到及时解决？

◆ 这位员工是更加有可能向管理层汇报呢，还是做一个告密者，直接向公众曝光这一问题？

→ 如果管理层在社交媒体披露之前发现了该问题，又会怎么处理呢？是消除问题、拖延问题，还是立即公开？

第 9 章

必信力信息

Extreme Trust Extreme Trust Extreme Trust Extreme Trust
Extreme Trust Extreme Trust Extreme Trust
Extreme Trust Extreme Trust
Extreme Trust

你会相信谁？我，还是你自己的眼睛？

——奇科·马克斯（Chico Marx），

电影《鸭羹》（*Duck Soup*）台词

当你的顾客向他人——这个"他人"不管是你的员工、其他顾客，还是纯粹的陌生人——寻求建议，他寻找的其实是信息，他想要知道一切关于你们公司以及公司产品和服务的问题的答案：这个服务值这个价吗？你和你的竞争者哪个更好？你们的产品真的有用吗？用起来麻不麻烦？如果坏了，你们会负责维修吗？你们会不会逮住机会就占我的便宜或者宰我？跟你们打交道，会让我感到舒服愉快吗？

这些问题的答案可能是事实，也可能只是某人的看法，但不管哪种都是信息，而且是有用的信息。因为它能帮助顾客更好地解决问题，或者满足某种需求。信息是我们作出决策的依据——不仅是在决定买什么时，也在决定人生方向时。信息就是我们行走于世界的导航。

问题是，不管你是用千兆字节级还是百万次浮点运算来计算信息，今天的信息十分廉价而且无处不在。今天人类创造和存储的数据不仅包括商业文件、政府统计资料以及科学研究，还包括博客帖子和网站、状态更新、照片、视频、评论、产品评价、短信息、博客、"赞"和"转发"按键以及位置签到，越来越多的信息是由甚至上千万个单独的个人在用数十亿种方式进行互动的过程中产生的。比如，每24小时，谷歌就要处理超过10亿条的个人搜索请求，而Facebook用户会产生约3Tb的新信息。

数据之所以出现爆炸性增长，关键的原因之一在于人们想要"成为社会人"。在这种欲望的推动下，不仅社会透明度提高，对信任的要求增加，而且出现了信息爆炸。社交媒体平台是超级高效的分享工具，当你坐在靠近舞台的前排抓拍了一张摇滚巨星的照片，或者从班机的窗户上抓拍到火箭发射穿越云层的情景时，你可以立马跟每一个人分享，这就是为什么尽管Flickr和其他一些照片分享网站有更加突出的优点，Facebook还是迅速成为世界最大照片库的原因。在Facebook上，你不仅可以展示你的照片，还可以圈出照片上的朋友并分享给大家。总之，你可以在Facebook上做一大堆事情。

目前的估计是，人类可以获取的数据量大约每两年翻一番。但是，由于技术正在把人们组成的一张张极度高效的网连接起来，而不是简单地对数据本身存储和加工后进行分流，新数据的产生速度很有可能会超过摩尔定律。从数学的角度来看，网络信息的发送量正在以超几何级增长的"组合率"增长。有些估测更加激动人心，说几年之内，数据和技术信息的量可能每几个小时翻一番。

这样的增长速度几乎是不可想象的。它将会考验人类的理解力，要求我们更加注重数据和信息的准确性、可靠性、实用性、客观性和连续性。毕竟，届时将会是一片数据的海洋，但其中很多信息都是重复或平庸的（根据1200万条搜索结果当中的前10条）。比如，如果你发一条Twitter消息说30分钟后会到第十大街的星巴克，你的朋友转发这条Twitter会产生更多的数据，但是它们不会包含多少新的信息。此外，很多信息都是不准确的、虚构的，甚至是错误的。

这则信息可信吗？

一方面，我们需要有足够的注意力和自律精神才能不迷失在信息的洪流中，另一方面，我们又需要善于发现最有用的信息宝藏。每当我们看到一则新的信息，我们使用的第一个过滤器就是信任。作为个人，信任是我们判断哪些东西值得关注的依据。这条信息可靠吗？我们相信它吗？它有用吗？我们信任它的来源吗？一则信息能够给我们带来多大的好处，这与我们觉得它在多大程度上可以信任是直接相关的。而当我们继续把信息传递给他人时，我们分析、理解、处理和应用信息的能力又成为他人判断信息和我们的依据。

但是，所谓"信任"信息的真正内涵是什么呢？回到信任的组成要素——良好的意图和能力，我们可以采用这样一个直接的类比来说明它：

有"良好意图"的信息是客观的信息，而有"能力"的信息是准确的信息。

当我们判断信息——别人的观点、新闻、洞见或其他数据的可靠性时，我们实际上是在评估信息的客观性和准确性。这则信息是带有某种倾向和偏见，还是公正客观？是以偏概全、草率有误，还是实事求是、准确透彻？

我们不得不处理的数据量越来越大，这样的沮丧每个人都经历过。这再一次说明，在处理信息过载时，必信力发挥着越来越重要的作用。设想一下早上你打开电子邮箱时，发现收件箱里有25封或者50封新邮件，你想快速地对它们进行整理分类。这时，你关注的第一件事就是哪封邮件包含的信息比较新、比较非同寻常、比较出人意料。无论是在工作情境中还是在浏览个人邮件的时候，你都知道，只有与众不同、想法新颖的信息才值得你花时间关注。

当你试图判断哪些是值得你关注的信息时，你实际上是在判断每一则新信息的可信度。有些信息可能看起来有趣（你之前没有预料到，或者让你感到惊讶），但是它真的准确吗？客观吗？它真的可靠到你可以相信它？任何信息，当它看起来越有趣、越非比寻常，你对它产生的怀疑可能也就越大，会相应提高对它的可信度的要求。在任何新闻或信息彻底改变你的看法之前，你必须非常肯定自己可以信任它。

当我们碰到的新信息和已经建立的知识系统及信念系统不一致的时候，我们的思维会出现冲突。因此，我们首先必须解决这种紧张冲突，才能接受任何一种新信息，并借助它来完善我们对于世界的理解。我们必须丢掉我们的控制幻觉，不要自以为是地相信我们对周围的环境有了完全充分的理解。当然，只有当我们信任新的信息时，我们才会这样做。

如果新信息是可以预测到的，也就是说，它不会让我们感到惊讶，也不会给我们带来一种不同的视角，那么它就没有那么有用了。出人意料的新信息——我们事先没有预料到的信息或洞见——的实用性更高，因为意想不到的信息能够完善我们对于世界的理解。但是，它往往也更危险，因为新信息给我们自以为完全理解的这个世界的安全感带来了挑战。

另外，提升我们的洞察力会让我们变得更聪明、更有能力。当人们说某东西"让我们长见识了"（informative）时，人们实际上是在说这个东西出人意料、让人意外，改变了人们对事情的看法。比如，笔者之所以写本书，是因为笔者认为自己的想法能够让大家长见识——之前可能从来没有人有一样的想法，而且我们希望它能给大家带来帮助。我们认为，随着互动技术继续不断地提高社会的透明度，顾客会对和他们打交道的公司提出更高的可信度要求。如果花点时间想想这个概念，你可能会觉得直觉就是这样（这是我们希望的），但如果你不是从第1章就听我们讲，你可能不会完全意识到。

知识、视角、洞察力，这些都来自于我们碰到的意想不到的信息。如果你遇到的每个信息都是你能预料到的，那么你对世界的认识永远也不会有所提高。有趣的是，研究人与人之间的社会联系的社会学家也有一个类似的观点。他们发现，最佳的、最具创意的洞见和新想法，通常都是我们与那些最近的社交圈之外的人交流时所产生的。那些人所属的圈子离我们较远，因此我们对他们的看法不甚了解。例如，定量研究已经表明，大多数人通过他人得到工作推荐时，这个推荐往往不是来自一个亲密的朋友或同事，而是比较疏远的——一些他们不很了解的人，对其社会联系也不是很熟悉。但是，为什么会出现这样的结果呢？不是因为你最好的朋友不喜欢你，而是因为你和你最亲近的人多半已经注意到了同样的机会，然而那些关系较远的朋友了解到的工作缺口，更有可能是你从来没有尝试过的全新机会。

以前，我们可能跟有些朋友和同事的关系不是很近，但是电子社交世界一下让我们的社交能力突飞猛进。尤查·本科勒认为，我们都在利用互动技术同越来越多关系较远的朋友和同事建立一种"有限目的的松散关系"，这样的事就发生在你周围。一位50岁的母亲为了跟上大学的孩子保持联系，在Facebook上注册了一个账户，结果很快便和几年都没说过一句话的高中同学取得了联系。一名公司经理在LinkedIn上回复了一名来自相关领域的人，然后突然有一天，他们一起策划成立了一家公司。

> 跟自己圈子之外的人交往，人们会发现自己的观点对对方十分重要，觉得自己好像天生具有创造力。这种创造性并非产生于天生过人的智商，而是像一种进出口贸易。
>
> ——罗纳德·伯特（Ronald Burt）

重要的是，要建立起多样化的社交联系并获得新的洞见，关键之一是对新想法或者完全陌生的想法保持开放的心态。这种开放的心态需要——你已经猜到它了吧——信任他人。如果两个人不信任彼此，那么他们也不大可能相信彼此的意见或想法，更不会认真地对待彼此的意见。

问题是，人类在渴望同他人建立交往的同时有一种内在的偏好，即喜欢跟和自己很像的人交往，比如有共同信仰、价值观或哲学态度的人。我们大多数人都觉得，跟和我们意见一致的人在一起会更舒服，原因就在于他们认同我们的思维方式，满足了我们的自我意识。与之形成鲜明对比的是，我们天生对陌生的、未知的东西感到厌恶，这种厌恶会影响我们选择跟谁交往、依赖谁，而这些决定反过来又会影响我们理解和创新事物的能力。多样性有很多可取之处，但它不是一种自然的本能。

出乎意料的新信息和让人觉得更舒服的控制幻觉，会在我们心中形成一种张力，它是帮助我们理解世界的工具。然而，有些人的"工具"似乎不能正常运转，这样的人我们想必都很熟悉。如果一个人对信息的态度非常开放，从来不会考虑它们的必信力，我们说他是"轻信别人的"。相反，如果一个人对新信息非常反感，什么新信息都无法通过他的可信度测试，那么我们说这样的人"思想封闭"。这两种人所说的话，我们都不能相信，我们得拿自己的信任过滤器把他们的话过一遍才行。

另一方面，能够在接受和怀疑之间找到一种正确的平衡，找出最可靠的新观点并允许它们改变、提高和丰富自己的视角，这样的能力只有极少数人才有。你有可能见过这样的人，他们就是"敢于打破陈规的人"。

最后，我们对新信息的信任程度与我们是否相信信息的来源有很大的关系——信息的来源指的是我们从谁那里获得信息。我们的读者可能会从亲戚朋友那里收到一封接一封的邮件，向他宣传自己的政治、宗教或经济见解。他有可能是你的查理叔叔，尽管你非常爱他，但是你并不会尝试着严肃地跟他探讨这些观点，因为你知道他的观点永远一成不变。你是否还经历过这样的事情？从某家公司购买商品的时候登记了邮箱，以便获取商品的更新信息，结果三天两头就收到邮件，最后不得不把发件人拖入黑名单。

信任是保护我们注意力的主要的数据过滤器。随着数据量的增长，这一过滤器必须工作得更高效。

科学、信任和循证管理

为了从最有用的信息中获益，我们必须愿意享受和拥抱出人意料的意外信息，敢于打破陈规。对于很多人来说，这需要一种全新的心态和决策原则。

"科学方法"的制定在很大程度上是为了克服科学家个人思维上的不足和偏见，保证实验获取的信息或洞见值得信任。有效而可靠的科学实验往往能够出色地完成预定的测算任务（有效性），实验结果也能被类似的实验复制和验证（可靠性）。一旦科学研究成果在刊物上发表，其可信度又会被同行评审加强。

但是，尽管科学方法在科学领域十分奏效，在商业管理决策中却很少会用到。好的科学家会努力认清自己的偏见，但是大多数企业管理者却缺乏思维的自律。事实上，职位越高的管理者越有可能认为，既然他能够升到这个位置，就说明他的思维方式是公平、正确、没有问题的。（最近，我们发现很多办公室的门上贴有一张贴纸，上面写着："当我见到Mr. Right的时候，才知道它的名是'Always'。"①）

很多思维习惯和偏见破坏我们使用和产生值得信任的信息的能力。举例来说，我们更倾向于信任那些可以证实我们现有观点的事实或数字，而容易忽视、弱化甚至完全不去理会与我们的先入为主的观念有冲突的信息。社会学家把这种现象称为"证实偏见"（confirmation bias），我们每个人身上都存在这种偏见，它随着我们的控制幻觉自然而然地出现。关于控制幻觉，我们在第6章已经讨论过。

证实偏见在两种情况下尤其会对人产生较大的影响：当我们遇到与我们

---

① 英语姓在后、名在前，这里组成"Always Right"，意思是"总是正确"。——译者注

已有观点冲突的信息，以及当我们要解决的问题非常复杂或者会产生多种不同的理解时。例如，在一个社会实验中，48名斯坦福大学学生被分为两组，一组支持死刑而另一组反对。两组被试者分别被要求阅读针对死刑效果的学术研究并展开讨论。实验结果发现，两组实验主体都更加确信自己的观点是正确的，他们认为这些研究支持他们的观点。因为他们只注意到并记住了那些支持自己政治见解的数据，而对跟他们相反的观点，则要么忽视，要么吹毛求疵。

在医学领域，帮助医生克服人类自身固有的偏见和不足（包括证实偏见），可以说是一件关乎生死的大事，于是，一种被称为"循证医学"（EBM）的原则被引进了。循证医学鼓励医生在做出判断或正式的诊断前，认真检查流行病学研究和量化研究的真实数据。这样，医生做出的判断不仅建立在医生自己的想法之上，也建立在可以获得的最佳先验证据之上。遗憾的是，这一原则并没有得到普遍的应用，因为不是所有的医务人员都能保证公正客观，平衡事实与判断。另外，EBM本身也是一种信念体系，它很容易跟医务人员自身已有的信念产生冲突（比如，医务人员相信自己的第一直觉和预感极有可能是正确的）。

不过，EBM却值得商业领导人在作出决策时合理效仿。面对日益增长的数据洪流，为了尽可能减少由个人偏见和不足所带来的影响，管理者应该采用"循证管理"。它能够帮助管理者撇开脑海中已有的概念和天然偏见，更多地依靠数字和数据说话。然而，要做好循证管理，管理者还必须熟悉数据分析和统计语言及最佳操作——对照组、相互性与因果关系、标准差、置信区间、统计显著性、检验的零假设等。分析学可以让人形成更客观的判断，也会产生更好的结果，但是它需要我们首先提高我们的数学能力（或者是"算术"能力）。

我们在第6章引用过一个不懂算数的彩票中奖者滑稽的迷信例子，其实像这样反映数学思维贫瘠的例子很容易找到，只不过没有那么明显罢了，比如1992年禁止硅胶乳房植入手术的案例。当时，美国有1亿成年女性，其中约1%的人（大概100万）做过乳房假体植入手术，同时，患有结缔组织疾病的美国女性也占到成年女性总人数的1%。这意味着1万名（100万的1%）做过乳房假体移植手术的女性同时也患有结缔组织疾病。这导致很多奇闻轶事见诸报端，引发了一股舆论争议，给监管机构带来了巨大的政治压力。最终的结果是，美国政府在缺乏任何相关科学证据的情况下，颁布了硅胶移植手术的禁令。（但是，硅胶移植手术在其他国家并没有被禁止。14年后，美国食品药品监督管理局重新允许了这项手术。）

　　在统计推理存在问题的案例当中，最臭名昭著的案例之一要数辛普森杀妻案。诉讼方认为，由于辛普森在过去经常对妻子妮可·辛普森实施暴力，所以他非常有可能谋杀了妻子。辩护律师轻易地推翻了这个论点，告诉陪审团说，上一年遭受丈夫家庭暴力的女性有400万，但是每2500人当中只有1人真正遭到谋杀。这一论点在当时显得非常具有说服力，无法驳倒，反映了诉讼方完全缺乏统计方面的知识（新闻媒体、法律评论员以及其他人在案件的展开过程中，评估案件时都反映出了同样的问题）。不论你对最后的裁决持什么样的观点，要是诉讼方当时指出另一项相关性更大的统计数据，案件的结果可能就不一样了。这项统计就是：上一年所有被丈夫殴打后又被谋杀的女性当中，90%都是被实施家暴的丈夫杀害的。

　　对我们这一代管理者来说，懂数据分析的重要性远比对上一代管理者来说大得多。这并不仅仅是因为现在的信息比以往多得多，还因为有了今天的科学技术，处理复杂精细的统计运算变得十分容易。决策科学专家、经济学家和其他学者都在全力关注这个问题，这促使商业管理者必须加入他们一起商讨，了解更多。

　　比如，耶鲁大学经济学家伊恩·艾瑞斯（Ian Ayres）在他的畅销书《超级数学天才》（*Super Crunchers*）中写道，专家的意见最好是用来补充和完善我们在数据分析中获得的结论或启示。分析应该被放在第一步，然后再用直觉、预感或判断来完善和检验我们对数据的理解。换句话说，一切从数据入手，然后再做判断，最后做出决定。

举个例子。一家位于澳大利亚悉尼的顾客研究公司在它的博客上描述了公司为了从大量数据中洞察真相，是怎样管理分析流程的：

由于文本分析的飞速进步，你很容易把主要精力放在"顾客"评论上。但我们的经验是，反馈被汇总起来后，我们对数据的依赖变得关键起来。因为在分析评论的时候，你很容易被那些跟你的直觉或者倾向一致的意见欺骗；没有数字的话，你还会很容易夸大你的观察的重要性。有时，更糟的是，其实你的看法是完全错误的！

斯坦福大学的罗伯特·萨顿（Robert I. Sutton）认为，循证管理需要融合各种信仰和环境，而这些信仰和环境"让人们能在用知识指导行动的同时，质疑已有的知识体系，并公开承认，即使是绝佳的想法也存在不足"。

假设你是公司董事会的成员之一，正试图把公司高管的利益和股东的利益统一起来。董事会的每一个人都清楚，要实现这样的利益统一，必须针对管理者建立一种与股票价格挂钩的货币激励制度。也就是说，当股票价格上涨时，管理者获得的报酬也增多；当股票价格下跌时，管理者获得的报酬也减少。基于这样的认识，你决定对公司的高管们实行股票期权奖励制度，因为他们把握着影响公司业绩的最大权力。要找到支持这一决定的成功案例并不难，但这种方法其实并不对。千万不要以为某些事"直觉上再明显不过"就一定是正确的。在这种情况下要做出正确的决定，正确的方法就是从数据入手：首先要问自己，哪些证据可以说明股票期权奖励有效？哪些证据又说明它无效？

一旦你这样做了，你就会发现，有些证据可以支持你的计划，但有些证据则会让你烦恼，因为它们对你的计划不利。你也会发现，无数研究表明，股票期权奖励往往会产生相反的效果，形成一种投机取巧、预期管理甚至欺诈的风气。实际上，据普费弗（Pfeffer）和萨顿称，一份针对400多家公司的研究表明，"公司高管的报酬中股票期权奖励所占的比例越高，公司越有可能将会重申盈利数字"。在考虑了这些数据之后，你可能仍然会选择股票期权奖励制度，但是你对问题的认识和判断会更加全面。

遗憾的是，我们天生具备的偏见让我们在做决定时的顺序正好相反。我们首先做出判断，然后寻找各种证据来支持这个判断——我们的心理就是如此构成的。但是，为了看清顾客的需求，并更加有效地采取行动，我们必须要制定出更好的、更客观的、更准确的管理决策。

讽刺的是，在今天这个充斥着不完全答案、随机事件和概率信息的世界里，社会科学在培养管理者方面也许做得更好。工程师和物理学家虽然能胜任更复杂的数学运算，但是他们处理的问题往往有直接的解决办法。我们可以精确计算出钢梁的抗张强度或卫星的逃逸速度，但是在处理那些包含知之甚少的、冲突的或者不可靠的信息的问题时，社会学家、心理学家或者行为经济学家也许更为熟悉。

不管怎样，我们的信任过滤器必须稳健并已调试良好。如果在决策时没能意识到自己的偏见，我们作为管理者的能力就会遭到质疑。那些受到我们决定影响的顾客和他人，也可能对我们的良好意图产生怀疑。

丰富的数据环境中的直觉和预感

我们可以获得越来越丰富的数字和数据，并且应该更加有效地利用它们为管理者决策提供帮助，但这并不意味着判断和直觉不重要。不管统计和分析研究发展得多么精密高深，我们也不能认为它们是完美无瑕的。比如，2008年金融危机之所以会发生，原因之一就在于人们过分依赖有缺陷的统计模型，又没能做出明确合理的判断。据迈克尔·莫布森说，早在20世纪20年代就有实证证据表明，资产价格的变化并不呈正态"钟型"曲线分布，但是金融界仍然按照这一曲线建模型，采用正态曲线的指标 α、β 以及标准差。费利克斯·罗哈廷（Felix Rohatyn）认为，导致2008年金融危机的各种金融衍生品，就像"一群26岁拿着工商管理硕士学位的年轻人在个人电脑上制造出来的金融氢弹"。

人类的判断或直觉有时可以被看作是抵御无数统计推理的最后一道防线。在信息的巨大丛林中，人类披荆斩棘并最终根据自己的直觉作出判断时，往往会展现出惊人的思维力量，这样的例子不胜枚举。直觉有着非常强大的力量，但是准确的直觉背后往往需要积累丰富的专业知识——这些专业知识蛰伏在我们的潜意识中，一旦获得允许，就会对我们能否作出理性决定产生重要影响。你在某一领域越"专业"——也就是说你对该领域进行分析讨论、分类整理和应用并从中获益的时间越多——你就越有可能已经从中吸收了大量的事实和模式，只不过连你自己可能都没有意识到。如果经过几年的时间，你对这一领域有了非常深刻的理解，那么你在这一领域看似草率的判断，也常常有可能非常准确。马尔科姆·格拉德维尔（Malcolm Gladwell）援引一项研究证明，要达到这样的专业程度，需要1万小时的实践或研究。

艺术评论家为什么能够凭直觉很快地判断出某件艺术品是真品还是赝品？睿智的将军为什么能凭直觉让敌军的计划落空，赢得战役？因为他们积累的专业知识。这是人们合理地使用自我判断和"智慧"，而不仅仅是简单地对一大堆数据和事实进行分析的良好例子。在这些案例中，专家的潜意识同样依赖于数据和事实。这些数据和事实来源于多年以来他们在研究和关注这些问题时积累的丰富记忆、教训以及比较。但这里的关键词是"专家"和"事实"。由于专家在多年的研究当中积累了大量的事实和信息，因此很可能在他的潜意识中，这些纷繁复杂的事实和观察结果已经集合在一起，形成了一种合理的、深刻的结论。（想一想，如果一个26岁的金融专业的工商管理硕士有1万小时的从业经验，他或她很有可能至少经历过一次没有预测到的严重市场崩溃。）

然而另一方面，即使是专家也可能被控制幻觉所愚弄，在遭遇相反的事实时还以为自己的判断是正确的。"伊莎贝尔"是一个计算机程序，它被设计用于根据观察到的症状缩小医疗诊断的考虑范围。据艾瑞斯称，在困扰人类的11000种疾病当中，伊莎贝尔能够将诊断范围缩小到10～30种疾病，而且准确率高达96%。这个结果比医生依靠自己的判断和研究做出诊断的成功率高得多，在分析罕见疾病时尤为明显。遗憾的是，医生仍然竭力抵制"伊莎贝尔"程序。（创建"伊莎贝尔"的程序员之一在1999年开始学习驾驶飞机，结果发现要飞行员接受飞行支持软件比让医生接受诊断支持软件容易得多，这一点让他刚到非常震惊。"我问我的飞行教练，他对这种不同有什么看法。他告诉我说：'原因很简单啊，飞行员会跟飞机一起坠落，但是医生不会。'"）

不幸的是，大多数人在没有积累足够专业知识的情况下，仍然喜欢对问题做出草率的判断和决定，而就是这些决定最常让我们陷入麻烦。商业世界充满了看似常识性的模式和显而易见的假设，但实际获得的数据往往证明它们并不正确。本章中，我们已经提到，研究显示最好的职业推荐并非来自你最好的朋友，而是与你有一定距离的熟人；在第5章我们谈到过，如果你试图在社交领域通过打折或特价来促进交易，结果有时比什么优惠都不提供还要糟糕；在第7章，我们也讲到了一条负面的产品评价实际上会提高产品被销售的几率。尽管这些事实跟我们的直觉相反，但是数据是不会撒谎的。如果在上述每个案例中，你已经成为一名专家——比如社交生产或者网络理论的专家，那么在检查数据之前，你的第一"预感"很有可能就是正确的。关注数据并不意味着忽视潜意识或无视直觉，而是说我们在运用数据时要有原则。

事实上，我们都会犯错，大脑处理信息流的方式导致我们的思维模式都是有缺陷的。它不仅会对我们解读现有的海量信息的方式产生威胁，也会影响他人对我们所传递的信息和做出的决定的理解。如果我们希望顾客、员工和其他人认为我们是可以依赖的，我们就必须向他们展示，为了保证信息的必信力，我们会过滤信息，并在信息的使用上做到值得依赖。

现在，有两股力量正在融合，并从根本上改变着商业，它们是越来越复杂的数据以及不断升级的顾客期望。处理好前者，才能跟得上后者。这样的情况更加凸显了公司整合数据资源以获得顾客全面认识的紧迫性……商业情报从业者的终极目标就是掌握分析跨渠道数据的能力。

——Direct Alliance总裁兼总经理、Teletech销售总监
朱迪·汉德（Judi Hand）

为提高透明度而管理

我们正在迈向一个电子邮件、电话号码与Facebook一样公开的世界。那里不再有关门会议，就算有，门也是透明玻璃制成的。在这样的世界里，不论我们最终同意采取什么样的行动，不论我们在媒体上怎样"定位"自己，

我们的意图很有可能都是清晰可见的。这就是透明的现实，从技术上来看，这也是必然的。

> 透明是商业的消毒剂。它不仅有清洁作用，还可以帮助伤口愈合，但是伤口会疼得要死。

仔细想想：营销和公关信息是公司精心设计的，它们被设计得尽可能吸引人；标语或者新闻稿上的宣传也是重要的营销资本。但是所谓的"宣传"，背后却始终存在这样一个想法，在"宣传"所粉饰的事实之外，还存在另一种真正的事实——可能只有营销人员或文案作者才知道。这种宣传并无什么恶意，也当然不会有人因为公司想要用尽可能最好的方式诠释品牌或公司故事就指责公司，这是所有定位策略应该做的事情。顾客不是傻子，他们知道卖家总是想方设法说服他们，让他们把钱从腰包里掏出来，所以顾客早就已经学会对广告保持一种健康的怀疑态度。

而在电子社交世界，宣传已不合时宜，客户体验才是王道。顾客和顾客交流的时候，分享的不是对品牌承诺的印象，而是自己的体验。

> 你的顾客讨论的不是你的宣传，而是他的现实。这是他唯一知道的真相，也是对他来说唯一重要的真相。

如今，在电子社交世界做生意的公司的管理者已经能够理解这一点，因为建立了高度社交联系的顾客根本不会允许公司以任何自私自利的方式编造故事。开源网站浏览器Mozilla的首席执行官米切尔·贝克（Mitchell Baker）说过："我们把自己看做社区的一部分，社区中的有些人来自于公司内部，有些人来自于公司外部……我们的宣传也努力做到低姿态。实际上，有时我们开玩笑说我们的宣传是负面的。我们不需要新闻媒体或者任何人来做这件事。我们会自己来做。"

每一家公司都能从这种哲学中获益。每一家公司都应该采用更加真实透明的营销方式，为自己的长远利益服务。即便是实体公司——有制造工厂、维修人员、送货卡车、零售商店，以及塞满各种实体商品的仓库——也逐渐意识到，它们在社交媒体上的声誉非常重要。不论一家公司有没有参与到社交媒体当中，它都不能阻止顾客之间相互交流讨论。所以，公司要么承认这种对话并努力加入其中，要么直接忽视它。

但是，公司的营销主管不能"粉饰"它，这不是他们的使命。

必信力测试

请根据你所在的公司、机构或者政府机关的实际情况，回答下面的问题。与你的同事讨论你的回答，并登陆www.trustability.com查看其他访客的回答，将你的答案与他们的回答作一比较。

→ 你是否明知道另一种解释更真实，但还是为媒体和大众准备了一套故事或者活动"宣传"？

→ 你是否经常发现公司内部会议时讨论问题的方式与对外宣称的完全不同？

→ 在衡量某则新信息是否值得你的关注时，你的标准是什么？

→ 在衡量某则信息是否值得关注时，你的顾客的标准是什么？

→ 你是否从别人身上发现新的、与众不同的信息或观点？如果是的话，你是怎么对待这些信息的？你如何确定这些信息是否客观准确？

→ 你的顾客怎样搜寻到你所在的行业、你的产品目录、你的服务、你的价格和公司的信息？他们如何确保自己搜寻到的信息是客观准确的？

→ 人类天生喜欢用获取到的信息验证和支持自己的观点。你们公司的管理者是否意识到他们身上存在的这种"证实偏见"？他们在决策时采取了哪些措施来客服这种偏见？

→ 你认为证实偏见是怎样对顾客决策产生影响的？

→ 当顾客看到或者听到你的公司对产品和服务的优点所作的阐述时，他们相信你们的话吗？

→ 你能用平白的话解释下面这些统计学概念吗？

◆ 控制组

◆ 相关性与因果关系

◆ 标准差

◆ 置信区间

◆ 统计显著性

◆ 检验的零假设

→ 如果一份调查结果用到了这些统计概念，你在阅读时能否识别出报告中的偏见？

→ 如果你的公司将把调查或研究结果公布于众，以便向顾客表明某种观点，你是否能保证该信息是真正客观公正的？

→ 你们公司的管理者在做复杂的决定时，最近一次引证没有问题的"预感"或"判断"是什么时候？根据你在本章中所学到的知识，你认为这种时候依靠直觉是对的吗？

第 10 章

将必信力植入商业模式

Extreme Trust Extreme Trust Extreme Trust Extreme Trust
Extreme Trust Extreme Trust Extreme Trust
Extreme Trust Extreme Trust
Extreme Trust

在一段关系中，如果信任不复存在，那么撒谎就再没什么意思了。

——诺姆·彼得森（Norm Peterson），

1984年美国电视剧《干杯酒吧》（Cheers）

随着透明度和顾客意识的不断提高，越来越多的企业很可能会发现，顾客关系少了之前的很多乐趣。一旦顾客开始认识到事情的真相，企业就不再那么容易欺骗顾客或者利用顾客的失误赚钱了。

想象拥有必信力的未来

尽管今天的绝大多数企业还没有真正做到值得依赖，但是如果你一路顺着我们的论点看到这里，那么我们希望你已经确信，那些积极主动做正确的事情并保证事情准确无误地完成的公司，要获得成功只是时间问题，必信力正在成为预测企业成功与否的指标。什么样的企业行为是可以接受的？什么样的企业行为是以顾客为导向的？这些问题的标准正在不断提高。长期来看，所有的企业必定会变得越来越做到值得依赖。

现在花点时间来想象一下，不同的公司在我们预测的"拥有必信力的未来"里会怎样运营。尽管必信力作为一种竞争策略可能具有高度破坏性，但是我们也不难想象它在现有的某个具体商业门类中是如何运作的，只需从顾客的角度来思考问题即可。我们已经在第6章讨论了可信赖的信用卡公司是怎样的，在第9章设想了更加可靠的医疗公司会怎样运营。现在让我们来想象一下，在以下几种不同的商业门类当中，必信力会有怎样的具体表现。我们先从手机开始。

必信力在移动通信行业的具体表现。在现今人们普遍使用智能手机、无线服务水平越来越高的环境中，通信运营商的收费制度也很复杂。而复杂就意味着为公司提供了一个诱人的机会，可以借此从顾客那里占便宜。它可能不会告诉顾客哪种电话套餐最经济实惠；可能会欺骗顾客，让顾客产生一些意外的数据费用（正如我们在第4章讲到的威瑞森的做法）；或者干脆就忽视很多情况（能力不足的表现）——比如，顾客在两年合同到期时本应该换一部新手机，但是两年后他把这件事忘了。值得依赖的运营商会提醒他，邀请他来挑选一部新的手机，但绝大多数运营商都不会自找麻烦，而是等着顾客自己提出其他的原因更换手机。

真正值得依赖的运营商会根据顾客的电话、短信和数据流量使用，主动为顾客选择最经济实惠的电话套餐。我们非常有信心地预测，这将会成为移动通信行业接受程度最高的"最佳惯例"。届时，运营商不仅会主动为每一位顾客挑选最经济的电话套餐，甚至还会在合适的时候返还一定金额给顾客。当然，今天的运营商很少能做到这一点，即是这样做了，也是用它作为借口来扩展后付费合同。

大多数通信运营商（以及其他一些定制服务类的公司）会在缴费日主动打电话给顾客，敦促顾客及时缴费，而AT&T则会在收取滞纳金的时限之前给其中一些顾客打电话，提醒他们缴费，避免因延期缴费产生滞纳金。一位朋友告诉笔者，他曾经接到过这样的电话。他说："这种体验太棒了。我个人感觉AT&T这样做是对顾客的关切，他们正在建立顾客信任。"因此，至少在这个领域，AT&T不是那种公司利益至上，总想着把顾客的钱"骗"到手的公司。

值得依赖的通信运营商针对顾客的任何投诉，几乎都有一个无条件的退款保障，就跟今天最好的在线商户都提供无条件退款一样，将来的通信运营商也会采用这样的政策，以确保顾客接受的服务永远是他们所期望的。比如，一名顾客打算为家里或工作地办理通信业务，但是那里的网络覆盖不好，或者宽带连接速度缓慢。这个时候，真正值得依赖的通信运营商会在服务的时候提前告诉顾客这个缺点，然后可能给顾客打个折或者给予其他优惠，直到所在地的服务得到改善。毕竟，以今天的透明程度，新顾客不用花任何时间就能从老顾客那里获知运营商系统存在的缺陷。因此，对于服务中存在弱点的通信运营商来说，最好的策略就是效仿达美乐：老实坦白缺点，并保证迅速做出改善。（然后切实做到这一点。）

但是，即使服务质量最高的通信运营商，也存在很多让它的必信力大打折扣的政策。笔者的一位客户曾给公司员工和一线职工发了一封电子邮件，请大家帮忙找出对公司必信力不利的政策和做法。下面是他找到的一些问题：

◎ 顾客常常会在不知情的情况下产生漫游费或数据费，他们不知道这些费用怎样产生的，为什么会产生，也不会有人主动告诉顾客这些费用是如何产生的。

◎ 网络质量不好有时会使电话中断或数据丢失。尽管运营商也在努力提高质量，但是它们需要设立一个系统来补偿顾客，或者至少安慰一下他们糟糕的客户体验。

◎ 公司很少有人关注返还现金政策，因为给新手机返还现金显然不是公司优先考虑的营销业务。由此导致的结果是，没有人能够很好地理解这项政策，顾客也觉得它太复杂，而且它常常成为冲突的源头，但公司的管理团队却全然不知。

◎ 公司在营销的时候往往会暗示有"免费"服务或者超低价格，但实际上所谓的"免费"要经过复杂的邮寄退款才能实现，而超低价格只适用于特殊的条件。

◎ 顾客喜欢与运营商客服中心的客户代表互动（获得更高的满意度），但这些代表却很遗憾，他们记录了某个投诉或问题后，永远无法知道问题究竟有没有解决，消费者是否满意，因为几乎或者根本没有后续跟进。

这只不过是笔者这位客户的公司中500多名员工提出来的想法的一部分，但已经让我们的顾问和公司管理层大吃一惊了。参与倡议的员工人数之多、热情之高，反映了他们内心深处希望公司成为一家更值得依赖的运营商。

在拥挤的零售市场上，全世界的通信运营商已经开始重新定位自己，希望自己更加值得信赖。比如，沃达丰（Vodafone）的土耳其子公司发起了一项名为"顾客权利法案"的计划，旨在向顾客保证，公司会永远从顾客的利益出发，比如主动为顾客选择最合适的电话套餐，或者帮助顾客节省短信和漫游费用。就在沃达丰为发起这个计划做准备——但是公众还完全不知道——的时候，沃达丰在土耳其的主要竞争者Turkcell发起了自己的"顾客宪法"倡议。这个倡议跟沃达丰的计划惊人相似，很快被指控为企业间谍活动，陷入法律纠纷。截至笔者写作本书时，这两家公司还在就哪方更懂得从顾客的利益出发而争得你死我活。

必信力在预付卡行业的具体表现。许多零售商和营销者把"储值卡"作为一种营销和促销工具，有时以面值销售给顾客用作礼品卡，有时作为回扣或退款分发给顾客。零售商们非常喜欢预付卡，因为研究表明，顾客往往会为了用光预付卡内的金额而花掉更多的钱。

制造商们则通过预付卡来降低产品在零售商店的实际价格，同时，这样做还可以让它们与顾客建立直接联系，否则制造商们可能永远也不知道顾客的身份。比如一家制造商的营销信息是，"厂商赠送回扣100美元"，你能以499.99美元购得一台全新的液晶平板电视。这其实意味着你需要首先支付599.99美元，随后把商品条形码从包装盒上剪下来，与收据一起寄回给厂商，然后厂家才会寄给你100美元的回扣。不过，你收到的回扣不是一张支票，而是一张100美元的储值卡。与礼品卡不同的是，大多数回扣卡的使用不限于某个具体的品牌或商店，使用范围更加广泛，相当于借记卡或信用卡。

这样说来似乎还不错。问题是，预付卡也可以被零售商和制造商用来欺骗和愚弄顾客，或者借顾客的失误盈利。首先，预付卡的相当一部分存储价值并没有被顾客获得，因为会计准则要求商家给预付卡设置到期日，但顾客可能忘记在到期前使用预付卡，或者遗失了卡片，导致存储价值没有被领取。

新的立法可能会减少公司和顾客的这种问题，但是如果你购买一张面值50美元的星巴克礼品卡，并把它作为生日礼物寄给你的朋友，她完全有可能遗失这张礼品卡，或者忘了领取你为她购买的这50美元价值。实际上，美国每年发放的礼品卡价值达800～900亿美元，但平均"破损率"（行业术语，用来表示顾客出于某种原因未能从预付卡中领取的价值）却高达6%～10%。这个损失对顾客来讲，堪比所有借记卡和信用卡欺诈造成的损失之和。换句话说，（对于营销者而言）卖礼品卡实际上比现金支付更划算。

除了有过期、遗失和遗忘卡片的风险，顾客还常常会碰到发卡单位对预付卡征收各种服务费的情况。作为对消费者投诉的回应，美国国会通过了《信用卡问责、责任和信息披露法》（Credit Card Accountability, Responsibility and Disclosure Act），简称"信用卡法案"，对征收服务费的行为进行限制。比如，礼品卡发行一年内禁止征收"闲置费"，卡片到期至少要有5年的等候时间。但是，这些法律限制显然只在最初有用，因为很多发卡单位都在利用各种费用和到期日把无辜顾客的钱"骗"到手。

零售商或制造商要想在回扣卡或礼品卡政策上做到值得依赖，就应该在发行卡片的时候记录每位客户的身份信息。这样，如果顾客一段时间之后还没用使用卡片，或者卡片内还有余额没被领取，零售商或制造商就能及时地通知他们。一旦顾客遗失卡片，公司要为他们补办也不会存在麻烦或者任何风险。（许多有能力的零售商已经采用电子收据，这样顾客在退换货时就不需要纸质收据。）

作为一家值得信赖的公司，最低的要求就是在卡片到期或对顾客收取任何一种服务费的前几个星期就发邮件通知顾客。并且，任何一家有能力的礼品卡或回扣卡发行方都应该有一套方便的机制，能够在发卡的时候获取顾客的名字、邮件地址或其他联系方式。

一位顾客对回扣及回扣卡的看法

只要公司能遵守游戏规则，我就能接受它们靠回扣计划的破损率赚取经济回报的事实。但是，我的三次亲身经历让我觉得，有些公司的回扣计划反而会让顾客更加不快，尤其是在从网络零售商那里购买产品时。

案例一：MacMall网站。MacMall是销售苹果产品的。因为我之前从这家零售商网站买过几台iPod，所以当我准备买一台iMac的时候，我查了下它提供的价格。后来我之所以特意决定从MacMall购买，是因为凡是在该网站买iMac，都可以获得50美元的回扣。在实体零售商购买回扣商品时，店家通常会给你一张可邮寄的卡片，或者其他关于领取回扣的信息，所以我以为我也会从MacMall那里获取如何获得回扣的信息，这个信息要么跟随订单确认信息一起显示，要么跟随产品一起送到。可是收到iMac四个星期以后，我才跟MacMall取得了联系，问他们怎么领取回扣。结果他们告诉我，回扣过期了，说"我们很抱歉，您运气不好"。公平来讲，回扣计划一般是制造商给顾客的。但是，既然只有MacMall提出给予顾客回扣，那么这件事情的全部责任或许在它身上。任何一家向顾客提供回扣的零售商都有义务告诉顾客，应该如何领取回扣。当然，如果它们完全不介意失去一名顾客的话……

案例二：史泰博。我打算买一台新的打印机，正好史泰博提出顾

客购买新打印机时如果由史泰博回收任何旧打印机，史泰博将会提供
50美元的回扣。想都不用想，这既对环境有利，又可以更便宜地买
到新的打印机，何乐而不为？史泰博的在线回扣系统非常不错，我很
快收到了我的回扣，比预想的还要快。问题是什么呢？回扣是以储值
借记卡的形式给我的，而且这张卡还会到期。我用这张卡买了20美元
的东西，然后就把它忘了一阵儿。当我再次把它拿出来用的时候，也
就是几个月后，我被告知这张卡过期了。没错，同卡片一块寄给我的
还有一份附属细则（我在这一切发生之后才读了它），其中讲的就是
到期日的问题。但是你都已经把东西买回来了，难不成还能撤销回扣
吗？这件事让我开始鄙视史泰博。

　　案例三：亚马逊网站。跟MacMall的情况一样。产品说了有回
扣，但是却没有告诉我怎么领取。等我和亚马逊联系的时候，客服告
诉我回扣已经过期了。但与MacMall不同的是，亚马逊为顾客做了一
件正确的事，退还了回扣的钱。

　　要估计公司从回扣计划的破损率中赚取多少经济回报很容易，但
是糟糕的客户体验会给公司的未来带来多大的损失，几乎是无法估
量的。

——博主大卫·巴肯（David Bakken）

　　必信力在金融服务行业的具体体现。一家真正值得依赖的零售银行会怎
样运作？它跟其他的银行会有什么不同？如果它想证明自己的必信力，它会
怎么做呢？

　　很明显，没有任何一家金融机构有义务为客户扩大信用额度（或提供免
费透支），但事实上，大部分的"罚金"来自于信誉可靠的客户。因此，真

正可靠的零售银行应该为客户的信誉着想，自动利用容易获取到的信息评估客户信誉，从而避免此类"罚金"。而且，如果银行可以实现账户间电子转账，但客户还没有选择这样一项服务的话，银行还应该主动提供。目前，大多数银行只针对余额较高的顾客提供这项服务，但是没有任何商业理由说明这项服务不能覆盖更广泛的对象。

真正值得依赖的零售银行也会用对顾客来说更直接明显的方式披露它的收费。即便美国法律已经规定银行必须这样做，但是多项研究表明，对绝大多数银行关于收费的具体信息，顾客要么完全找不到，要么很难找到。目前，规模较小的银行和信用合作社更愿意披露收费信息，但是在更加透明的未来，即便是今天喜欢遮遮掩掩的大型上市金融机构，也会迫于竞争压力而公开地、直接地披露收费信息。

真正值得依赖的金融机构也会允许顾客在公司的网站上针对公司的服务和产品做出评价（包括与其他银行的产品和服务进行比较），并确保其他顾客能公平自由地获取这些评价信息。

我们曾经碰到过一名保险公司的经理，他的公司为建筑承包商和房屋业主提供"冰冻损害险"。冰冻天气在这位经理所在的佛罗里达地区非常罕见，但是冰冻天气一旦出现，将会摧毁房屋里的所有管道系统，带来十分严重的损失。有些顾客会购买这一保险，但有的不会。然而，任何时候只要出现冰冻天气预报，这位经理就会让他的代理机构给所有的保险客户打电话——甚至包括那些没有购买"冰冻损害险"的人——提醒他们即将出现冰冻天气，告诉他们如何防范灾害。这样一来，他不仅将房屋业主的财产损害降到最低——也就是将自己本要赔偿的修理费降到最低，也帮助了没有承保的客户，而这些客户显然因为这一次帮助更加信任这家保险公司了。

以下是一个零售银行获得"必信力"的方法。乍看起来这个方法很傻，因为它是为那些从来没买过产品的顾客提供服务，但它带来的好处是，能够让你的公司建立起值得依赖的声誉。换银行有很多麻烦，其中一个就是你得重新建立自己的电子账单支付系统。你当初费了好大一番功夫才把公司的名称、地址、账号输入进去，建立了自己的银行在线账单支付系统，结果因为换了银行，你又得重新输入一遍，这个事让人觉得心烦。但是，这个时候，作为一家银行，如果真的信任自己顾客的能力，并且能够从顾客的利益出发的话，你就应该主动提供服务。也就是说，如果顾客决定抛弃你选择别的银行，你应该用统一的格式为顾客提供记录所有账单支付的文件，以便新银行自动加载。

除了出台这样的政策，你还要跟你的顾客说，不管怎样你都会永远支持他们，不管出于何种原因，只要他们觉得别的地方的服务更好，你就会尽量帮助他们。当大多数银行都这样做时，不要觉得不可思议，迟早有一天，海军联邦信贷协会、联盟银行、USAA或者加拿大皇家银行（RBC）都会提供类似与此的服务。到那时，其他的金融服务机构将怎样参与竞争呢？

必信力在汽车行业的具体体现。对于一家汽车行业企业来说，做到值得依赖意味着什么呢？这就要看我们讨论的是哪种企业了。在大多数国家，制造商或进口商负责实实在在的产品和产品质量，而零售汽车经销商负责产品销售、交付和服务，跟顾客的日常互动更多。然而，作为顾客，你更有可能认为品牌既应该对产品问题负责，又应该对服务问题负责，还应该对"意图"负责。因此，真正值得依赖的品牌应该在经销商和制造商之间建立起一种亲近而又互相帮助的关系。如果品牌经销商的服务不能达到汽车品牌广告中所声称的水平，那么顾客必然会感到失望。

真正值得依赖的汽车经销商不仅会根据销售员销售的汽车数量来支付销售员的报酬，而且可能会尝试把它们创造的顾客满意度考虑进去。具体办法可能是采取"终身佣金制"。销售员卖出一辆新车，只要顾客是第一次从经销商这里购买，经销商就会把这名顾客记在该销售员名下。以后，只要这名顾客来光顾——不管是维修保养还是再次买车（新的或二手的，就算从另一名销售员那里购买也成）——最初的销售员都会获得一笔佣金。这样，销售员就能从维持顾客的满意度和忠诚度中获利，也保证了产出最高、最有价值的销售员对经销商的忠诚度。

　　汽车行业确实存在一些明显不可靠的行为（"你会通过这样的人买二手车吗？"），但是我们以后会发现，越来越多的不可靠行为会被社交媒体评论和网络口碑检举揭发。即使是在今天，如果我们想知道某个经销商是不是会让顾客花冤枉钱进行昂贵的维修，或者强硬地向顾客推荐更高级的产品或选择，也不是一件很难的事。而且，随着汽车行业以及其他各个商业门类的透明度提高，这样的做法带来的利润可能也会越来越少。

　　一个值得依赖的汽车品牌会在保修期到期30天前给你发邮件或者打电话，这样一来，如果你有任何需要维修的地方，都能趁着保修期内及时地得到维修。在销售过程中，品牌为了提高自己在必信力方面的声誉，可能会考虑帮助顾客直接对比竞争品牌。至少，它会允许经过认证的不同品牌的车主和驾驶员在网上对不同品牌的汽车进行客观评价，甚至可能还会考虑由经销商提供试驾。比如，宝马汽车经销商可能会让顾客试驾凯迪拉克、英菲尼迪或奥迪等。

　　实际上，通用汽车2003年的一个试点项目就是这么做的。项目的一环是建立一个新的网站AutoChoiceAdvisor.com。该网站旨在为顾客提供完全公平、客观的建议，帮助顾客挑选出最合适的汽车——不光是通用汽车，还有其他各种品牌各种型号的汽车。这个网站最大的好处就是，通用汽车能够据此洞察顾客的偏好，了解哪些因素导致顾客有时不愿意选择通用，从而帮助管理团队开发出新的产品，设计出更能满足顾客个性化需求的汽车。成立该网站之后，通用汽车又举办了一次车展，超过10万顾客参与了试驾。试驾车不仅包括通用，还有宝马、福特、沃尔沃等其他品牌。

通用汽车知道，顾客肯定会尝试不同的品牌，既然这件事一定会发生，而且实际上越来越多的顾客会选择这样的购车体验，为什么不顺水推舟送个人情呢？何况品牌也能借此机会得到成长。通用汽车的做法不过是承认了一个一直以来就很清楚的道理：为顾客提供客观公正的建议，能够赢得顾客对公司的信任，而信任对品牌而言是极具价值的。

想一想：如果一家公司认为给顾客提供客观的、良好的建议不符合自身利益，那么它的言下之意是什么？——它更喜欢从无辜的、不知情的顾客那里赚钱，而不希望顾客获得足够多的信息，然后做出更明智的决定？抑或它的商业模式就是依靠那些无法做出明智决定的顾客？

最后，在实施了类似的试驾项目之后，一家汽车公司发现，"试驾后（包括试驾竞争品牌的汽车）考虑该品牌的顾客增加了20%，销售量增长了11%"。

必信力在企业计算行业的具体体现。微软在向大型企业客户销售软件或者SQL服务器装置时有一个惯例，免费给客户提供一定数量的代金券，让客户派遣核心人员参加微软的特别培训课程，这一做法被贯彻在微软认证合作伙伴网络建立的过程中。培训是微软最重要的增值服务之一，因为它就是用于吸引那些愿意建立长期商业合作关系的企业客户的。但是几年前，微软碰到了一个问题：客户对代金券的利用率不到20%，每五张代金券中有四张是躺在抽屉的最底层睡大觉的，从来没有被用过。对于这个问题，微软的营销人员有着复杂的感受。尽管他们知道培训可以帮助公司加强同大客户之间的关系，但是事实上，代金券的高破损率对营销预算十分有利，因为代金券中没被使用的每一美元，都意味着其他营销活动的资金又多了一美元。

微软副总裁克里斯·阿特金森（Chris Atkinson）则认为，顾客不使用培训代金券就意味着他们没有从微软的产品中获得最大利益，因此尽管会增加一定的成本，他的部门还是开始给客户发出了提醒。阿特金森说：

这些提醒当然不是强制性的。它们不过是给客户发出通知，告诉他们代金券还没使用，要他们确保最大程度地利用了微软给他们提供的代金券。这个计划实施后，很快就让东南亚地区的代金券使用率提高了一倍，也很快引起了位于美国雷德蒙德的微软企业产品营销部的注意。现在，给没有利用培训代金券的企业客户发提醒，已经成为微软在全世界的标准惯例。

很快，微软培训代金券的使用率在全世界范围内飙升，随之飙升的还有人们对于微软品牌的信任。提醒顾客他们的某项福利或服务即将到期，避免他们忽略这个问题，当然有助于为你的品牌建立起必信力。微软就是这样，它建立起必信力的方法就跟我们在第3章讲到的住宅建筑公司类似，这家建筑公司也会在住宅保修期还有30天到期的时候提醒顾客。

必信力在航空领域的具体体现。大多数人认为航空公司极度以自我为中心、毫无必信力，部分原因在于航空公司的价格政策十分复杂，难以理解。不过，航空公司确实需要弹性定价制度，因为它们的"库存"容易"过期"。跟电话网络一样，航空公司的固定成本对可变成本之比非常高，飞行时一旦有座位空余（类似网络容量没有用完），就意味着它永远丧失了这部分收益。

过去的30年里，航空公司大大改善了收益管理学。它们会在临近起飞时间的时候反复评估每个航班的需求涨落。一旦把收益管理和折扣票价的运价规则（如周六晚上停留、不要求返现、提前预订等）结合起来，飞机上就会坐满了机票价格和具体限制各不相同的乘客。尽管航空公司这样做无可厚非，但是定价系统对于乘客来说过于复杂，所以乘客根本不知道航空公司到底有没有欺骗他们。

要解决这个问题，航空公司有很多种办法。比如，它可以大力推行低价机票，然后（如果航班还是没有满员的话）在临近起飞时将机票价格定得更低。这对航空公司来说可能很讽刺，但实际上确实有少数几家航空公司是这样做的。但是，如果公司一开始没有特意推广低价机票，到最后时刻为了填满机舱而降低机票价格，那么对很多一早就按计划购买了机票的顾客来说似乎不公平，除非最后时刻的低价机票的条件和限制更苛刻或麻烦。

真正值得依赖的航空公司，会竭尽全力保证顾客不会因为不知情或者倒霉而购买到价格更贵的机票。如果你订了一张某价格的机票，之后同一班航班上又有限制相近的机票出现降价，那么值得依赖的航空公司会自动给你退还差价，或者提供换票服务（价格更低，限制也不同）。科学地管理座位容量是一回事，靠欺骗顾客赚钱，则是完全不同的另外一回事了。

出于天气变化和飞机保养维修等原因，有时延迟飞行也在所难免。但是，不同的路线延误模式是不同的，有些线路受影响的概率可能更大。美国联邦航空管理局（FAA）对不同航空公司和不同线路延误情况的历史模式都有准确的统计，任何旅客都可以登录www.fly.faa.gov网站查看自己所计划的旅行线路。但是，为什么航空公司自身不给每个航班延误的可能性打分，然后把结果展示给顾客看呢？实际上，对于航空公司在线旅行订票系统来说，只要利用政府的数据库，就能为每一个预订线路提供"准时到达的可能性"数据了。

只要不是纯粹为了充当营销诱饵，航空公司的飞行常客奖励计划也是赢得顾客信任的有效工具。如果航空公司在促销的时候说，"只要"累积2500万英里[①]的里程数就可以免费旅行，结果又对旅客可选择的座位进行严格限制，那么这种做法无异于票价欺诈，只不过这次是兑换里程数上的欺诈。

大多数航空公司允许常客用里程数兑换汽车租赁的天数、旅馆住宿或者

---

① 1英里约合1.61千米。——译者注

商品。里程数已经成了一种促销货币，可以用各种不同的方式购买和转让。航空公司若想迅速提高自己在常客眼中的必信力，办法之一就是允许他们在其他航空公司，甚至包括直接的竞争对手那里兑换里程数。只要A航空公司能够从B航空公司购买里程数，那么A航空公司允许自己的飞行常客在B航空公司兑换里程数就不会很难。这样的计划能够向顾客证明，A航空公司是永远站在顾客的立场上的，而不是只想着让顾客光顾自己。当然，除此之外，航空公司也能通过这样做来发现飞行常客的飞行偏好和习惯，这就跟汽车公司通过让顾客试驾不同品牌的汽车而获得顾客洞见一样。

如果机上某个设备坏了——比如夜晚的航班因飞机座位上没有灯而导致旅客不能阅读，娱乐系统出现故障，座位不能向后靠——积极主动的航空公司不仅会道歉，而且会保证下调该航班的机票价格，因为航空公司没有向乘客提供与机票等值的服务。

航空公司说到底其实类似于高端的个人服务业，如酒店餐饮。服务员或礼宾人员热情洋溢的微笑、温暖体贴的帮助，都能立刻在顾客心中建立起一种信任感。如果你经常乘坐联合航空公司的飞机，你迟早有一天会发现自己和唐一样，在飞机上被约翰·麦克法登（John McFadden）所吸引。麦克法登是芝加哥机场的一位资深飞行员。唐注意到，乘客登机完毕、飞机还停在登机坪的时候，麦克法登亲自出来，让空乘人员帮他拿着麦克风，提醒乘客注意事项。唐觉得这事有点不寻常，但是他当时没有多想。飞机起飞两小时后，一位名叫黛安·约翰逊（Diane Johnson）的空乘小姐开始向一等舱和二等舱的20名顾客发放麦克法登的名片。每张名片的背后都手写了一句简短的感谢语：

亲爱的唐·佩珀斯：

谢谢您的惠顾！我们怎样做才能超越您的期望？

约翰·麦克法登

麦克法登说，他大约十年前就开始给高价值的顾客发放这种感谢信，那时候联合航空正处在困难时期。他的倡议总能得到乘客的积极回应，收到了很多有帮助的反馈，包括无数封飞行结束后发给他的邮件。当唐问他一开始为什么这样做时，他被问住了。但是几小时后，他发来了这样一封邮件：

我在飞往旧金山（下一个目的地）的途中，一直在思考你的问题——"你为什么做那些事情？"这个问题别人也经常问我，我的回答非常简单直白——如果我想让我的孩子（一个16岁的儿子和一个13岁的女儿）能够用我期待别人对待我的方式去对待别人，那么我就要身体力行地践行这条"黄金法则"。我知道这听起来可能过于简单，但是我相信，这就是我的生活方式。

总之，麦克法登把同理心和互惠看作是最重要的东西。他拒绝只做一名员工，而是坚持做一个人。

你的公司值得依赖吗？

好，现在让我们再做一次下面这个测试。请在句子的空白处填写上你们公司的名称：

值得依赖的【你公司的名字】会是怎样的？

不要急着回答说你的公司已经值得依赖，你可能得先看看你的顾客是怎么评价你的。或者跟笔者的通信运营商客户一样，在普通的服务人员中间做一个调查。你可能会和我们的客户一样，对调查结果感到吃惊。

接下来把整本书回顾一遍，并回答每一章结尾处"必信力测试"的问题。以下是一些关键的总结性问题：

◎ 如果顾客的保修期、免费升级或者其他某项服务快到期了，你会提醒他们吗？

◎ 如果顾客购买的产品或服务看起来超出了所需的量，或者不适合他们，你会提醒顾客吗？

◎ 你允许顾客为了其他顾客的利益，在你的网站上诚实地评价你的产品或服务吗？

◎ 你是千篇一律地对待所有的顾客，还是能够针对不同的顾客采取不同的对待方式？

◎ 你是否靠顾客的失误、遗漏或疏忽赚钱？

◎ 你主要靠卖产品或服务给了解产品或服务的顾客赚钱呢，还是主要靠卖给不是很了解产品或服务的顾客赚钱？

◎ 你是否有时会觉得公司内部一套说法、对外一套说法（比如"宣传"）很有必要？

◎ 如果一场社交灾难即将爆发，你知道公司里将由谁负责与"群众"互动吗？你们进行过"消防演练"吗？

◎ 如果爆发社交灾难，你的最佳顾客会信任并支持你吗？

◎ 你是根据销售的产品数量支付销售佣金，还是根据建立的顾客关系和增加的顾客价值给予奖励？

更好的方法则是从顾客的角度思考。在你的顾客当中，有多少人会充满热情地同意下面的表述：

◎ 我可以依赖这家公司，它会为我做正确的事情。

◎ 我知道这家公司一定会确保我做的交易是最明智的。

◎ 这家公司总能保证事情准确无误地完成，并且让我觉得事情很容易办到。

◎ 我愿意告诉人们，我是多么地信任这家公司。

◎ 比起这家公司的竞争者，我更相信它。

产品具有必信力吗？

这个问题没什么陷阱。毫无疑问，当你以每小时80英里的速度行驶在公路上的时候，你是信任你的汽车这一产品的，你相信它会很安全。

但是，正如笔者在本书中定义过的，"信任"的背后不仅仅是产品的质量或可靠性。质量和可靠性只不过是能力的代名词，而信任还意味着信任的实体对象有着"良好的意图"。在第2章我们讲过，良好的意图是人类特有的属性，它存在于人的心里。公司和组织不可能有自己的想法，所以我们评判一家公司的可信度，首先就要观察它的行为（就跟我们通过观察人的行为来判断某人是否可信一样），然后判断这些行为是否反映出良好的意愿。事实上，我们评估公司的行为，就好像这些行为都是某个人进行的，而但凡是人，就会有意图。

"良好的意图"的整个概念就是假设我们在评估某种智能——一种具有思维能力、规划能力的智能，它要么以进一步深化你的利益为目标（良好的意图），要么以进一步深化自己的利益为目标（自私的意图）。人有意图，而产品和其他无生命的物体却没有。但是实际上，今天越来越多的产品都嵌入了信息，甚至具备了决策能力。当iTunes提醒你要购买的曲子之前已经买过，或者当亚马逊提醒你已经买过某本书时，这背后不是人在操作键盘打出这些提醒，防止你出现失误，而是一种软件。我们可能会把这些提醒信息看作是公司良好意图的表现，但真正实施这些意图的却是几行计算机代码。

当然，这并不是说其中没有人的参与。软件自己是不可能横空出世的，实际上，网站如何回应顾客的互动是由编程人员设置的，正是他们确定的一套规则保护着每位顾客的利益。很明显，程序员或者指导程序员工作的人，对你怀有良好的意图。

对于把访问网站理解成与公司的互动，人们很容易理解，但其实今天所有的实体产品都是嵌入了信息和决策能力的，信息技术对我们生活的影响无处不在。当你下车关门的时候，车子发出警笛声，提醒你钥匙还在车里，这难道不是跟软件提醒你在网站上订货不要犯错一样，反映了汽车制造商的良好意图吗？那么，为什么冰箱、微波炉甚至无线电钻就不应该提醒你，你的保修期还有30天就到期了？

必信力是一种技术吗？

必信力真的是一种技术吗？从某种层面上来看，它可以说是一种技术，因为它跟技术一样，能够带来变化和创新。而且，由于同理心也能换来同理心，所以必信力也能够创造自己的"网络效应"。某些公司的必信力越高，必信力对其竞争者的吸引力就越强，它也会以越快的速度发展成为更普遍的商业惯例。

此外，跟任何一种新技术一样，越早应用的人越能获得先发优势，从而更具竞争力。自从有了网络，任何一家公司如果不能创建自己的网站并对其进行维护，都将很难获得成功。正如20世纪初电能出现时，任何一家没能利用电能的公司都没有获得长久的成功。总之，新技术能促进所有企业发展。

不过，必信力跟技术的比较只能到此为止，因为必信力绝对不是技术。想要做到值得依赖的愿望并非来自于技术创新或商业流程的新型组合，而是来自于人类最根本的、最深层次的动机——与别人交往，让自己成为社会人。公司不能伪造必信力，不能购买、不能安装，也不可能把它外包出去。它只能产生于赋予公司生命、管理公司事物的人的动机。

公司如果想把必信力作为一种商业惯例，那么还有一种方法是它必须采用的。登陆www.trustability.com，跟我们一起发现评估你的公司的必信力的方法。我们的目标是依据他人是否认为公司正在积极主动地做正确的事情，并保证事情准确无误地完成，来帮助公司逐渐了解与竞争对手相比，自己在多大程度上值得依赖。

从现在开始，计划建立你的必信力

从根本上来说，必信力并不是一个复杂的理念，但它确实需要人们克服很多障碍。我们在第1章概括了极致信任的三大原则：

（1）确保事情准确无误地完成。

（2）做正确的事情。

（3）积极主动。

从哲学上来看，我们所有关于这三大中心原则的讨论都是为了确保可信度的组成要素——良好的意图和能力——能够由人们积极主动地去追求，而不仅仅是被动地接受。这就需要公司对今天的商业方式进行巨大的变革，即便它已经是一个人们高度信任和喜爱的品牌。比如，做正确的事情对公司来说往往在财务上很难具有说服力，除非公司在顾客分析方面有足够的能力，能够量化顾客对公司形成的良好看法在长期带来的财物价值。而积极主动地维护顾客的利益，必然要求公司在犯错的时候承认错误而不是掩盖错误——这几乎无疑会遭到公司法律部门的强烈反对，更不要说公关部门了。

因此，当你强调"确保事情准确无误地完成"、"做正确的事情"、"积极主动"这三大原则的时候，你需要牢记本书中所说的透明时代是如何运转的。要做到值得依赖，你需要懂得如何在电子社交世界赢得力量。

◎ 考虑长远。如果你只是一心关注短期利益，那么不可能做到值得依赖，因为顾客关系是公司连接短期行为和长期价值的环节。如果你不能着眼长远，那么你根本就不必去想如何变得更加值得依赖了，因为你那些有缺陷的算法和不平衡的指标最终会让你死得很惨。如果你不能向你的股东作出解释，你就永远无法建立起一个专注于为顾客"做正确的事情"的商业模型。

◎ 分享。人们喜欢贡献和分享，这就是人类的天性。如果你想让你的公司做到值得依赖，你也必须找到分享的方式。你的公司需要有所贡献，所以请分享你的想法、你的技术以及你的数据。帮助人们更容易获得你的知识产权授权，从而刺激人们更快地创新。换句话说，你希望人们怎样信任你，你就应该怎样信任别人。记住，共享经济的货币是信任而不是金钱。因此，如果你想在社交领域和商业领域的交界处航行，就一定要小心谨慎。

◎ 展现"人性的面孔"。同理心不仅是一种展示必信力的商业战略，也是人的本能。如果你的公司想和人类一样，向世界展现"人性的面孔"，那么它必须在适当的时候承认自己的弱点。没有人是完美的，公司更加不可能是完美的。所以，请接受你的公司存在的弱点。你永远不可能控制所有的结果。

◎ 依靠证据。随着技术使得人与人之间的互动越来越频繁，社会的透明度越来越高，企业必须找到应对"信息超新星"（Supernova of information）的方法。如果你想做到值得依赖，就必须对信息的客观性和准确性做出评估。虽然判断和直觉不能忽视，但我们主要还是依靠数字和数据。对于不可避免的随机事件，你必须采取以下措施：更多地关注数字和统计上的最佳惯例；除了衡量产出，还要衡量投入；为可能发生的不同情况制定周详的计划。

最后，几乎可以肯定的是，采用这些新策略推翻传统惯例的必将是那些新兴公司和创业公司。它们在当前的范式中投资较少，因此推翻它造成的损失也较小。逐渐地，它们会利用必信力改变我们的整个经济系统，就像互动极大地改变了我们的生活那样。它们将会以诚实为利器，打破旧势力的防卫。

随着必信力的门槛不断提高，那些缺乏必信力的公司、品牌和组织将会受到越来越严厉的惩罚。透明度就像消毒剂，它给新伤口带来的刺痛感是最明显的。很快，出于竞争的原因，不论传统的还是新兴的公司，都会开始针对人们对必信力的要求的提高而作出反应。它们会从一开始就采取值得人们信任的行为，更加诚实透明，更加以顾客为导向，更加出色，更少控制，对他人的输入反应更快，更加积极主动地做到值得信任，最终做到值得依赖。

致 谢

我们要诚挚地感谢阿曼达·鲁克（Amanda Rooker），她不仅是一位对社交媒体十分敏感的研究员，也是一位非常细致的编辑和充满智慧的作家，以及鞭策我们前进的乐观主义者。在本书的编辑和出版项目上，她是我们的得力助手。如果读者当中有人需要细节和调研支持，而且在互联网出版业工作，我向你们强烈推荐阿曼达·鲁克，尽管这样做我们冒了很大的风险。因为一旦她变得非常成功，她将来可能就没有时间帮助我们了。

我们还要向企鹅出版集团的阿德里安·扎克赫姆（Adrian Zackheim）表达我们的感谢。他一下子就认识到了积极主动的重要性，立马就对我们的本书写作计划表示支持。我们也要感谢该集团的吉利安·格雷（Jillian Gray），朱莉娅·巴达维亚（Julia Batavia）及一群有才华的设计者和编辑。他们容忍我们不断有新的想法出来，不断完善自己的书稿，因而一次次地改稿。我们同样要感谢我们的著作经纪人雷夫·萨加林（Rafe Sagalyn），20年来他不断提出自己的深刻洞见。关于这次的写作主题以及如何更好地把它呈现给读者，雷夫也给出了有益的建议。

我们感谢漫威漫画公司（Marvel）的总裁亚伦·范恩（Alan Fine），感谢他用了整个周末的时间向他周围的人灌输本书中的想法，检验它们在不同情境下是否有效。我们也要感谢Amdocs公司的埃里克·卡拉斯基利亚（Eric Carrasquilla）和InContact公司的玛丽安·麦克唐纳（Mariann McDonagh）为我们提供的想法和反馈。

　　我还想借此机会感谢裴罗顾问集团和一对一媒体（1to1 Media）的所有同事。他们聪明、勤奋、有才华，正是他们每天激励和鼓舞着我们以及我们的客户。我们同样感谢我们的客户。我们正是在为客户提供服务的过程中变得越来越充满智慧，我们的公司也才变得越来越好。我们要特别感谢马吉·齐梅斯（Marji Chimes），他是我们的良知和灵感源泉，他诠释了什么才是美国公司的正确选择。我们还要感谢裴罗顾问集团的领袖人物恰拉尔·高格斯（Caglar Gogus）、奥尔昆·奥古兹（Orkun Oguz）、哈米特·哈姆兹（Hamit Hamutcu）、穆尼尔·阿里斯（Mounir Ariss）、欧赞·巴尤根（Ozan Bayulgen）、阿弥尼·贾巴利（Amine Jabali）以及伊沃·萨基（Ivo Sarges）。正是他们在我们忙着演讲、写作、思考、开会的时候，保持着公司的成功运转。图雷·艾多（Tulay Idil）、马克·卢奇亚诺（Marc Ruggiano）、艾斯格尔·巴齐沃格鲁（Aysegul Bahcivanoglu）、迪特里希·陈（Dietrich Chen）、汤姆·施迈茨（Tom Schmalzl）、迈克尔·丹德瑞（Michael Dandrea）、金吉尔·康伦（Ginger Conlon）、利兹·格拉葛斯基（Liz Glagowski）、米拉·德安东尼奥（Mila D'Antonio）以及汤姆·霍夫曼（Tom Hoffman）也让我们受益匪浅。我们也要感谢安妮特·韦布（Annette Webb）让我们所有人的状态都很不错。我们还要感谢我们的母公司TeleTech的领导们：肯·塔奇曼（Ken Tuchman）、朱迪·汉德（Judi Hand）、卡伦·布林（Karen Breen）、马克·格林德兰（Mark Grindeland）、乔纳森·格雷（Jonathan Gray）和泰勒·阿利斯（Taylor Allis），他们相信"必信力"这种最高水平的信任，并且希望帮助所有TeleTech的客户赢得这种极致信任。在这一话题上，他们还帮助我们集思广益。

　　另外，如果没有苏珊·托科（Susan Tocco）和丽莎·托兰（Lisa Troland）默默无闻的付出和热情出色的帮助，我们也不可能完成本书。感谢她们的支持!

　　最后，我们对自己的助手帕梅拉·德佛尼（Pamela Devenney）和迪克·卡维特（Dick Cavett）的谢意难以言表。

图书在版编目（CIP）数据

共享经济：互联网时代如何实现股东、员工与顾客的共赢 / （美）佩珀斯，（美）罗杰斯著；钱峰译. — 杭州：浙江大学出版社，2014.12
书名原文：Extreme trust
ISBN 978-7-308-14064-5

Ⅰ.①共… Ⅱ.①佩… ②罗… ③钱… Ⅲ.①企业管理 Ⅳ.①F270

中国版本图书馆 CIP 数据核字（2014）第 265485 号

EXTREME TRUST by Don Peppers and Martha Rogers
All rights reserved including the right of reproduction in whole or in part in any form.
This edition published by arrangement with Portfolio, a member of Penguin Group (USA) Inc.
浙江省版权局著作权合同登记图字：11-2012-175

共享经济：互联网时代如何实现股东、员工与顾客的共赢

[美]唐·佩珀斯　玛莎·罗杰斯　著

钱　峰　译

策　　划	杭州蓝狮子文化创意有限公司
责任编辑	陈丽霞
文字编辑	姜井勇
出版发行	浙江大学出版社
	（杭州市天目山路 148 号　邮政编码 310007）
	（网址：http://www.zjupress.com）
排　　版	浙江时代出版服务有限公司
印　　刷	浙江印刷集团有限公司
开　　本	710mm×1000mm　1/16
印　　张	17.5
字　　数	224千
版 印 次	2014年12月第1版　2014年12月第1次印刷
书　　号	ISBN 978-7-308-14064-5
定　　价	48.00元